西双版纳文化多样性的
社会地理学研究

李守雷 著

中国社会科学出版社

图书在版编目(CIP)数据

西双版纳文化多样性的社会地理学研究/李守雷著. —北京：中国社会科学出版社，2024.3
ISBN 978-7-5227-1421-9

Ⅰ.①西… Ⅱ.①李… Ⅲ.①社会地理学—关系—宗教文化—研究—西双版纳 Ⅳ.①C912.8②B929.2

中国国家版本馆CIP数据核字(2023)第115555号

出 版 人	赵剑英
责任编辑	王莎莎
责任校对	张爱华
责任印制	张雪娇

出　　版	中国社会科学出版社
社　　址	北京鼓楼西大街甲158号
邮　　编	100720
网　　址	http://www.csspw.cn
发 行 部	010-84083685
门 市 部	010-84029450
经　　销	新华书店及其他书店
印刷装订	北京市十月印刷有限公司
版　　次	2024年3月第1版
印　　次	2024年3月第1次印刷
开　　本	710×1000 1/16
印　　张	15.75
插　　页	2
字　　数	217千字
定　　价	89.00元

凡购买中国社会科学出版社图书，如有质量问题请与本社营销中心联系调换
电话：010-84083683
版权所有　侵权必究

序

　　喜闻守雷的新著《西双版纳文化多样性的社会地理学研究》即将出版，甚是欣慰。守雷一直是我们研究团队的成员，其研究课题与团队总体研究方向一脉相承。本书的写作缘起于我主持的国家社科基金重点课题《云南边疆民族地区多元宗教和谐相处的经验和对策研究》（编号：11AZJ002）。当时，只分派他完成一篇西双版纳地区民族通婚对宗教关系影响的研究报告，没想到他不仅在两个月之内交了一篇调查报告，半年后又交了一份十万字的关于西双版纳民族文化的资料汇编。正是这种脚踏实地的精神和对民族文化的热情，让他十几年如一日扎根在民族地区，接受着民族文化的沐浴。现在很多朋友初次见到守雷，在语言、外貌和气质上都"感觉他像个云南少数民族"。本书是他"用脚底板走出来的学问"，难言繁花似锦，但确实饱含深情。

　　本书写作时间跨度大，从2010年一直延续到当前，体现了作者持久的专注度，也刻画出他理论成长的路径。本书选取西双版纳傣族自治州作为案例，在宏观和微观两个层面论述了云南民族地区文化多样性，当地立体地理生态造就了多样的生产生活方式、多样的社会结构、多样的民族文化。在宏观研究层面，笔者沿用了中国传统民族学理论，西双版纳地区不同生态的多个民族创造了不同的文明，并彼此互动、相互离不开；到了微观研究层面，援引了西方学者的"边界"理论，在生态、文化之间客观存在或主观建构群体边界，呈现民族文化多样性。这是值得反思和探讨的。

云南民族地区文化多样性始终是在中华传统文化"一体"的滋养下的。少数民族文化研究学者更应在做好民族文化传承的前提下，肩负起铸牢中华民族共同体意识的研究。

民族团结是中华民族共同体形成的物理基础，也是维护国家统一稳定的前提。孙中山1912年在《临时大总统宣言书》中指出，"合汉、满、蒙、回、藏诸地为一国，即合汉、满、蒙、回、藏诸族为一人，是曰民族之统一"①。《中国人民政治协商会议共同纲领》规定：中华人民共和国境内各民族一律平等，实行团结互助，反对大民族主义和狭隘民族主义，禁止民族间的歧视、压迫和分裂各民族团结的行为。② 中华人民共和国成立之后，民族团结由单一的政治维度向政治平等、社会互动、文化认同和经济依赖等多维度发展。1990年江泽民强调，"我们伟大的中华民族是由56个民族构成的，在我们祖国的大家庭里，各民族之间的关系是社会主义的新型民族关系，汉族离不开少数民族，少数民族离不开汉族，少数民族之间也相互离不开"③。2014年习近平在中央民族工作会议上提出，"我国各民族在分布上的交错杂居、文化上的兼收并蓄、经济上的相互依存、情感上的相互亲近，形成了你中有我、我中有你，谁也离不开谁的多元一体格局"④。

改革开放以来，在市场经济的大潮中各民族经济彼此依赖、相互交往交流交融，强化了民族团结，进一步铸牢中华民族共同体。2010年，胡锦涛在中央第五次西藏工作座谈会上强调："把有利于民族平等团结进步、有利于各民族共同繁荣发展、有利于民族交往交流交融、有利于国家统一和社会稳定作为衡量民族工作成效的重要标准，推动各民族和睦相处、和

---

① 参见《孙中山全集·第二卷》，中华书局1982年版，第2页。
② 参见《中国人民政治协商会议共同纲领》，金炳镐主编《民族纲领政策文献选编（第一编）》，中央民族大学出版社2006年版，第416页。
③ 参见江泽民《加强民族团结维护社会稳定》，刘先照主编《中国共产党主要领导人论民族问题》，民族出版社1994年版，第237—238页。
④ 参见《中央民族工作会议暨国务院第六次全国民族团结进步表彰大会在北京举行》，《人民日报》2014年9月30日。

衷共济、和谐发展。"① 习近平在党的十九大报告中阐述了,"深化民族团结进步教育,铸牢中华民族共同体意识,加强各民族交往交流交融,促进各民族像石榴籽一样抱在一起,共同团结奋斗,共同繁荣发展"②。

拉铁摩尔、亨廷顿和王明珂都主张文明之间存在"边界"。拉铁摩尔的《中国的亚洲内陆边疆》认为中国农耕文明与游牧文明的区隔是生态边界造就的,是固定的,而互市和掠夺轮番维持着彼此互通有无。亨廷顿在《文明的冲突与世界秩序的重建》中主张,冲突在不同文明的交接处更为强烈,文明之间的移民带来了边界的重塑,却加重了冲突。两位西方学者将文明边界刻板化、固化。王明珂在《华夏边缘:历史记忆与族群认同》中以考古资料进行历史人类学的分期梳理,陈述了农耕文化与游牧文明的边界不断外扩,展现了边界的发展变化性,是辩证法的一个特点;王氏的另一本著作《羌在汉藏之间》,呈现了文化边界的相对性,是辩证法的另一个特点。所以王明珂的边界理论模式带有明显的东方文化朴素辩证法的特点。费孝通认为中国地理生态半封闭空间、文化共享、人口交流、文明之间互动,最终形成了板块文化和走廊文化交错分布的格局;石硕将地理生态和人口迁移具体化,展现了多民族文化交往交流交融;马戎叙述了历代中央王朝的民族政策发展脉络,强调了文化"多元"融为"一体"的政治因素。可见东西方对文明的研究思维存在明显不同。

农耕文明与游牧文明之间"长城"的建成是必然性与偶然性的结合,不仅仅是一种分界,更是一种调和。传统社会,农耕文明不断向外扩展边缘,占据草原游牧民族的生存空间;游牧的流动性难以积累财富,缺乏风险的承受力,而马背民族的机动性又有利于武装力量的迅速集结。一边是农耕文明对草原游牧空间的挤占,另一边是游牧民族对定居财富的掠夺,两种文明的对抗正好通过平坦大地上耸立起的燕山山脉这道天然屏障而获

---

① 参见胡锦涛《中共中央国务院召开的第五次西藏工作座谈会上的讲话》,《人民日报》2010年1月23日。
② 参见习近平《决胜全面建成小康社会夺取新时代中国特色社会主义伟大胜利——在中国共产党第十九次全国代表大会上的报告》,人民出版社2017年版,第40页。

得了间歇性平息。长城的修建进一步保障了两种文明彼此妥协,维持了相安无事。但农耕文明还会不时越过长城向北扩展,比如元明时期兴盛的辽东农耕文明,民国伊始民族国家体制下农耕对草原的进一步侵蚀。而游牧文明回灌中原的多次尝试,以忽必烈对东部诸王的战争、康熙锁拿鳌拜等王朝控制而告终。目前国家一直坚持的退耕还草、退耕还林,更努力采取先进的工业文明不断探索调和两种传统文明的方式。

从梁启超首先提出"中华民族"的思想,到孙中山坚决主张汉、满、回、藏、蒙"五族共和",以大格局的民族理论捍卫了国家领土完整。中华人民共和国成立后,中国共产党继续肩负起维护民族团结、培植中华民族凝聚力和国家认同的历史使命。以费孝通为代表的老一辈学者以高原、平原和海洋构筑的中国地理形态为基础架构,论述了中华民族内部自古以来就是彼此依赖、相互交往的统一体,完成了由"多元"到"一体"的理论升华。马戎和周星的《中华民族凝聚力形成与发展》强调了历代王朝的政治治理对中华民族凝聚力的作用。五十六个兄弟谁也离不开谁,像石榴籽一样紧紧抱在一起,是深含中国文化底蕴的"独立自主型"中华民族理论的精练表达。习近平总书记对世界历史发展做出研判,"当前,我国处于近代以来最好的发展时期,世界处于百年未有之大变局,两者同步交织、相互激荡"。中国工业化的完成、引领大数据时代的追求、建设"一带一路"倡议的大国担当,共同推动着人类命运共同体理念的构建。时代呼唤"开放友善型"中华民族理论的探索。

传统社会发展到现代社会,社会结构和民族关系也在发展;乡村社会与城市社会的差别,造成民族关系和文化多样性的变迁。工业化、城市化对西双版纳地区文化多样性带来的改变没有进行深入研究,实为本书的一大遗憾。希望守雷及其同人,继续坚持追踪西双版纳文化多样性格局在现代化进程中的发展,探究其原因,"深描"其路径。将国际视野与民族情怀相结合,将国家使命与个人追求相结合,将云南与东南亚多文化交往、交流、交融的现实写照和建构"人类命运共同体"的东方智慧相结合,实现中国民族研究理论自觉、理论自信。在此,祝贺守雷本书付梓,也祝愿他能守住本心正道,拥有幸福的生活。

是为序。

张桥贵

2020 年 6 月

目　录

序 ……………………………………………………………………（1）

前言 ………………………………………………………………（1）
   第一节　西双版纳文化多样性社会地理学研究视角的界定 ………（1）
   第二节　西双版纳傣族自治州的地理生态 …………………………（4）
   第三节　西双版纳傣族自治州的发展历史 …………………………（7）
   第四节　西双版纳傣族自治州的文化格局 …………………………（12）

第一章　西双版纳主体生态经济的依赖互补 ……………………（1）
   第一节　传统社会西双版纳各民族经济上彼此离不开 ……………（1）
   第二节　现代社会西双版纳各民族经济联系更加紧密 ……………（12）
   第三节　各民族经济依赖奠定了多元文化共存 ……………………（23）

第二章　西双版纳民族通婚促进多元文化交流交融 ……………（33）
   第一节　民族通婚对西双版纳文化交流交融的影响状况 …………（33）
   第二节　西双版纳民族通婚的社会因素分析 ………………………（49）
   第三节　民族通婚与西双版纳多元文化交流交融的因果链 ………（62）

第三章　西双版纳多文化群体平等共存 ………………………（63）
 第一节　西双版纳多民族互嵌式居住格局的发展 ……………（63）
 第二节　西双版纳文化群体持续多元发展 ……………………（73）
 第三节　民族国家视域下西双版纳多元文化和而不同 ………（79）

第四章　中华民族共同体视域下西双版纳多元文化交流交融 ………（88）
 第一节　西双版纳民族文化保护与国民教育 …………………（88）
 第二节　西双版纳多元文化的传播与交流 ……………………（96）
 第三节　西双版纳多元文化的发展与交融 ……………………（108）
 第四节　西双版纳多元文化融入中华民族文化体系 …………（115）

第五章　社区视域下传统社会西双版纳文化生态平衡研究 …………（119）
 第一节　西双版纳多元文化的集体特性 ………………………（121）
 第二节　西双版纳多元化格局的基础架构 ……………………（123）
 第三节　民族社会生活空间与文化空间相互建构 ……………（130）
 第四节　建构村寨边界是西双版纳文化多样性的动力 ………（134）

第六章　南传上座部佛教融入西双版纳傣族社会研究 ………………（138）
 第一节　南传上座部佛教适应西双版纳傣族社会设置 ………（139）
 第二节　南传上部佛教融入西双版纳傣族文化 ………………（141）
 第三节　南传上座部佛教与傣族原生性宗教交融发展 ………（143）

第七章　移民社会融合过程中的文化适应研究 ………………………（146）
 第一节　社会融合过程中的文化适应 …………………………（146）
 第二节　曼里壮族村寨的社会融合 ……………………………（149）
 第三节　曼里壮族村寨的文化适应 ……………………………（151）

第四节 曼里壮族社会融合与文化适应的辩证关系 …………… (158)

第八章 社区结构影响民族通婚研究 ………………………… (161)
第一节 民族通婚由因素分析转向社会处境研究 …………… (161)
第二节 不同区位社区民族通婚的横向对比 ………………… (163)
第三节 时代变迁中社区民族通婚的纵向对比 ……………… (167)
第四节 社区结构影响民族通婚的路径 ……………………… (171)

第九章 社会转型中西双版纳多元文化模式变迁研究 ………… (176)
第一节 现代社会西双版纳多元文化交流交融 ……………… (176)
第二节 社会转型促使西双版纳多元文化发生变迁 ………… (179)
第三节 西双版纳多元文化在生活世界中的适应状态 ……… (184)
第四节 现代社会西双版纳多元文化交流交融模式和对策 ……… (192)

结语 ……………………………………………………………… (197)
第一节 西双版纳文化多样性的社会处境 …………………… (197)
第二节 社会整合视角下西双版纳文化多样性的因素分析 …… (203)
第三节 西双版纳多元文化百花齐放的理论模式 …………… (206)
第四节 文化适应的主体选择 ………………………………… (209)

参考文献 ………………………………………………………… (211)

后记 ……………………………………………………………… (218)

前　言

在西双版纳傣族自治州这片神圣乐土上，居住着傣族、哈尼族、汉族等 45 个民族，其中包括 13 个世居民族。西双版纳各民族群众信仰原始宗教、道教、佛教、基督教、伊斯兰教等多种宗教形式。民族与宗教如同一对孪生兄弟，有着天然的鱼水情结。宗教作为民族文化的原初载体和主要表现形式，维系着民族群体的繁衍，彰显着民族文化的魅力。在西双版纳，同一地域、同一民族、同一社区甚至同一家庭内部存在多种宗教信仰和谐共存现象。不同宗教、各宗教派别之间彼此交流、相互融合的现象也十分普遍。

第一节　西双版纳文化多样性社会地理学研究视角的界定

20 世纪初，法国学者维达尔白兰士（Paul Vidal de la Blache）启发式地论述了人与自然的关系，为社会地理学的形成奠基了理论基础，开拓了研究领域。第二次世界大战之后，社会地理学学科建设有了长足发展，主要关注聚落地理学、人口地理学和城市地理学等领域，研究游牧社会、农业社会和工业社会民族群体的地理分布及其生态处境，探讨聚落分布、类型及其与地理生态的关系，分析农村与城镇的空间关系和城市化的发展趋势等；并由物理空间转向文化空间的研究，关注民族群体适应不同生态环境，形成独具特色的生产生活方式和文化模式，涵盖了民族迁徙、生计模式、居住格局、宗教信仰、语言文字、风俗习惯、制度规范、社交网络等内容。瑞典学者哈格斯特朗强调社会因素对区域文化形成的作用，以生活模式的差异性展现不同地理区域的人文景观，并采用地理数量方法精确描绘不同民族群体社会、文化时空互动的因果链。以社会地理学理论分析西双版纳地区文化多样性，就是研究域内地理生态、民族群体的空间分布、民族文化以及民族群体之间的权力互动、物质交换、道路交通、文化交流，勾勒社会转型潮流中各民族群体适应工业生产、"互嵌式"城市社区、共同接受国民教育、交往交流交融进而建构新时代多元文化空间的路径。

首先，西双版纳文化多样性研究立足于西双版纳傣族自治州的地域视角。无量山、哀牢山、怒山与澜沧江塑造了西双版纳域内勐海隆起、景洪断裂、勐腊凹陷的"马蹄形"地貌特征和河谷盆地点缀在山地丘陵之间的立体生态环境。西双版纳13个世居民族囊括了氐羌、百越、苗瑶和百濮等四大支系，层级式分布在山顶、山腰和平坝，形成了与生态环境相一致的生产生活方式。传统社会，傣族、壮族定居平坝，形成稻作文化；彝族、哈尼族等居住在山腰，从事定耕式刀耕火种农业；苗族、瑶族等分布于山顶，进行游耕式刀耕火种；汉族、回族聚居于城镇，从事商业活动。现代社会，各民族群体进一步巩固立体式村落空间，又在扶贫并村、生态迁移和城市化进程中形成多民族"互嵌式"聚落空间；在立体生态环境中农作物改种经济作物，又以特色小镇等方式发展第二、三产业。立体生态环境造就了民族文化多样性和现代社会"去地域化"促进了文化融合创新，渲染了西双版纳域内多元一体文化格局的时代特色。

其次，西双版纳文化多样性研究坚定了铸牢中华民族共同体意识的国家视角。西双版纳在帝国时期形成了以澜沧江为界江内郡县制和江外土司制并存的格局；"中华民国"伊始全域推行行政体制改革，达到了流官与土官共同管理的局面；中华人民共和国健全了地方政府，建立了基层党组织，开创了民族团结新模式。各民族在政治平等、经济交往、文化交流、社会互动和生态共享等方面都发生了翻天覆地的发展，逐渐将中华民族核心价值观融入自身文化，共同浇筑了牢固的中华人民共和国认同感，建构了中华民族多元一体文化格局的地域特色。西双版纳地处祖国西南边疆，与周边国家共同存在众多跨境民族。跨境民族拥有相同的文化传统，但在各自国家的发展中发生了文化异变，比如语言素材的差异性发展。西双版纳傣语中丰富了"精准扶贫"和"乡村振兴"等中国特色的词语。而泰国泰族、缅甸掸族、老挝老族和越南泰人都发展出各具本国特色的词语。

复次，西双版纳文化多样性研究拓展了中国与东盟命运共同体的国际视角。西双版纳处于亚洲大陆俯冲向东南亚半岛的过渡地带，成为青藏高原、云贵高原南向地理地貌高山、平原和海洋的关键拼图，镶嵌在澜沧江—湄公河"一脉相承"的中、缅、老、泰、柬、越交流带上，是构建中国—东盟命运共同体的核心区域。在民族迁移和文化融合方面，氐羌系由青藏高原沿着藏彝走廊南下进入云南，一直到达缅甸、泰国、老挝；傣泰民族由广西、越南北部一带沿着河谷流域向西进入云南，然后南向老挝、泰国，西向缅甸、印度阿萨姆地区；苗瑶民族由湖广地区沿着南岭走廊西南方向迁入云南，继续向南进入越南、老挝和泰国；与当地孟—高棉语族的克木人、布朗族、佤族以及彼此之间发生文化融合。这四大民族支系汇聚云南乃至扩散东南亚各国，与华夏民族和中华文化由核心向边缘的外展不无关系。古时陆上丝绸之路和茶马古道经西双版纳将中国与东南亚联通，现时澜沧江—湄公河合作又经西双版纳共建中国—东盟命运共同体。西双版纳文化多样性形成于中国与东南亚国家的人口迁移和物质文化交流，也服务于澜湄流域合作。

最后，社会地理学以辩证发展的时空观将地域视角、国家体制视角和区域性国际视角有机结合，在西双版纳文化多样性研究上张弛有度，统筹宏观与微观，实现了体制研究的坚定性、容纳民族文化的传承性。在地域微观研究中树立国家体制的宏观视野,既要梳理西双版纳世居民族之间交往交流交融的历史,又要实证研究由13个世居民族发展到45个民族的社会环境和互动模式,更要注意总结地方政府和基层党组织对民族团结和文化交流的治理经验。以区域性国际视角研究跨境民族"文化相交,民心相通"要坚定国家体制意识,在挖掘整理跨境民族相近的民族特征、相连的地缘亲缘和相通的文化认同的同时,更要"深描"因跨居国境线两侧而发生的文化差异性、与国内民族的交往交流交融、形成不同向心力的国家认同。

第二节 西双版纳傣族自治州的地理生态

西双版纳傣族自治州下辖景洪市、勐海县和勐腊县,地处祖国西南边陲,介于东经90°56′—101°50′、北纬21°08′—22°36′之间,是亚洲大陆俯冲向东南亚半岛的过渡地带。东、东南与老挝水陆相依,南、西南与缅甸山水相连,并与泰国隔土相望,国境线长达966.3公里;西北及北部与普洱地区澜沧县、普洱市相邻,东北隔补远江与普洱地区江城县相望,南北纵160公里,东西横186公里,国土面积19124.5平方公里。流经此处的澜沧江—湄公河从青藏高原奔流而下,串联起中、缅、老、泰、柬、越诸国,滋养着大湄公河次区域的万物百态,孕育出绚丽多姿、五彩斑斓的风土文化。西双版纳傣族自治州在我国与东南亚各国的经济、政治、文化等方面的交流合作中具有得天独厚的"桥头堡"前沿的区位优势。[①]

西双版纳在地质上属于西南槽褶皱区中的三江(怒江、澜沧江、金沙江)印支褶皱的南段,澜沧江深断裂南北纵贯于本区中部,形成了景洪断裂、勐海隆起、勐腊凹陷的"马蹄形"地貌特征。西部、北部、东北部有天然寒流屏障无量山、哀牢山及其怒山余脉,中部为澜沧江及其支流侵蚀

[①] 参见西双版纳傣族自治州地方志编纂委员会编《西双版纳傣族自治州志·上册》,新华出版社2001年版,第1、159页。

冲刷形成的阶梯式平坝，西南、东南紧邻孟加拉湾和北部湾。州内坡度在8°以下、面积大于1平方千米的坝子共49个，万亩以上的坝子有23个，其中以勐遮坝子面积最大，约160平方千米。这些平坝大都处在河谷盆地中，周围是山地丘陵，地势上的立体差别造就了自然生态的立体分布，更从总体上形成了平坝与高山丘陵的交错分布。这也深刻影响了州内的民族居住态势。西双版纳傣族自治州总体上是西北高、东南低的地势走向，局部又呈现出大小坝子星罗棋布于崇山峻岭之间的态势。[①]

西双版纳全境处于北回归线以南，太阳入射角度大，冬至时分入射角度最低亦有45°左右，光能充足，热量丰富。气温年较差小、日较差大。候平均气温终年≥10℃，有7个月以上时间≥22℃，长夏无冬。日较差雨季较小，10℃左右；旱季2—4月可达20—27℃，日较差显著。每年11月至次年4月降水量占全年降水量的14%—17%，5—10月占83%—86%，干湿季分明。州内高山平坝交错分布，海拔高低悬殊，气候垂直变化显著。景洪和勐海两地水平距离仅几十公里，高差却有624米之大，年均温相差3.8℃。干季多晴天，日照时间长，气温白天普遍较高，夜间冷却急促。冷气流沿山坡迅速下移，在盆地平坝汇聚成"冷湖"。而"冷湖"以上六七十米至数百米，气温比"冷湖"逐渐增高，在山地或土坡形成"暖层"，增温率平均为1—1.3℃/100米。海拔102米的南糯山，在11月至次年的4月（属于干季）的半年时间里，每月平均气温比相距15公里、海拔低226米的勐海盆地，均高出0.3—2.9℃，1月最低气温和平均极低气温则高4—5℃。州境地处内陆，又有高山作为屏障，没有台风等强风危害。州内常风较小，大风日数只有几天或十几天，是全国少有的静风区，年内无风时间占全年的50%—70%。这里的热带树木都高大挺拔，很少有弯曲倾斜的。去过海南岛的游客来到西双版纳一定会惊奇两地的椰子树树形迥异，此为风力差异所致。澜沧江从西北向东南纵贯州境，主要支流补远河、南腊河、流沙河、南果河、南览河滋养

[①] 参见西双版纳傣族自治州地方志编纂委员会编《西双版纳傣族自治州志·上册》，新华出版社2001年版，第1、159页。

州内万物。全州各地历年降水量在1138.6—2431.5毫米，降水日数在137—212天。绝对湿度年平均值为16.2—21.4毫米，相对湿度年平均值为78%—88%。全州土地面积19124.5平方千米，其中山地面积占土地面积的95%，坝子占总面积的5%。土壤为砖红壤、赤红壤、红壤、黄壤、黄棕壤、紫色土、冲积土、石灰土、水稻土9个土类，其中分布于海拔800—1500米、土体深厚、有机质较高的赤红壤占总面积的61.1%，水稻土占3.3%，有利于树木和庄稼的生长。[①]

全州森林覆盖率达78.3%，[②]自然林地面积1566.7万亩，占总面积的54.56%。在自然林中，有400多万亩热带雨林，属东南亚热带雨林北缘类型及亚热带常绿阔叶类型，是世界上北回归线附近保存最好的热带雨林。雨林层次多，物种丰富，仅高等植物就有近5000种。全州面积只占全国国土面积的0.2%，而植物种类却占全国植物种类的20%，被誉为"植物王国""物种基因库"。这里是南药的主要生产区，如砂仁、抗癌药物美登木和嘉兰，治高血压的罗芙木，油料作物风吹楠、桐树，香料作物依兰香、樟脑，特异的箭毒木、望天树，香蕉、火龙果等品种繁多的热带水果，成片的茶山和橡胶林。州内有著名的孟仑植物园、云南省热带植物研究所花卉园、勐腊县望天树风景区、景洪原始森林公园、打洛原始森林公园等诸多观光风景区。州境野生动物种类繁多，占全国动物种类的25%。动物区系（除昆虫外）属东洋界华南区滇南山地亚区。陆栖脊椎动物的繁殖种类，以华南区物种成分为主。由于特殊的地理位置和环境条件，东南亚区系和印缅区系的动物可以溯谷延伸至此，国内西南和华南地区的动物也有条件沿山地进入本区栖息。西双版纳成为中国罕见的、具有几个不同自然区域或生物区系的野生动物荟萃地。这里有列为世界性保护动物的亚洲象、兀鹫、印支虎、金钱豹，有国家一级保护动物野牛、羚羊、懒猴，更

---

① 参见西双版纳傣族自治州地方志编纂委员会编《西双版纳傣族自治州志·上册》，新华出版社2001年版，第1、178、186页。

② 数据来源于《西双版纳傣族自治州第十一届人民代表大会第五次会议——政府工作报告》，2010年份。

有地方特色的白鹇、孔雀、犀鸟。西双版纳矿产资源比较丰富，食盐储量丰富，金、铁、铜等储量也相当可观。食盐产于勐腊县东南部，储量高达255亿吨，有8个大型矿床。铁矿、金矿、铜矿、铈族矿物和钇族矿物比较丰富。热水、矿泉较丰富，热水点43处，矿泉90处。煤矿很少，褐煤储量仅2451万吨，但可用热能和水力发电进行弥补。[①]

第三节 西双版纳傣族自治州的发展历史

一 西双版纳的区域沿革

通过对景洪市澜沧江畔和橄榄坝、勐腊县大树脚、勐海县勐混等地出土的肩石斧、有段石锛等新石器时代文物的测定，在四五千年前，古代濮人、百越、氐羌等族群即已生活在西双版纳这片土地。夏、商、周时期，汉文献并没有西双版纳地区居民状况的确切记载。到西汉时，西双版纳已为益州边隅；从东汉，经三国到两晋一直隶属永昌郡。隋唐五代时期（6—10世纪），西双版纳傣族进入阶级社会，形成"泐西双邦"部落联盟，建立了勐泐王国（茫乃政权），隶属于唐王朝的地方政权——南诏。南宋淳熙七年（1180），傣族首领帕雅真通过征战统一勐泐，建立了景陇王国，隶属宋王朝地方政权大理国。《泐史》记载，"十二版纳古名阿罗毗，起先领域：东至老挝，南至景海（清莱），西至南孔（即萨尔温江），北至元江"。

元至元三十年（1293），朝廷置彻里路军民总管府，领六甸，隶属云南行省，元延祐三年（1316）起，改彻里为车里。《天下郡国利病书》记载，"其地东至落恐蛮，南（应为西）至波勒蛮，西（应为南）至八百媳妇，北至元江府，西北通孟连。由镇沅南行二日入其界，又二日至普洱，

[①] 参见西双版纳傣族自治州地方志编纂委员会编《西双版纳傣族自治州志·上册》，新华出版社2001年版，第1页。

又六日至九龙江外（即今澜沧江景洪段）宣慰司"①。明洪武十七年（1384），车里军民府改为车里宣慰司。明隆庆二年（1568），缅甸军队攻陷车里城，将车里宣慰司领地的勐塞（今老挝芒赛）和勐龙喃塔（中、越、老交界处）的一部分划归老挝；将景欠的达西领、勐叭、勐别辽、勐勇等地划归缅甸；将与勐艮（景栋）接壤的部分土地分为三个"岛"，一岛归车里，一岛归勐艮，一岛归缅甸。车里宣慰司的领地大量缩减。明隆庆六年（1572），宣慰使刀应勐将其辖区分为十二版纳，以分摊贡赋。明万历二十二年（1594）年，刀应勐将女嫁给南掌（今老挝万象）酋为后，以勐约、勐奔两地陪嫁。清雍正七年（1729）七月，在澜沧江以东思茅、普藤、整董、勐乌、六大茶山、橄榄坝六个版纳实行改土归流，置普洱府。江外（澜沧江以东）六版纳仍归车里宣慰司管辖。清光绪二十一年（1895），清政府将勐乌、乌得及磨丁、磨别、磨杏3盐井割让给法国殖民地——老挝，境域缩小3000平方公里。

"中华民国"二年（1913），设普思沿边行政总局，划十二版纳为8个行政区，隶属迤南道，管辖区域与清雍正改土归流之前基本相同。"中华民国"十四年（1925），改普思沿边行政总局为普思殖边总办公署，改8个行政分局为8个殖边分署，隶属普洱道。"中华民国"十六年（1927），将8个殖边分署改为7县1行政署，"中华民国"二十年（1931），将含依邦在内的普文县并入思茅县。

中华人民共和国成立后，在西双版纳相继成立了镇越、车里、佛海、南峤4个县级人民政府，隶属普洱专区。1953年，成立西双版纳傣族自治区，辖区包括车里县、佛海县、南峤县、镇越县、思茅县普文区和象明区、六顺县整糯区、宁江县勐阿区和安康区、江城县整董乡。1955年，撤销4县，把西双版纳重新划为十二版纳，并将西双版纳傣族自治区改为西双版纳傣族自治州，到1957年，又重新划为5个县级版纳。1957年，撤

---

① 其中落恐蛮即今老挝北部，波勒蛮即今缅甸景栋一带，八百媳妇即今泰国北部，元江府包括今思茅、普洱等地。

销思茅专员公署,将其所辖思茅县、普洱县、景谷县、镇沅县和景东县划归西双版纳傣族自治州,简称"撤专扩州",后因反右派运动被搁置。1958年,将5个版纳改建为景洪、勐海、易武3个县级版纳。1960年,自治州将版纳制改为县制,并将易武县改为勐腊县。1993年,景洪由县改市。至此,西双版纳一市两县建制确立。① 1993年9月,西双版纳旅游度假区经云南省人民政府批准成立,是云南省首批六个省级旅游度假区之一,下辖1个村委会、1个农场。2007年8月,景洪工业园区被调整为西双版纳州直属区,行使县级管理权限,下辖曼沙村委会、曼沙农场。2007年11月,磨憨经济开发区成为西双版纳州正处级派出机构,行使县级经济管理权限,管辖原属勐腊县尚勇镇的11个村小组、3个茶队和1个茶厂。2010年,撤销云南农垦集团西双版纳农垦分局,设立西双版纳州农垦局,为西双版纳州直属单位,下辖12个农场。② 现今,西双版纳一市两县三区共辖31个乡镇和1个街道办事处,有220个村民委员会(辖2179个自然村)和22个居民委员会,以及12个农场。③

二 交通条件不断改善

西双版纳有95%的土地面积为山地覆盖,只有5%的平坝地,平坝与山地交错分布,独特的地质地貌限制了交通发展。新中国成立以前,出于政治和经济原因,州内宣慰司驻地——景洪到各勐、勐与勐之间、平坝民族与山地民族之间只有便道相通;随着改革开放的逐步推进,西双版纳与内陆、境外的交通道路也逐渐畅通,公路、水路和航空从无到有,逐步扩

---

① 参见西双版纳傣族自治州地方志编纂委员会编《西双版纳傣族自治州志·上册》,新华出版社2001年版,第97—100页。
② 在2010年农场改制之前,云南农垦集团西双版纳农垦分局共有10个农场,改制后划为12个农场,在本研究中,作者在引用2010年以前的资料沿用10个农场的建制,2010年后的资料就以12个农场的建制。
③ 参见西双版纳傣族自治州地方志编纂委员会编《西双版纳傣族自治州统计年鉴—2009》,2009年版,第1页。

展繁荣。

便道主要包括村寨道、驿道、边贸道、勐间道和巡边道。车里宣慰司议事庭设有监督官召龙纳允，专门负责道路的修筑和养护。勐间道和村寨道主要由"傣勐"（农奴）村寨以路分段进行修筑保养。每年傣历新年前（便于节后走亲串友）、雨季来临前的耕作时节或雨季结束后的收获季节，对道路进行整修养护。村寨道多分布于密林间，都以土法设置专门标识，方便路人行走。勐间道以景洪为中心分东、西、南、北四条线路，连接州内各大小勐。其中，南线由景洪经曼打鸠，再过大勐龙，到达缅甸勐勇，最远可到缅甸景栋或泰国美赛；东线由景洪经勐罕，过勐宽，到勐仑，再由勐仑向东北可到易武，首先从易武向西行可到倚邦，其次向南行可至勐醒、勐远、龙林、勐腊、勐哈、勐捧、勐润、勐满乃至出国，再次由易武向东南经洒代、新山，再由勐伴向南至勐腊，或从易武向南经易比、老百寨、补角、补蚌到勐腊，而由勐腊向东南至龙哈、磨歇、尚冈、尚勇、磨憨乃至出国；西线从景洪经兵棚（兵房）勐海、景真、勐遮、勐满可到澜沧县，由勐遮东行可到勐阿，由勐混向东可达大勐龙，由景洪经嘎洒、南糯山、曼勒、曼扫至勐海；北线由勐养经司土（茨通）、石咀、革登至倚邦，由关平经勐满、景讷，西转经整控至临江，由普腾东行至勐旺。驿道、边贸道和巡边道历来受到中央政府的重视，经常出资修筑或派兵驻守。西双版纳以普洱茶闻名于天下，先是江东六大茶山所产茶叶被列为贡茶，后是勐海普洱茶异军突起，成为对外贸易的主要物品。旱季来此采办贡茶的官吏和川、康、藏、湖、广及海外茶商往来不绝于路。茶马大道承载着西双版纳与外边世界的人员、物资、信息交流。西双版纳有三条驿道与内地相连。其中，思易马道（思茅至易武）在雍正十三年就被列为驿道，由思茅黄草坝经高酒房、勐旺、补远、蚌岗、倚邦、曼松、曼洒至易武；九龙江大道（思茅至景洪大道）自宋代"景陇王国"时期就成为与内地往来的要道，自景洪向西北方向经三达山、小勐养、关坪、关铺、普腾、麻栗坪至思茅；佛思道（佛海至思茅）从佛海向北，经勐阿、勐康、临江、整控、六顺、回子寨到思茅。清末，与境外相通的两条边贸道繁荣起来。其中，易乌茶马道（易武至老挝勐乌）由易武向东，经曼洒、丁家寨、乌得，到莱州换船可至越南海防；佛景茶马道（佛海至缅甸景栋）由佛海西行，经勐混、勐板、打洛至景栋，再由此向南可达曼谷、仰光，或转印度、锡金到达西藏。巡边道有四条，主要用于巡防边境，保卫国土。这些便道到近代，或废弃或重新整修改为公路。①

近代尤其是中华人民共和国成立以来，西双版纳的交通运输有了突飞猛进的发展。在公路方面，1953年昆洛公路建成通车，1956年修通了允大公路（允景洪至大勐龙）。到2009年，全州已经形成以景洪为中心，辐射全州两县一市32个乡镇220个行政村的公路网络，并通过国道213线、214线和省道0538线（墨班线）与普洱、澜沧、江城相连，把西双版纳与祖国紧密连为一体。境内公路经磨憨、曼庄、勐满、曼费、打洛等口岸通道通达老挝、缅甸。全州公路通车里程6276.3公里，其中国道742公里，省道490.3公里，县道932.7公里，乡道3982.8公里，专用公路124.1公里，村道4.4公里。②220个行政村已全部通公路，2206个村民小组有2202个通公路，1138个村民小组已村内通水泥路，79个村民小组已村内通柏油路。③2009年，西双版纳公路客运量2169万人，旅客周转量127590万人公里；公路货运量1021万吨，货物周转量64497万吨公里。流经州境的澜沧江—湄公河连接着中、缅、老、泰、柬、越诸国，凸显了西双版纳水路交通的重要地位。早先，州境的澜沧江上仅有整控、新渡口、打角渡3个渡口，只有几条木船。1956年，西双版纳始建航运站，有32只载重一吨的木船，开通航道由景洪至橄榄坝河段。1959年，澜沧江航线由景洪向

---

① 参见西双版纳傣族自治州地方志编纂委员会编《西双版纳傣族自治州志·上册》，新华出版社2001年版，第616—622页。
② 参见西双版纳傣族自治州地方志编纂委员会编《西双版纳傣族自治州统计年鉴—2009》，2009年版，第219页。
③ 参见西双版纳傣族自治州地方志编纂委员会编《西双版纳傣族自治州统计年鉴—2009》，2009年版，第53页。

上游延伸85公里到小橄榄坝。到1987年，已建成从小橄榄坝到南阿河口长158公里、可通行50—100吨级轮船的航道。1990年，从景洪至老挝琅勃拉邦机船试航成功。① 现在，从景洪乘船可直达老挝会晒、琅勃拉邦，泰国清盛、清孔等港口。2009年，西双版纳水上客运量103万人，旅客周转量588万人公里；水上货运量71万吨，货物周转量7148万吨公里；港口旅客吞吐量4.5万人，港口货物吞吐量39.3万吨。航运方面，在抗日战争期间国民政府在佛海、勐遮修建了能起降美制C-47运输机的机场，后弃置。1990年，西双版纳二级机场投入使用，飞机往来于昆明、景洪之间。现在，西双版纳国际机场已投入使用，飞机可直飞大理、丽江、香格里拉、昆明、成都、上海、天津、重庆、北京、郑州等国内几大城市，并可以直飞泰国曼谷、老挝琅勃拉邦。2009年，西双版纳民航旅客吞吐量194.2万人，民航货物吞吐量0.67万吨。②

第四节 西双版纳傣族自治州的文化格局

一 西双版纳的民族分布③

西双版纳是一个多民族共同居住的神圣乐土。西双版纳州辖区内居住着包括汉族、傣族、哈尼族在内的45个民族。其中傣族、汉族、哈尼族、彝族、拉祜族、布朗族、基诺族、瑶族、苗族、回族、佤族、壮族、景颇族13个民族是世居民族，在此居住已超过百年。其他民族大多是在中华人民共和国成立以后因工作分配、政府移民、自发迁移等来到西双版纳居住

---

① 参见西双版纳傣族自治州地方志编纂委员会编《西双版纳傣族自治州志·上册》，新华出版社2001年版，第617页。
② 参见西双版纳傣族自治州地方志编纂委员会编《西双版纳傣族自治州统计年鉴—2009》，2009年版，第219—222页。
③ 参见刀金安主编《西双版纳傣族自治州民族宗教志》，云南民族出版社2006年版，第314—322页。

生活。而且世居民族也有新的血液注入，改变了西双版纳的民族结构和分布态势。中华人民共和国成立以后汉族大量迁入，分布于全州各个角落，改变了西双版纳传统的民族人口结构和民族分布格局。哈尼族"碧约""卡多"等支系的迁入，使哈尼族的支系成分更为复杂。据2010年第六次全国人口普查统计全州总人口为1133515人，其中，汉族人口为340431人，占总人口的30.03%；傣族人口为316151人，占总人口的27.89%；哈尼族人口为215434人，占总人口的19.01%；拉祜族人口为61504人，占总人口的5.43%；彝族人口为66731人，占总人口的5.89%；布朗族人口为47529人，占总人口的4.19%；瑶族人口为22266人，占总人口的1.96%；基诺族人口为22124人，占总人口的1.95%；苗族人口为19055人，占总人口的1.68%。[①]

中华人民共和国成立以后迁入西双版纳的人口大多居住在城镇和农场，部分散居或成村落居于各地农村。13个世居民族经过岁月的沉淀已经形成比较固定的聚居模式。这一居住模式也构筑了西双版纳民族传统分布格局的骨架。12个世居少数民族都有鲜明的宗教信仰体现，如包括傣族在内各少数民族都存在自然崇拜、祖先崇拜和图腾崇拜的原始宗教，还有傣族和布朗族普遍信仰的南传上座部佛教，瑶族的道教信仰，回族的伊斯兰教信仰，以及跨越民族界限的基督教。宗教信仰的文化形态附着在民族群体这一组织形式上，从而造就了宗教信仰群体和民族群体形影相随的紧密联系。通过了解13个世居民族的分布状况及其宗教信仰情况就可清楚西双版纳的宗教信仰态势和相互关系。

傣族先民是古代百越族群的一支。公元前8世纪前后，部分傣族先民不断迁入西双版纳境内，并与当地土著居民逐步融合，演变为现今傣族的主体部分。西双版纳傣族以傣泐（水傣）支系为主，兼有傣讷（旱傣）、傣雅（花腰傣）两个支系。

哈尼族源于古代西北羌人，与彝族、拉祜族等同源。10世纪中后期

---

① 数据来自《2010年西双版纳州第六次全国人口普查主要数据公报（第1号）》。

（大约在公元960年至980年），在"加滇朗"地区的哈尼族被傣族战败，从而引发新的迁徙，开始进入澜沧江东岸，此后又渡过澜沧江，目前分布于西双版纳州的山区半山区。① 在西双版纳世居的哈尼族主要是哈尼族"雅尼"支系（自称"阿卡"，当地称为"爱伲人"②）以及被划归哈尼族的阿克人③。"1970年1月，勐腊、墨江两县商定，从墨江农村（大部分是哈尼族）移民386户2241人到勐腊、勐捧、尚勇三个公社落户，开发边疆，发展生产。"④ 后又有部分哈尼族从普洱市墨江县自发聚众迁移而来，多数为"碧约""卡多"支系。这些民众在政府的安排下，重新建立村落，聚族居住。他们的到来使西双版纳的哈尼族支系更为丰富多样，并对传统民族分布产生一定影响。

布朗族源于距今3000年的古代濮人（属孟—高棉系）。汉文史籍记载，古代濮人聚居在永昌一带，生息繁衍于澜沧江和怒江流域的山间。后因战乱，经历了长期的民族迁徙和分化融合后，部分留在永昌，有的迁移到永寿（今永德、镇康），还有部分沿澜沧江迁徙到双江、耿马、澜沧和勐海。这些濮人成为今天的布朗族。⑤

关于基诺族的族源有两种说法，一种观点认为基诺族是当地的土著居民，以基诺族的《创世纪》和丧葬时的送魂路线为证；一种观点认为基诺族属于古羌族的一支，以基诺族的语言属藏缅语族彝语支以及父子连名制

---

① 参见杨忠明《西双版纳哈尼族简史》，云南民族出版社2010年版，第1—20页。
② 西双版纳州民族宗教志记载，1953年7月15日召开的格朗和自治区人民代表大会上，将哈尼族自称"雅尼"译为"爱伲"，即"兄弟"之意，整个西双版纳的雅尼都统称爱伲人。国家正式进行民族识别后，统称哈尼族。
③ 被划归哈尼族的还有补过人和排角人。补过人主要分布在勐腊县勐腊镇城子村委会，八九百人，文化更接近傣族，信仰南传上座部佛教，过泼水节、关门节和开门节等傣族传统节日，并起傣族名字。排角人居住在勐腊县勐伴镇勐伴村委会曼冈村，近200人，信仰原始宗教，有立寨门、过新米节的习俗，行父子连名制，现多起傣族名字或汉族名字。
④ 刀金安主编：《西双版纳傣族自治州民族宗教志》，云南民族出版社2006年版，第26页。
⑤ 西双版纳的曼咪人、昆格人、克木人都划归布朗族。曼咪人有自己的语言，无文字，属南亚语系孟—高棉语族佤德昂语支。因长期与傣族接触，受其影响，在住房、服饰、宗教信仰、节日等都与傣族相同，多数会说傣语。昆格人有自己的语言，属南亚语系孟—高棉语族佤德昂语支，信仰原始宗教。克木人有自己的语言，属南亚语系孟—高棉语族佤德昂语支，信仰原始宗教。

为证。据道光年间编纂的《云南通志》卷一八七"种人"条下描述的"三撮毛"人特征与基诺族非常相似。又有傣文《泐史》记载,元末明初西双版纳傣族第九任召片领刀坎曾娶基诺族女子为妻,可以推断基诺族最迟在清朝已是基诺山区的土著居民了。1979年5月31日,国务院正式批准居住在西双版纳的基诺人为我国的一个民族。

西双版纳苗族据称是在200多年前从贵州迁入勐腊县的。现在红河州元阳、绿春、金平等地苗族来到西双版纳地区,租种当地彝族、汉族、哈尼族的土地,成为富有地域特色的打工群体——"农民农",形成了一个规模可观的移民群体。易武镇易武村委会杨柳井村小组的苗族属于扶贫移民,多数自发从红河州进入象明乡原始森林散居,后由政府集体迁居现址。

勐腊县有3个壮族寨子。之前一直被认定为傣族,经1982年第三次人口普查民族识别后才改为壮族。关于其族源有两种说法。一种说法是在200多年前从广西经文山、红河、元阳下至江城,一支辗转老挝来到勐腊建立曼里寨(现为勐伴镇勐伴村委会的曼里村),另一支经勐养再到勐腊与族人会合。后来,曼里寨又先后分出了曼蚌村(勐伴镇曼燕村委会的曼蚌村)和沙仁村(瑶区乡沙仁村委会的沙仁村)。据笔者考证,其中曼里村和沙仁村的壮族是明末清初农民起义军李定国部队后裔。当年李定国在广西抗击清军,招募了当地部分壮族兵丁。后来,部队败退到勐腊,李定国病逝于此,其部属与当地妇女结婚,并定居下来。而曼蚌村的壮族则是从老挝迁入的。

西双版纳回族,首先是明清时期来此经商的大理回族商人与当地的少数民族(主要是傣族)结婚,定居于此。其次是清代杜文秀起义失败后,从大理逃亡至此的回族后裔。再次是1950年后,支援边疆的回族干部、工人等。回傣又称"帕西傣",住傣楼,穿傣族服装,说傣语,信仰伊斯兰教。

西双版纳佤族是从普洱市澜沧、西盟迁来的,主要分布在勐海县。另外，勐腊县易武乡的曼奈、曼腊、曼撒一带有部分佤族居民，自称"本人"。"1964年人口普查时将'本族'归属佤族，但至今仍沿用'本人'的旧称。"① 西双版纳景颇族是18世纪初从德宏州陇川经澜沧迁入勐海的，只有1个景颇族村寨——勐海镇勐翁村委会景颇寨，并且是一个多民族杂居的寨子。彝族和拉祜族都为古羌人的后代。西双版纳的彝族"腊鲁"支系在清代先迁居新平、景谷一带，后经思茅迁入西双版纳地区。西双版纳拉祜族多数是公元10世纪从普洱市澜沧县迁入勐海县境内。② 西双版纳瑶族是明末清初，由湖南、广西迁入西双版纳境内居住，主要包括"顶板瑶"和"蓝靛瑶"两个支系。

西双版纳汉族从明清时期就开始踏上这片神秘而富饶的土地，从此之后，官、商、兵来此者络绎不绝。明末清初，楚雄、腾冲等地商人到西双版纳投资经商，定居生活。清从顺治元年（1644）开始，大批石屏商人携家带口，来到倚邦、易武、曼秀、曼洒、曼洛、曼腊一带开设商号，经营茶叶。清嘉庆年间（1796—1820），腾冲、玉溪、普洱的茶帮到勐海、勐遮坝区定居投资，做茶叶生意。③ 在抗日战争时期，因商路被阻，商贸衰败，汉族商人弃商从农，逐渐融入当地乡土。中华人民共和国成立后，内地汉族移民更是犹如潮水涌入西双版纳。先是南下干部来到西双版纳戍守边疆，后转为兵团继续建设边疆。接着就是1956—1965年来到西双版纳的知识青年和社会青年大多也扎根边疆。而1968年后来自北京、上海、重庆、昆明的知青和下放干部，在"文化大革命"后大部分返城。1960年，来自湖南省醴陵、祁东两县的支边青年21939人（其中家属8649人）分批到达各大农场。另有数千名湘籍青年自行来到西双版纳谋生。改革开放后，西双版纳的人员流动空前频繁，来此经商打工、投亲靠友、生活婚

---

① 参见《勐腊县志》，云南人民出版社1994年版，第115页。
② 1987年8月9日，云南省人大常委会决定，全省苦聪人恢复拉祜族称谓。居住在西双版纳州勐腊县尚勇镇等地的苦聪人改称拉祜族。
③ 参见西双版纳傣族自治州地方志编纂委员会编《西双版纳傣族自治州志·中册》，新华出版社2001年版，第750页。

嫁、工作就业者比比皆是，但最后能定居于此的比例相对较低。目前汉族大多居住在城镇街市，但散落在各个村落经营店铺、上门入赘的也比较普遍。西双版纳国有农场也是汉族聚居的主要场所，汉族有57634人，占农场总人数的77.7%。① 汉族已经遍布西双版纳的各个角落。

二 西双版纳的宗教信仰情况

西双版纳民族众多，文化丰富多样。单就宗教文化而言，各世居少数民族都存在自然崇拜、图腾崇拜和祖先崇拜等原始宗教形式；又有多个民族信仰制度性宗教，如傣族、布朗族信仰南传上座部佛教、瑶族信仰道教、回族信仰伊斯兰教，还有容纳了汉族、傣族、哈尼族等众多民族的基督教。西双版纳地区，共有宗教活动场所614所，其中佛寺586所、教堂23所、清真寺5所；有州、市县宗教团体6个。全州有南传上座部佛教信徒近30万人，有僧人4538人，其中祜巴16人、比丘（都）923人、沙弥（帕）3599人；有基督教信徒5000余人，有牧师2人、长老12人、传道员（包括指事、礼拜长）33人；有伊斯兰教信徒3700余人，有阿訇11人，其中教长5人。② 宗教作为民族文化的原初载体和主要表现形式，维系着民族群体的繁衍，彰显着民族文化的魅力。民族与宗教就像一对孪生兄弟，有着天然的鱼水情结。现以各类宗教为主线，介绍西双版纳各个民族的宗教信仰情况。

西双版纳各少数民族都不同程度地存在原始宗教信仰。原始宗教涵盖万物有灵的自然崇拜、祖先崇拜和图腾崇拜，并伴随有各种祭祀仪式。傣族崇拜水，后发展为崇拜龙、龙王、水鬼等支配水的神灵，最后又推延到支配万物的各类神灵。傣族已产生鬼魂观念，并有叫魂送鬼仪式。傣族祖

---

① 参见西双版纳傣族自治州地方志编纂委员会编《西双版纳傣族自治州志·中册》，新华出版社2001年版，第353页。

② 数据由西双版纳傣族自治州民族宗教事务局提供，2010年。

先崇拜主要表现在对农耕神叭桑目底、猎神沙罗和家神、寨神、勐神的祭拜上。傣族的文身习俗可谓图腾崇拜的一种体现。哈尼族有鬼魂观念,表现在祭风雨雷电、祭寨门、祭水井、祭土地神、叫谷魂、祭树魂、送鬼神、赶恶鬼、栅狗皮等。哈尼族有着浓厚的祖先崇拜,每家都设有祭祀祖先的祭台"阿培婆罗",吊在女室火塘的上方。在布朗族的信仰观念中鬼神不分,但鬼神有善恶之别。祭鬼求神活动频繁,多祭寨神、树神、山神和火神。布朗族存在鬼魂观念,并有各类"叫魂"仪式。布朗族的祖先崇拜体现在祭祀家神、氏族神和寨神方面,并对竹鼠、癞蛤蟆形成了图腾崇拜。基诺族信仰万物有灵、灵魂不灭,也是鬼神不分,只有好鬼坏鬼的区别。基诺族崇拜祖先阿嫫腰北,视大木鼓为圣物,并有"打黄牛"的祭祖仪式。基诺族的集体祭祀活动主要有祭寨神、祭谷神、祭天神、祭地神。拉祜族有灵魂鬼神观念,崇拜天神"厄莎",建有供奉天神的庙房"贺页"。拉祜族把祖先供奉为家神,设有祭祀家神的神位"页尼"。彝族不仅崇拜风雨雷电自然万物,还供奉祖先、天地、灶君、仓笼、上神等神灵,并举行祭灶神、祭仓笼神、祭土地神、祭竜神、祭火神、招谷魂、赶寨鬼等祭祀活动。瑶族信仰道教和原始宗教。在祭祀活动中,两种宗教活动同时进行,难以细分。瑶族所崇拜的风雨雷电、盘王、家先、神农、灶神、社王等可谓带有原始宗教的影子;而玉皇、玉清、上清、太清、上元、中元、下元为道教诸"神仙"。瑶族的宗教祭祀活动名目繁多,包括度戒、盘王节、打斋、扫寨、叫谷魂、元宵节、清明节、保苗节、端午节如此种种。[①] 壮族延续传统万物有灵的自然崇拜、祖先崇拜、英雄崇拜,并受傣族信仰的影响,进行祭祀"帕雅神"和寨心的社神信仰,建有土地庙。

南传上座部佛教在经历了与傣族原始宗教的长期斗争、融合后,终于在西双版纳这片美丽的沃土上扎根发芽,发扬光大。到西双版纳第八代王

---

① 参见铁锋《宗教文化〈西双版纳——勐巴拉娜西民族文化丛书〉》,云南教育出版社 2006 年版,第 49—107 页。

召温冷继位后（公元78年），南传上座部佛教在西双版纳进入迅速发展时期。目前，傣族和布朗族几乎全民信仰南传上座部佛教，成为西双版纳地区相对较大的宗教信仰群体。西双版纳南传上座部佛教的佛事活动以"赕"为其最大特色。佛事活动中的"赕"是信徒为赎罪祈福捐献财物，属于一种有组织的布施活动。赕佛是西双版纳南传上座部佛教所有佛事活动的总称，具体包括赕新年、赕关门节、赕开门节、持戒、升和尚、祭佛山、比丘集结日、挂幡、烧白柴堆、赕坦、赕帕、赕毫伦瓦、赕玛哈邦、赕塔、赕萨拉、赕龙等。[①]

西双版纳世居民族中，汉族传承了宗族制的祖先崇拜，并崇信汉传佛教。勐海的"山头汉族"村寨规模较小，并且比较分散，没有建立祠堂，也没有佛寺。在勐腊县易武、曼腊、依邦等古六大茶山，大量红河州石屏县汉族茶商前来做生意，形成一些颇具规模的汉族聚居区，零星建有一些佛教寺庙、宗祠和会馆。

在西双版纳信仰伊斯兰教的主要有两大群体，一个是定居于此的回族穆斯林，另一个是来此经商的缅甸穆斯林。其中，帕西傣主要在勐海县的勐海镇和勐遮镇聚居生活。回族虔诚地信仰伊斯兰教，村寨内建有清真寺。因与傣族持续通婚，受到傣族鬼神观念的浸染。如帕西傣像傣族一样进行赕鬼，将装死人的"木匣"留在坟地，以免把鬼魂带回村寨。缅甸穆斯林多数在景洪市聚居，做生意，比如在景洪市民族工艺品市场，一条街大约60%是缅甸穆斯林经营的缅玉店面。此外，分散在景洪市其他商业区经营玉石的缅甸穆斯林也比较多。到景洪市清真寺的礼拜者主要就是缅甸穆斯林。在西双版纳的缅甸穆斯林的具体数目不得而知，单星期五主麻日来景洪市清真寺做礼拜的缅甸穆斯林就有三四百人。这也只是成年男性穆斯林，在西双版纳的缅甸穆斯林人数之众可见一斑。西双版纳伊斯兰教主要有格底木派和哲赫林耶派。西双版纳超过90%的穆斯林属于格底木派。

[①] 参见铁锋《宗教文化〈西双版纳——勐巴拉娜西民族文化丛书〉》，云南教育出版社2006年版，第9—44页。

基督教在西双版纳的传播较为复杂。1917年，美国传教士征得当时召片领刀承恩的同意，在景洪市曼允村建教堂、医院、学校和工厂，向当地傣族群众传播福音。其次是从墨江等地迁移到西双版纳的基督教信徒（以哈尼族为主）携带而来的。这些民众也是由血缘、地缘搭伙而来，安顿下来后又聚众为村落，在此繁衍生息，因此也带有信仰的村落性特点。随着外来迁居人口的增多和基督教的迅速传播，目前西双版纳信仰基督教的包括汉族、傣族、哈尼族、彝族、瑶族等多个民族。从总体上看，基督教信仰的民族界限相对模糊，也是区别于西双版纳其他宗教群体的最大特点。

道教是明朝崇祯年间随瑶族的迁入而"下嫁"到西双版纳的，信徒也以瑶族为主。西双版纳的道教主要是天师道，以画符念咒、驱鬼降妖、斋醮祈禳为主。

第一章　西双版纳主体生态经济的依赖互补

由于西双版纳特殊的地理气候，其物产具有独特的地域特色，始终与外界保持着物质往来。当地西北高、东南低以及平坝和山区交错分布的立体式地势地貌造就了东部与西部、坝区与山区气候和物产差别，促使不同地域群众互通有无。地区和群体间的物质交往和相互依赖，为多民族、多宗教的和谐共处奠定了基础。传统社会与现代社会由于经济模式的不同，人们的生存状态和交往需求也发生了本质差异。传统社会，人们主要从事农业生产，以自给自足的自然经济为主，自产自销，只有个别生产生活物品需要通过交换获取，经济交往并不频繁。而现代社会，人们从事更繁杂的第二、三产业，所有产品都要通过市场交换进行流通。西双版纳正经历从传统向现代的社会转型。改革开放成为中国传统社会与现代社会的分界点。西双版纳的经济结构在这一"分界点"前后表现出不同的特点。

第一节　传统社会西双版纳各民族经济上彼此离不开

一　民族间经济互通有无

（一）坝区和山区生态经济彼此依赖

传统农业社会以从事第一产业为主，深受地理条件和气候特点的影响。

西双版纳平坝与山地交错分布、东西部气候差异明显，再加上干湿季的雨水、气温变化，形成了本区域内立体式植被与物产。仅举水果一例，西双版纳海拔较高地区气候凉爽，有樱桃、杨梅、桃、李、梨等温带水果；海拔较低地区气候炎热，有椰子、香蕉、菠萝、芒果、荔枝、龙眼、番木瓜、酸角等热带果品。[1] 傣族作为当地主体民族，占据西双版纳所有的田坝。坝区傣族依水而居，以种植水稻为主，兼种瓜果蔬菜、烟草、槟榔、樟脑。傣族的生产技术相对发达，可以制作土陶器[2]、金银饰品、土布等。哈尼族、基诺族、布朗族、苗族、瑶族、彝族、景颇族、佤族、拉祜族等少数民族生活在山区。山区多阳光，可以种植旱稻、棉花、花生、芝麻、茶叶，并滋养着丰富的山珍野味，如紫胶、野菜、蘑菇、木耳、野兽等。西双版纳以其广阔肥沃的土地和得天独厚的地理气候，保证了当地居民衣食无忧。民国期间，李拂一在《南荒内外》中称，"十二版纳天候温暖，无旱无涝，土质肥沃，摆夷只须于五六月天雨满田之时，一次耕种而后，即可不闻不问，无须耘耨，秋后自然丰收，一年农作时间，统计不过二三十日，而收获之丰，往往足供二三载之需。人食而外，以至犬马鸡猪，无不以米谷为饲料。他如酿酒杂耗，每年消费为数亦巨，然而米价之贱，历来皆为内地所不及。盖生产多而消费少故也。人口不过十六七万，平均每方里居民不及二人"[3]。平坝和山地各民族虽能自足，但由于山区与坝区气候有别，物产不同，存在互通有无的需求，一直保持着一定的物质交流。1958年之前，基诺族主要和傣族进行交易。基诺族用茶叶、棉花、竹木编织换取傣族的陶器、土布、辣椒等。而傣族装糯米饭的竹盒子、装柴的背筐、坐的小板凳都是同基诺族交换来的。

访谈1.1：傣族非物质文化传承人，男，傣族，54岁，家住勐罕镇傣族园，访谈时间：2011年3月13日。

我们傣族住在平坝，土地肥沃，水源充沛，以种水稻为主，但一些

---

[1] 参见《西双版纳傣族自治州志·中册》，新华出版社2001年版，第764页。
[2] 2006年西双版纳慢轮制陶被列入国务院公布第一批国家级非物质文化遗产名录。
[3] 参见李拂一《南荒内外》，复仁书屋2003年版，第62页。

生活物品也需要山地民族提供。比如说，我们傣族织锦已经有很长的历史。但我们平坝不能种植织锦用的棉花，只能靠山区。基诺族能在山坡上种棉花。我们就跟他们交换。雨季的时候，我们傣族不种菜。因为那时田里种上稻谷了，而且天气热，菜很容易坏掉。我们只能靠山地民族供给。山地民族抽的烟是我们供给的。我们种冬烟。山地民族跟我们换的还有槟榔，尤其是基诺族很喜欢嚼槟榔。傣族也各有各的特点。勐海那边海拔高，天气凉爽，适于种蔬菜；橄榄坝"男善建筑，女精织布"；勐遮的景真傣族做生意的历史久一些，他们很善于做生意。以前，我们没有肥皂，就用火灰。用水浸泡火灰，再把水滤出来，拿（这些水）来舂衣服。洗头就用淘米水来洗。一种叫"曼纳"的果（实）也可以做肥皂，现在已经很少了。像肥皂、针线都是外地商人运进来。我们傣族很少经商。

访谈1.2：基诺山乡政府退休干部，基诺族三大长老之一，男，63岁，访谈时间：2010年12月17日。

1958年以前，我们基诺族主要种茶叶、棉花、稻米和苞谷。当时我们只种旱稻，就是粳稻，米质更好。大部分村子的粮食可以自足。傣族在坝区只种水稻，不种棉花，主要靠我们山区民族提供。熟铁、生铁都是外边的牛帮、马帮运进来的。因为马帮、牛帮经常到傣族坝子做生意。傣族收集马帮丢弃的废马掌以及他们用废的小锄头来换我们的棉花和茶叶。我们有自己的铁匠，可以打制工具。我们和傣族交换最划算的就是换狗。因为傣族不吃狗肉，就用他们的老狗来换我们的小狗，不讲价，一只大狗换一只小狗。

（二）贡纳制度是民族间一种特殊的物质交往方式

从宋朝开始，傣族就统一了西双版纳地区，将其他少数民族置于自己的统治之下，实行封建领主制。西双版纳所有土地包括山区各民族占据的山区都属于傣族土司。当时生产力低下，开垦力度不足，土地意识不强。傣族土司与哈尼族、布朗族等山区各民族主要以"贡纳"的方式进行交往。比如哈尼族每年要准备棉花、山货等贡品向土司进贡。在勐海，有一个地方叫"芒里"。每年到约定时间，傣族头领就派人通知山上的哈尼族，让他们把贡品送到"芒里"进行集中进贡。一位基诺族长老讲述了进贡事宜，"整个西双版纳都是傣族统治，每年我们要向傣族土司贡新茶叶、新棉花，还要出义务。每年要做七天的义务劳动"。山区各民族只向土司进贡，而土司并没有回赠。这不同于中央王朝与地方民族政权的朝贡关系模式。土司进贡朝廷，朝廷也会回赠地方土司一定的财物，而且都会比进贡的东西贵重，显示朝廷的富足强盛，以达到威慑拉拢之目的。山区各民族每年一次向傣族土司进贡。贡纳成为傣族土司和山区各民族之间的一种交往方式。

访谈 1.3：勐海县勐遮傣族土司后人，大学学历，西双版纳傣族自治州教育局原局长，访谈时间：2012 年 6 月 7 日。

传统上，在西双版纳来说因为傣族是统治民族，山区的各民族对傣族是尊重的，敬畏的。傣族对这些民族也是看重的，没有歧视他们。所以过年过节，他们下山来，背点东西到傣族家里。傣族也是很热情地接待他们。他们背点瓜果，傣族给他们包点米、肉，来往是正常的。他们会讲傣话，这些民族都必须会讲傣话。就如我们现在要会讲汉话一样，不讲汉话，就不能交流。山区民族也要向当地的土司和头人进贡。只有头人分管的寨子才派公差、进贡东西。今年你们寨子给我砍几排柴，来我家帮几天工。他们寨子派公差来，吃住我们全包。

（三）西双版纳与外地的物质依赖

西双版纳特殊的地理气候孕育的物产也独具地域特色。茶叶、樟脑、紫胶、象牙、麝香、虎骨、犀角等特产为外地人所喜好，成为争相购买的紧俏物品。西双版纳毕竟远离经济、文化中心，生产技术相对落后，物产相对单一，需要外地的工业制品、铁器、药品、衣帽鞋袜、燃料、日用杂品。在传统社会，人们从事自给自足的自然经济，并不过多依赖物质交换。但生产生活必需品的补给对满足人们的基本生活需要、方便人们的生产生活有着不可或缺的价值。西双版纳地处祖国西南边陲，与缅甸、老挝接壤，与泰国、越南毗邻，是中国与东南亚各国交流往来的"孔道"和中转站。商人把内地的铁器、日用杂品、药物以及普洱市磨黑的食盐运到西双版纳，换成茶叶、樟脑、紫胶，再运往缅甸、泰国、老挝和越南出售，购回棉布、针纺、百货、洋靛、西药等西方工业品；① 或者在西双版纳购进象牙、犀角、麝香、鹿茸、熊胆、鸦片等土特产，直接运回内陆。② 西双版纳州山地众多，绵延起伏，适于种植茶叶和棉花。无论是澜沧江以东（江内）早已闻名遐迩的古六大茶山，还是后来居上的勐海周围山区（江外）的新茶山都是茶马古道上的璀璨明珠。山区的向阳坡地盛产土棉，每年销往思茅、普洱、墨江、元江、石屏一带约800驮，外销梭罗布（土布）2000尺。③ 据1953年调查统计，当时已进行交换的农副土特产品共有95种，其中工业原料有棉花、樟脑、紫胶等17种；药用原料有虎骨、熊胆、鹿茸等30种；牛马等畜产品7种；猪禽蛋等副食品20种；花生、芝麻等油料产品4种；芒果、香蕉、菠萝等热带水果12种；竹子、藤篾等手工业原料5种。④

二 商业活动的联络作用

坝区与山区、当地与外地、我群与他群存在物质交流的客观需求，逐渐建立起交往的渠道和场所。当这种交往成为常态，成为人们生活必不可少的一部分，地区、群体间的交往就变成了彼此离不开的相互依赖。地区、群体间的物质交往历来是以市场、商旅为主要依托。汉唐时期，西双版纳已存在以茶叶、盐业为主要商品的生产和流通，并形成了茫乃道、"叭乃怀""波乃嘎""沙铁"等市镇。唐宋时期，西双版纳的茶叶被贩运

---

① 当时，缅甸是英国殖民地，老挝、越南是法国殖民地，成为东南亚与西方贸易的便利口岸。
② 参见《西双版纳傣族自治州志·中册》，新华出版社2001年版，第741页。
③ 参见《西双版纳傣族自治州志·中册》，新华出版社2001年版，第766页。
④ 参见《西双版纳傣族自治州志·中册》，新华出版社2001年版，第760页。

到大理"三月街",进行茶马贸易。明清之际,大量滇南石屏的汉族到易武、倚邦等地开发茶山;又有腾冲等地茶商到勐遮设立商号,形成了以汉族为主体的易武、倚邦、曼乃、曼砖、佛海等城镇。民国时期,西双版纳的商业贸易开始兴旺,主要向外销售茶叶、棉花、樟脑、紫梗等。为适应商品的顺畅流转、人员的频繁往来,西双版纳地区修筑了各类便道,有连接村寨的村寨道,有各勐之间相互沟通的勐间道,还有连接内陆的3条驿道,更有2条与国外进行贸易的边贸道。

(一) 集市

传统社会,西双版纳商品交易场所主要有期街、赶摆和集贸市场。期街俗称"街子",形成于元明时期,一般在村寨较为密集的地方,选择一个交通方便、宽阔平整的地片,搭建一些草棚,便于各民族进行物品交换,"黎明即市,日出而散"。期街多数建在傣族的平坝。因为平坝土地肥沃,单位产量高,适于重复耕种,所以傣族寨子比较大并且集中,又很少迁移。平坝地区交通方便,物产和手工产品相对丰富是街子的基础条件。山区土地相对贫瘠,山脉蜿蜒起伏;山区各民族主要从事游耕农业,居住稀疏又经常迁移。山地民族主要到平坝进行物品交换。只有勐腊县的易武和倚邦建在山梁子上,形成狭长的街市,但两地的交通条件都非常便利,是茶马古道的主要集散地。

"傣族居住在河谷平坝,资源丰富,社会经济发达,生产技术较高,生产品也比较丰富。居住于山区的民族常和傣族互通有无,逐渐出现了以傣族地区为中心的集市。不仅是当地各民族交易的场所,还成为联系内陆和东南亚经济贸易的桥梁。"[①] 在傣语里,"景"是指部族头领驻地,人口较多并相对集中;"嘎"就是进行商品交换的场所。景洪市的景洪坝子有5个期街:嘎里、嘎龙、嘎洒、嘎景德、嘎兰;勐罕镇的有嘎里(曼嘎俭)、嘎龙(曼么罕)、嘎郎怀(曼海)、嘎朗闷(景哈)、嘎听(曼听)等5个期街;勐龙坝子有嘎龙和嘎囡2个街子;勐养坝子有土锅

[①] 参见刀承华、蔡荣男《傣族文化史》,云南民族出版社2005年版,第6页。

寨和勐养城子；景讷只有景讷大寨。勐海的期街是以干支的干日为期，平时5天一市。当时勐海县有14个期街，其中包括象山（勐海老街）、勐遮、勐拱、勐满、勐混、勐阿等。勐腊有易武、倚邦、勐腊、勐满、勐捧等5个期街。在20世纪60年代以前，期街市场主要进行农副产品和手工制品的交易，因买而卖，以物易物。山区和坝区各民族通过"期街"互通有无。勐海县勐遮镇的嘎龙在1949年前就很繁荣，主要有傣族、哈尼族以及少量的拉祜族、佤族来交易。傣族带来坝区的辣椒；哈尼族、佤族、拉祜族等则带来了山林特产（如竹笋、甜笋）；马帮把布匹、食盐、生活日用品驮来。李京在《云南志略》中描述"交易五日一集，旦则妇人为市，日中男子为市，以毡布茶盐相贸易"。在比较大的集镇，逐渐形成了更经常和固定的交易场所——集贸市场。在景洪、勐海、勐遮、易武、倚邦等地都已形成初具规模的集贸市场，保证了瓜果蔬菜、生活日用品的交易日常化。①

在西双版纳，"摆"是傣族过傣历新年（泼水节）进行的一项集宗教、集会、百艺、商贸于一体的活动，并且在各种赕佛活动中也时常组织赶摆。赶摆把节日的喜庆、文化娱乐、体育竞技与物质交易相融合，营造出欢乐、轻松、多彩的市场氛围。西双版纳民族众多，民族节日也是接踵而来，如傣族的泼水节、汉族的春节、哈尼族的"嘎汤帕"、基诺族的"特懋克"节、拉祜族的"拉祜扩"节、彝族的"二月八"节、瑶族的"盘王节"等。所以，民族节日成为各族人民进行人员、物资、文化交流的重要契机。

访谈1.4：傣族非物质文化传承人，男，傣族，54岁，家住勐罕镇傣族园，访谈时间：2011年3月13日。

以前，市场上主要是换（指以物易物）。以前橄榄坝也有集市，有五个街，是五天一次。每个街都是五天、五天地轮着来，不像现在（日期）是固定的。比如今天轮到嘎听（在曼听），它有自己的特点。因为

---

① 参见《西双版纳傣族自治州志·中册》，新华出版社2001年版，第739—742页。

嘎听顺江而下，人比较多，那些妇女把自己（织）的织锦、做的布鞋拿来卖。嘎里（在曼嘎俭）、嘎龙（在曼么罕）来的山地民族比较多，所以山上的东西很丰富。嘎里离阿克人（划归哈尼族）比较近，嘎龙离基诺山（居住着基诺族）比较近。山地民族带来旱地种的（东西），像棉花，还有野菜、动物，他们有自己的特点。他们换一些盐巴，还有镰刀。他们不会打嘛。这些我们会打。①他们种旱地，是刀耕火种，有时不够吃，就拿山地的产品来换米。还有嘎朗怀（在曼海）、嘎朗闷（在景哈），一共五个街。以前外地商人多数就到坝区，很少上山。有一些小商人背着竹筐去山地民族走街串巷，卖日用小百货，但是也很少。因为我们以前主要是耕田犁地，生意这块比较淡。当时，交换的主要是生活必用品，如盐巴、菜、烟。

茶马古道有很多路线，并有一个集散地。我们西双版纳和思茅的茶马古道集散地在普洱，就是现在的宁洱。从那个集散地向四周发散出很多的分支，只不过有的远一点，有的近一点。从思茅到我们西双版纳的勐海，再从勐海经打洛口岸走出去就是缅甸的景栋。因为当时泰国、缅甸有英国人在，老挝也有法国人，他们的手工业比我们发达。这样一来，我们就互相换物。勐腊那边就是易武、倚邦的茶马古道。马帮从普洱驮来镰刀、盐巴、肥皂、衣裳等，然后换成茶叶回普洱，就进内陆了。有些马帮也走石屏。1949年前，我们就从石屏坐小火车去昆明。

（二）商人

在西双版纳从事商品交易的商人主要分为坐商、行商和摊贩三类。关于坐商，明末清初随着茶马贸易的兴盛，楚雄、腾冲以及省外商人开始到西双版纳投资商业。从清顺治元年（1644）开始，大批石屏等地商人携马帮到倚邦、易武、曼秀、曼洒、曼洛、曼腊六大茶山一带开设商号，经营茶叶。清嘉庆年间（1796—1820），腾冲、玉溪、普洱的茶帮

---

① 基诺族在200多年前已经学会打制铁制工具，但村寨里的铁匠主要是以工具的修补为主，并不进行成规模的铁制工具的生产加工。

在勐海、勐遮定居下来，设号经商。行商比坐商更早踏入西双版纳这片土地，经营形式灵活，适应性强，经久不衰。从明清时代一直到民国时期，来自石屏、思茅、景东、普洱、墨江、大理、祥云、宣威等地的行商走街串巷兜售小商品。傣语称他们为"贺巴俭"，意思是"背篓的汉商"。有些行商用马帮从内地运来货物，往来于西双版纳各地销售，再换成当地或来自东南亚的货物运往内地。小本经营的摊贩，主要是在各个期街上，轮番摆摊做生意，或者肩挑人背到边境一线做小额贸易。截至1953年年底，西双版纳共有个体商户640户，其中行商268户，坐商285户，摊贩87户，从业人员共778人。外来商户最多的是象山镇（勐海老街），其中汉回商人占坐商总户数的50%、行商的3%、摊贩的10%，其余的多数是当地少数民族。①

访谈1.5：勐腊县易武镇黄姓汉族老户，墨江县粮食局退休工人，77岁，访谈时间：2011年5月21日。

我是易武当地的，1949年后调到墨江工作。朱元璋当皇帝的时候，派兵来云南屯垦。部分士兵在石屏县宝秀一带安家落户。我的老祖领着两弟兄从宝秀来易武安家，到现在已经180多年了，到我是第八代。我们有家谱，从石屏宝秀一直到易武每一代都有。1949年前，我们汉族不种地，主要是做茶叶生意，驮茶到缅甸的景栋、泰国的美赛、印度的孟买，卖了茶叶，再把棉花、洋靛驮回来。墨江老马家生意做得大，在上海、北京、泰国、日本、韩国都有他们的商号。我们黄家（做茶叶）没有自己的商标。刘家做的（茶）是同庆号，大家都叫他刘大老爷。现在的关累那片以种棉花和大烟为主。易武的汉族就驮着他们（当地少数民族）要的东西，把他们的棉花、大烟收起来，又运到石屏去卖。从这里到江城，经蒙县到磨黑，再到墨江，最后到石屏，马帮差不多要走一个月。当年，西藏人来易武买茶的马帮有成百匹马，特别是四川甘孜一带。有一次大概是在1943年，来了三百多匹马。但是抗日战争爆发后，日本

---

① 参见《西双版纳傣族自治州志·中册》，新华出版社2001年版，第751页。

占领了那边，茶叶就没法销（售）了，这里就衰落了。从1942年、1943年到1949年后，茶叶生意就没有了。现在易武的茶叶又兴盛起来了，尤其是那些古树茶，价格贵得很。

访谈1.6：勐海县格朗和乡帕宫村委会帕宫下寨村民，山头汉族老户，男，64岁，访谈时间：2012年8月8日。

我老祖在光绪年间就来到这个地方了，是从四川搬过来的。我们是逐步搬到这个地方的，从澜沧过来。坝子也在过，打摆子，经常死人，在不住，才搬到山上来。说起来，我们也不是最先在（这里）的。老人说，布朗族最先来到这里。我们寨子里的大茶树、竹子都是布朗族栽下的。以前，我们汉族也是刀耕火种。有水田的是比较富裕的，有点头脑，就定居了。有些游户在这里种两年，到那里种两年，就搬走了。那些寡妇婆，领着小娃娃没有地，做点小生意养活自己。就是先买来谷子舂成米，再做成粑粑，到勐海去卖。有牛有马的就帮别人驮东西。我爸爸就是驮洋靛去普洱换食盐，然后再驮着茶叶、食盐去缅甸换洋靛。我们这里的汉族受上头那些（汉族）影响。上头那些（汉族）驮东西下来，跟着他们走走，像现在做生意一样，从内地影响过来，一个带一个。我们勐海的茶厂都是请易武那边的师傅来做。我很小的时候，就看到易武那边的师傅来这里炒茶了。

（三）货物

1949年前，西双版纳以自给自足的自然经济为主，只有少量产品进入集贸市场或在民间以物易物。直到19世纪60年代，西方工业品才通过汉族商人进入西双版纳。此时，内地汉族商人已在象山镇、易武、倚邦等地从事商业和手工业经营，逐渐侵蚀着西双版纳的封建领主经济。当时工农产品交换差价悬殊，利润丰厚，一驮食盐换一驮皮棉（用竹筐装，约60公斤），一根针换一个鸡蛋。1958年以前，基诺族种茶主要是为了交换和进贡，跟马帮交换盐巴、生铁、布匹等物品。来自思茅、大理、宣威、藏区的马帮，驮着货物游走于基诺山各村寨，带来了生活需求，带走了行商利润，联系着民族间深厚情谊。

表1-1　　　　　　　　　集市交易货物明细表①

民族	售出	购入
坝区傣族	大米、茶叶、樟脑、槟榔、烟草、瓜果、蔬菜、家禽、家畜、水产、土陶制品、傣锦、竹木制品、金银饰品	犁铧、锄头、棉花、棉纱、布料、鞋袜、染料、日用杂品
汉族	手工业品为主，犁耙、锄头、镰刀、砍刀、铁锅、石臼、棉纱、陶器、器皿、衣帽鞋袜、药品、日杂用品	大米、茶叶、樟脑、紫胶、象牙、麝香、虎骨、犀角等山货土产
山区民族	茶叶、棉花、紫胶、芝麻、山货等	大米、食盐、烟草、铁制小农具、日用杂品

访谈1.7：基诺山乡政府退休干部，基诺族三大长老之一，男，63岁，访谈时间：2010年12月17日。

马帮、牛帮进到我们寨子，牛帮更多②，驮来生铁、盐巴、布匹、清凉油、花线、绣花针等很多货物。宣威的豆类、大理的花线，连萝卜丝马帮也拉来。有许多民族的商人，汉族、白族、藏族还有回族。当时不知道他们是回族，只知道这些人不吃猪肉。我们用棉花换盐巴和铁。像我们巴亚寨有150多户，每家都要换盐巴的，就有很多棉花。马帮买我们编的竹筐，出钱请我们装棉花。如果还有货物没换完，他们就转到其他寨子。因为除了铁不用经常交换外，其他日用品使用得比较多，所以马帮来得比较频繁，一般两三个月来一次。当时交换价格很贵。这种手握竹筒，一竹筒就是一斤，16两，一个清凉油就是两筒米，一根针是一筒米。1958年以后马帮来做生意的就少了，因为有了国有商店。

---

① 参见《西双版纳傣族自治州志·中册》，新华出版社2001年版，第740—741页。
② 现今，在象明乡倚邦村委会南边架布附近的峭壁上有身骑白牛、手举圆饼茶的茶商岩画，证实当时茶马古道上也行走着众多的牛帮。

第二节　现代社会西双版纳各民族经济联系更加紧密

一　现代社会不同地域民族间更加离不开

西双版纳经济实现了跨越式发展。西双版纳在封建领主制度下，为自给自足的小农经济。布朗族、拉祜族、瑶族、佤族、基诺族以及部分哈尼族等山区民族还处于原始社会阶段，主要从事刀耕火种的游耕农业，没有明显的阶级分化；1949年后没有经历土地改革，直接过渡到了社会主义。党的十一届三中全会以前，当地经济情况基本没有太大变化。直到改革开放的春风渐次吹到了祖国西南边疆的土地上，社会经济才发生了翻天覆地的变化。西双版纳根据自身特点，借助外部资金和人才支持，积极发展第二、三产业。水力发电、旅游、铁矿石、水泥、自来水、啤酒等产业快速发展。城市化进程推动了西双版纳房地产业"直升式"发展，改变着当地民族间的居住格局。在第二、三产业蓬勃发展的同时，西双版纳的第一产业也有了质的蜕变。平坝改变单一水稻种植，在景洪市、勐腊县等海拔低、湿热地区种植香蕉等经济作物，而在勐海县海拔高、凉爽地区则种植甘蔗、云麻、亚麻、石斛、蔬菜瓜果等经济作物。山区抛弃了"刀耕火种"的粗放式种植方式，在勐海县、易武、象明、基诺山、大渡岗等高寒地区以种植茶叶为主；在景洪市、勐腊县以及勐海县的打洛镇、勐满镇等地势低、气温高、水源充足地区改种橡胶树。到2010年，西双版纳三种产业结构为27.6∶29.6∶42.8。西双版纳立足生态旅游、绿色农业的可持续发展思路，合理控制高污染产业。许多生活日用品主要靠外部供应，而橡胶、香蕉、茶业等产品也以外输为主，推动着交通运输、商品贸易的长足发展。随着大量外地商人涌入，商品种类由少到多、由简到繁，当地居民的经济意识逐渐觉醒。整个地区的所有民族都被纳入经济交往的熔炉之中。在商品经济背景下，西双版纳民族间真正实现了"汉族离不开少数民族,少数民族离不开汉族,各少数民族间也相互离不开"的社会景象。

(一) 历史形成的坝区经济交往中心——勐海县勐遮镇

勐遮镇总面积462平方公里,并有全州最大的坝子——面积156平方公里的勐遮坝,生活着傣、汉、哈尼、拉祜、佤等民族,辖13个村民委员会,169个村民小组,人口6.85万人(2006年),其中少数民族占总人口的93.7%。① 另外,黎明农场的多数职工也居住在勐遮坝子,少部分散布在勐满、勐阿、勐混、打洛的坝区和低矮山区。勐遮坝土地平坦,盛产瓜果蔬菜、稻米、甘蔗、鱼等。勐遮有10000多个鱼塘,最有特色的是稻田养鱼。水稻收割后把稻田改成鱼塘,水深在五六十厘米,主要养罗非鱼、草鱼、鲤鱼、鲢鱼。把鱼卖掉后,再种水稻,半年水稻,半年养鱼,如此循环往复。勐遮海拔较高,在干季很凉爽,适合种植蔬菜,出产小米辣、苦瓜、鱼腥草、青菜等。

外地人来此谋生具有区域性特点。如河南人主要是承包鱼塘来养鱼,少部分人收废品;安徽人以收废品、做小本生意居多;四川人以打工、盖房子为主;贵州人在此当兵就地复员的比较多,也有来此做生意的。市场上卖衣服的以湖南邵阳人居多。外地人来此租种土地也很普遍,浙江人种西瓜;景东、弥渡人种菜;文山人种甘蔗。做蔬菜运输的多数是本地傣族,他们将蔬菜贩运到景洪、勐腊,甚至思茅。五湖四海的人齐聚勐遮,都能寻找到自己的一片天地。在勐遮村委会老街,笔者遇到一位河北省来此打工的中年男子。他来西双版纳已经七八年了,主要做建筑,还承包过小型工程。他的家人以及两个兄弟都在这里打工,女儿在勐海茶厂工作。他与当地人的关系比较融洽,跟笔者讲哪家是什么民族,哪家的房子是他建的。访谈过程中,过往的傣族、回族都跟他打招呼。

访谈1.8:勐海县勐遮镇宾馆老板,政府退休人员,女,50多岁,访谈时间:2011年4月15日。

---

① 数据来自行政区划网:http://www.xzqh.org/html/show.php?contentid=19314。

勐遮坝子方圆20公里，大得很。现在一个寨子居住着很多民族，哪个民族占多数就叫什么民族村寨。例如，傣族占得多就是傣族村寨，拉祜族多就是拉祜族村寨。民族之间通婚的情况很多。傣族（姑娘）愿意找汉族男人，外地男人会干活。傣族女的当家，做家务，赶街，还要下地干活，很累的。（傣族）男人很懒，什么都不做，只会打牌、喝酒。现在做农活也不累，都实行机械化，除了插秧是手工，犁地、耙田都用机器。这边傣族很少出租土地，就是出租也是短期的，两年、三年。签订（承包）合同，合同到期就把土地收回来了。那些浙江人在这里承包土地种西瓜，能承包到（土地）就种一年。今年没有承包到土地，走掉的很多。那些出租土地的（傣族）大部分是在城里做生意，没有时间管理。这边黎明农场开始是军人转业来开荒，以后湖南人又来了很多，思茅也有来的。[①] 他们不只是住在镇上，下边（乡村）也有很多，主要种水稻和甘蔗。现在街上做生意的什么人都有。傣族做生意也很厉害，很多人都出去做生意。

（二）茶马古道上的山区集镇——勐腊县易武镇

易武镇地处山区，居住有汉族、傣族、瑶族、苗族、彝族等，以茶叶、橡胶、咖啡为主要经济来源。总体来讲，坝区以橡胶为主，山区以茶叶为主。平坝傣族在雨季主要种水稻，干季（10月以后、4月以前）种辣椒、西瓜等经济作物。山区种玉米，用来养殖牲畜，而食用大米主要靠市场供给。笔者曾跟随一位茶厂老板到易武村委会易田村寨察看茶园。村民杀了两只鸡款待我们，劝大家多吃鸡肉少吃米饭。因为鸡是自家在山上放养的，而米要从易武街上购买，再运上山。外地人来此租地种香蕉，带动了山地香蕉种植经济的发展。近几年当地人的经济意识增强，也开始在自家地里种香蕉。只要温度适合，香蕉在平坝和山区都能种。而且，冬季平坝会下霜，半山坡因"逆温作用"没有霜，香蕉的质量更好。

---

① 1954年4月，原中国人民解放军第二野战军第四兵团第13军的1697名复员转业官兵，来到勐遮坝，屯垦戍边，开启了黎明农场的历史。1957年4月，黎明农场在思茅地区招收500余名女青年，俗称"丰收队"。1960年10月，湖南省的1100多名青壮年，来到黎明农场，投身边疆建设。

易武镇有两个扶贫移民村，一个是杨柳井，属于苗族社区；一个是松树林，是瑶族。最初都是从红河州搬迁到勐腊县象明乡原始森林，从事刀耕火种的游耕农业。国家为了保护森林资源和珍稀动植物划定自然保护区，将居住在保护区内的居民迁移出来。这两个村寨就是由搬迁出来的少数民族聚居形成的。虽然他们已经在这里落户，但土地很少。这两个寨子的村民定居下来以后，更多的红河州苗族通过投亲靠友，相约搬迁而来，散居于易武乡周围的山坡沟溪间。这些迁移者主要来自红河州绿春县、金平县、元阳县。但这些后来者没有落户，也没有土地，只能帮当地人管理橡胶树，等开割后就可以与土地主人分成。如帮土地主人管理1000棵橡胶树，开割后按四六分成，400棵归苗族打工者，600棵归地主人。这些苗族迁移者也会帮外地老板管理香蕉地，等出售后，按产量每斤提成一角作为报酬。春秋两季采摘茶叶时，当地茶农会请这些苗族帮忙，按日计酬，从50元到100元不等。笔者在某茶厂调查时，看到许多苗族妇女在拣选茶叶，每人每天收入为50元左右。她们以帮当地人管理橡胶地为主业，利用农闲时节到厂子里打工，挣钱养家。

访谈1.9：勐腊县易武镇杨柳井村小组会计，男，苗族，40岁，访谈时间：2011年5月21日。

现在这里有38户，200多人。我们寨子的苗族都是从红河搬来的，分好几个县。我是红河元阳的，还有金平的。我们那里山高坡陡，种地不得吃（不够吃）。听说西双版纳的土地多，就来这边了。我1999年就和家人来了，红河老家已经没人了。我们三兄弟，加上各自的家庭一共十几口人，还有我们认识的五六家，结伴一起来的。我们在象明的时候就住在一起，来到这里也都住在这个寨子。开始，先到象明乡的曼拱村委会，看那边树林多，就砍倒烧掉，然后种苞谷，种谷子。国家为了保护大象，就不让在那边了。我们来到这里的时候，国家已经把房子盖好了。只有33家分到了房子。后面再来的就没有了，也没有户口。他们自己租别人的地来盖房子。我们已经落户，有土地，一家只有两三亩、三四亩，种橡胶，种茶树。我们没有其他经济来源，主要是干包工，帮别人管香蕉，摘茶叶。现在我老婆去干包工了，帮他们给茶树施肥。

访谈1.10：勐腊县易武镇松树林村民，红河州搬迁来的瑶族，女，50岁左右，访谈时间：2011年5月21日。

我们村有30多户，大部分是瑶族，还有4户苗族。搬到这里已经八年了，是和杨柳井的（苗族）一起从象明搬来的。我们老家是红河州绿春县。我们有些山地，种茶叶和橡胶树，没有田。卖了茶叶，再买米，也做包工。我们这里的姑娘有嫁给汉族和彝族的，彝族也有嫁进来的。

访谈1.11：勐腊县易武镇杨柳井初中学生，苗族，女，14岁，访谈时间：2011年5月21日。

我家有四口人，我爸妈去帮别人摘茶叶了，还有一个弟弟，在上三年级。爸妈做包工，一天能挣六七十元，一个月不到一千元钱，不是每天都干。六年级的时候，国家补助我们一年200元，初中每年750元。我一般在学校吃饭，米饭一元，素菜一元，肉菜两元，一顿饭要花三四元。

访谈1.12：在易武村委会易比村长大，家在景洪，汉族，男，30岁，访谈时间：2011年5月21日。

现在土地多的家庭都做"联营"，就是当地人说的"分成"。国家不允许我们卖土地，就换一种经营方式。一些家庭有上百亩山地，自己种不过来，就请红河、墨江的苗族、瑶族和哈尼族来帮忙管理，（收益）分成。事先"地主"和管地的（土地管理者）商量好，签订合同，要管理几年，一年除草几回，压肥料多少包，地主出多少包，管地的出多少包。等管理下来，把土地分开，就各管各的。（管理）六年、十年不等，管理时间越长，"地主"分给他们（管理者）的土地就越多。比如管地的管理100亩土地，等管理下来，"地主"要60亩，管理者要40亩。在管理期限内，收益归地主。橡胶七八年就可以开割，在管理期限内胶水都归"地主"。树苗小的时候，管地的可以在树间种些粮食，如苞谷、蔬菜。这些就归管地的。地主不给他们发工资。他们就是赚分成的这些土地。他们还是能养活自己的。农忙的时候干农活，农活一闲，他们就出去打工。我们也请他们帮忙摘茶，2007年的时候，一天给40元（的劳务费），今年（2011）摘春茶一天要给70、80（元），现在雨季茶叶价格也低，一天是60（元）。这边土地多的家庭都用这种方式，很普遍。

（三）单一民族聚居山区的集镇——景洪市基诺山乡

基诺山乡社会经济呈现阶段性发展特点。1957年，基诺山乡从西双版纳勐养镇分出，成立过渡性政权组织——基诺洛克生产文化站。1958年之前，基诺族群众主要种植茶叶、棉花，辅以旱稻、苞谷等；1958年以后响应政府号召，保粮增产，以粮食作物为主，大量古茶树被砍伐；改革开放后，在市场经济的带动下，基诺山又将重点转向了经济作物，开始种植橡胶树，恢复台地茶树。

访谈1.13：基诺山乡巴亚村委会书记，男，基诺族，43岁，访谈时间：2010年12月17日。

基诺山乡有7个村委会，42个自然村。我们巴亚村委会有6个小组，就是6个自然村。基诺山上有基诺族2万多人，再加上勐旺乡的基诺族，共有25000人左右。我们是最后一个被识别的民族。以前我们用茶叶、棉花换傣族的布。他们傣族会做布，我们基诺族不会做。我们就挑着棉花到他们寨子换布，或者换盐巴、辣子。我们基诺族当时生产技术不是很发达，很多东西都不会做。我们用的那些刀耕火种的工具都是用铁做的，我们要去和傣族交换。在前几年我刚刚记事的时候，傣族住的都是茅草房，我们就背着茅草跟他们交换。我们也住茅草房，我们山上有茅草，坝区没有茅草。现在两个民族就没有交换了。

没有种橡胶树以前，我们靠在火山地上种花生、棉花、苞谷和旱稻。一般种几年，然后抛荒两年再来种。什么肥料都不要，就是撒下种子，七八月去除一下草，到十一二月就可以去收了。我们每年收获七八堆大米。那些长老就根据寨子的人口，估算留下多少粮食才够吃的，多余的就交国家。我们把分到的粮食都卖掉换钱，买东西和供娃娃读书，然后吃国家的返销粮。这里的橡胶树是1986、1987年栽种的。树苗刚种下四五年，可以在中间套种苞谷、旱稻，再大就不能种了。现在主要靠茶叶和胶树，种的稻谷少，就很少卖了。茶叶多数种在橡胶林里边，也有单独种的。我家就是分开种的，这样好管理。我们这里的土地是橡胶薄肥地，需要加硫黄肥。这些硫黄肥会散发到茶叶上。老板一看就知道这些被污染了，就不会买。我们的胶水都卖到勐养。勐养那里有两个胶厂，一个是勐养农场的，一个是私营的。哪边价格高就把胶水卖到哪边的胶厂了。我们还有水田，都承包给外地老板种香蕉了。前几年我们老百姓的思想不够开放，自己又不会做生意，就很便宜把地租出去了。

访谈1.14：基诺山乡政府退休干部，基诺族三大长老之一，63岁，访谈时间：2010年12月17日。

我们基诺族过年的时候，我傣族的"老庚"会带着他的朋友来做客。他们带些青菜、葱、甘蔗，我送他们每人一块肉。1958年以后，我们和傣族交换的物品就少了。因为有了市场，可以到市场上买卖东西。把米卖了换成钱，想买什么就买什么。

二　市场经济条件下民族交往更为频繁

在市场经济条件下，商品流通变得通畅和频繁，物质交流关系更为稳固，并常态化。坝区与山区、本地与外地间完全通过市场进行物质流通。市场把所有群体囊括在一起，并使物质交往"去集体化"。物质交流的民族性变得模糊。西双版纳海陆空三线运输，方便快捷。但多数的物质流通和人员流动主要是由公路承担。等外公路、国道、省道、县道、乡道、村道及专用公路遍布全州，连通外界，可谓四通八达。居民在村寨内的小商店购买烟酒糖茶和油盐酱醋；蔬菜瓜果的交易和服装鞋帽的购买则需要到乡镇的集市；买大型家具、电器、农机、摩托车等一般会到县城甚至景洪；买汽车等更大型的物品多数到景洪或者昆明；而买专业性强的器械就直接从内地进货。这种渐次递升的购买链条主要与购买频率、价格比率、商品稀缺等因素有关。这样也就形成了内地—省城—州府—县城—乡镇—村寨层次分明的商品辐射网络。而当地的香蕉、茶叶、南药、橡胶也是通过这一链条，由各乡村出发经景洪运往昆明，再转运内地。

（一）集镇

西双版纳各集镇市场主要设在各级政府所在地。地方政治中心一般人口比较密集，并集中了当地医院、学校和商店，由政治中心拓延为经济、文化中心。政府多设在坝区，人口聚居，交通方便，利于市场的发展繁荣。如景洪市坐落在景洪坝，勐海县城坐落在勐海坝，勐腊县城坐落在勐腊坝，勐遮镇坐落于勐遮坝。当然也有个别集镇设在山区。基诺山乡政府设在司土和巴亚村委会之间的半山腰。易武镇、象明乡是明清时期红河州石屏商人来此经营茶叶生意，逐渐繁荣起来。瑶区乡政府从偏僻的苏三角山区搬迁到现在的沙仁村委会，属于半山区。这些山区集镇一般比较小，只有一条街市，主要有农贸市场和一些百货商店、小吃店，并不出售大型家用电器、家具、摩托车、农机。当地群众购买较为大型的商品就要到平坝地区更大的市场。如瑶区乡到勐腊县城，易武镇、象明乡到勐仑镇，基诺山乡巴亚村到勐养镇，基诺山乡巴来村司土村就到勐罕镇。笔者在易武镇做调查时，遇到一位从普洱到易武探亲的老干部。当天下午，我们在他亲戚家里初次见面，随后在同一家饭馆吃晚饭，晚上住在同一家宾馆，第二天早上在同一家小店吃早点，中午我们从村寨出来，又在街上遇到他们。在不到48个小时的时间里我们就偶遇5次，可想而知，易武镇集镇的规模。站在街头可以一眼望到街尾。

随着经济的持续发展，西双版纳各地市场呈现一片繁荣景象。以前勐海县西定乡的期街日是每周的星期四，现在改为每周逢星期四、星期日为赶街日。勐遮镇曾经是南桥县城所在地，在城镇建设和人口数量上都颇具规模。街这头是镇政府、镇医院、镇中学，街那头是黎明农场场部、农场医院、黎明中学、黎明糖厂,中间是勐遮集贸市场。镇政府所在的那条街,每天都有早市,卖蔬菜、早点、干货等。笔者从早市向集贸市场方向走,路两边有卖农机、化肥、种子、农药、日用百货等,还有加工铁门窗、铝合金、简易板房的。步行四十多分钟后来到农贸市场,看到集市上卖小吃、副食品、衣服等各种摊位。市场旁边是一座二层大型超市,客流不息。这个农贸市场天天营业,在星期六和星期天更为热闹。值得一提的是,西双版纳的早点以米干、米线为主,罕见面食,即使景洪城也不例外。而在勐遮街上,卖油条、馒头、蒸包等面食的随处可见。这可能与黎明农场以汉族移民居多不无关系。

勐满镇南临勐遮镇,居住着拉祜族、哈尼族、布朗族、傣族、汉族等,少数民族人口占总人口的96.65%,是典型的少数民族乡镇。勐满街是半山区乡镇,街面不大,店铺也很少,以行商为主。街上只有两三家饭店、两家宾馆、一家较成规模的超市。每周日是赶街日。商贩在前一天下午就赶到市场,准备摊位。勐满的两家宾馆,一家离集镇较远,环境比较幽静,适合度假休闲;一家在农贸市场旁边,有30多个房间,只有4个标准间,其余为四人间、六人间和八人间,为商贩提供快捷实惠的住宿。偏远山区的布朗族、哈尼族要在早晨六七点钟从家里出发,开手扶拖拉机或骑摩托车来集镇。早晨七点钟,市场就开始热闹起来,商贩经营日用百货、蔬菜肉类、服装;哈尼族、拉祜族、布朗族等山区民族卖花生、瓜子、小猪、鸡;傣族卖青菜、煮玉米、米干米线。少数民族售卖方式还带有历史的痕迹,傣族卖菜以捆计算,哈尼族卖花生用碗盛量,拉祜族卖瓜子以茶杯为准,大概估算,一口要价,很少讨价还价。中午一点左右,群众逐渐散去,商贩也收摊踏上归程。中午两点,笔者要从勐满返回景洪,因过往客车都已满员,只能搭乘一辆贩运蔬菜的货车。在交谈中了解到,司机住在勐遮镇,当天深夜两点从勐海县城贩运蔬菜到勐满镇集贸市场。他当时看上去已经非常疲惫,途中时常打瞌睡,实在撑不住就用凉水洗了把脸,然后继续驾车前行。在心惊胆战中,车子终于到了勐遮镇。笔者在勐遮镇客运站转乘客车，回到家还心有余悸，真正体会到边远山区物流交通的艰辛。

访谈 1.15：基诺山乡巴亚村委会书记，男，基诺族，43 岁，访谈时间：2010 年 12 月 17 日。

我们村有两家商店，一家是四川人开的，另一家是勐海来的傣族妇女开的。她丈夫在这边开挖掘机。卖些油盐酱醋、烟酒糖茶等日用百货，还有汽油。现在每家都有摩托车，需要烧油。其他东西都要到市场上去买。我们主要去勐养市场。我们也去卖些山茅野菜。现在是最好的时候，不需要割胶，也不需要摘茶叶，空闲时期就去卖菜。菜都是自己家种的，在山上的小田坝。第一天先摘好菜，第二天早上五六点就骑摩托车去市场卖掉。骑摩托车去市场光烧油也要十多元钱，不过还是划得来，一天能卖一两百元。我们去勐养卖菜、鸡。猪是老板来村里拉。鸡就在我们村寨或林地里放养，不喂饲料，属于土鸡，营养价值高，很好卖。勐养市场上有傣族、汉族、基诺族，来自五湖四海的各种各样的人。最多的就是傣族，湖南、广东的老板也多。

（二）外来商人

在西双版纳经商的汉族比较多，像湖南人、四川人的商店遍布各个村寨。在勐罕镇曼么村委会帕迁寨有两个商店，卖些烟酒糖茶、油盐酱醋等生活日用品。商店老板一家是四川人，一家是湖南人。那位四川老板已经在这里开店十多年，买地建了商店和房子，还买了一些橡胶树。在易武镇易武村委会易比村小组，每天早晨一些湖南商贩会骑摩托车驮一些蔬菜来兜售。在景洪市民族工艺品市场上，六成以上是缅甸穆斯林经营的玉器店。在景洪市的大街小巷也零星分布着一些缅甸穆斯林经营的玉器店。这些穆斯林在此做生意多年，都能讲一口流利的普通话。有些甚至在中国娶妻生子，加入了中国籍。星期五是伊斯兰教的"主麻日"，也称"聚礼日"。当天下午两点，三四百名缅甸穆斯林齐聚景洪市清真寺进行礼拜。

访谈 1.16：景洪市清真寺阿訇，老家玉溪市通海县，男，35 岁左右，访谈时间：2010 年 10 月 31 日。

这边做礼拜的多数是从缅甸来做生意的穆斯林。他们住在附近，有的就住在这个院里。他们一天五次礼拜都来清真寺做。中国的穆斯林居住得比较分散，一般不来这里做礼拜，只有每周五"主麻日"才来清真寺。

访谈 1.17：到清真寺做礼拜的缅甸穆斯林，男，20 多岁，访谈时间：2010 年 10 月 31 日。

我来中国已经 7 年了，在民族工艺品市场卖玉器。我每天都来这里做礼拜。我有一个哥哥，三个弟弟，加上我，我们一家五兄弟都在中国做生意。我哥哥来中国卖珠宝差不多 20 年了。然后，我们弟兄四个也跟着来了。我爸爸去世后，我妈妈也来到中国。我来中国之前就结婚了。开始，我老婆要来，被她爸爸打了。因为她爸爸在缅甸是领导，不让她来，还要我回去。我说，在缅甸我们家里（的东西）都卖掉了，全家都在这里，没有一个人在老家。我回去做什么啊？再说这里生意还可以。

（三）商品

景洪市区有两大蔬菜批发市场。一个是在天城超市附近的批发市场，每天晚上八九点钟开始一直到第二天凌晨四五点钟开市，拉蔬菜的大货车在路两旁排起长龙，菜贩穿梭其间批发上货。目前，这个蔬菜批发市场已经搬迁到澜沧江北岸，远离市中心。另一个在景洪市勐海路边上，叫海龙公司，每天中午 12 点左右开始交易。做蔬菜生意的以外地人居多，本地商贩以勐海傣族为主。在批发市场上，勐海尤其是勐遮出产的香菜、韭菜、韭菜花、胡萝卜、大白萝卜、茴香、菠菜、生姜、鸭蛋，景洪的茄子、丝瓜、青椒、豆角、四季豆，勐养的玉米、冬瓜、南瓜，从西双版纳各地运来的罗非鱼、鲤鱼、草鱼、鲇鱼，来自建水的香菜、韭菜花、芹菜、生姜、香芋，从昆明转运来的土豆、圆葱、西红柿（夏季）、鸡蛋、卷心菜、冬瓜，甚至还有从缅甸运来的食用油、猪肉，品种繁多，汇聚一起，共同支撑起西双版纳百万人的"舌尖"。

访谈 1.18：景洪市西路农贸市场蔬菜商贩，从思茅嫁过来的汉族，女，40 多岁，访谈时间：2011 年 5 月 24 日。

这个市场，傣族（以勐海傣族为主）、哈尼族做生意的人很多；经营土豆、大蒜的多数是贵州人；在农场工作的湖南人主要是祁东和醴陵的，做生意的大多是邵阳和衡阳的。湖南、四川、贵州、省内文山、石屏、墨江来承包土地种蔬菜的比较多。夏天景洪、勐腊天气热，不能种蔬菜，青菜一般是从勐海运来。西双版纳可以外运的主要有香蕉、甘蔗、鱼、茶叶。蒜多数是来自山东的，也有河南的。蒜苗在勐海就可以种。卷心菜有从昆明运来的，也有从勐海运来的，昆明的菜叶包得比较紧，就更硬，当地勐海的菜叶包得松。大白菜多数也是从昆明发货过来的，大白菜这边能种得出来，就是没有那边的好。大豆也是从北方运过来的，现在大豆贵得很。小米辣在大勐龙种得比较多，个头大点的叫油米辣，是从建水运来的。

表2—2　　　　　2010年西双版纳州经济贸易统计指标[①]

指标	国内贸易		对外经济贸易			
	地域		进出口贸易		边民互市	经济技术合作
	城镇	乡村	进口	出口		
数量	361444	144560	25216	67292	5842	5016
合计	506004（万元人民币）		103366（万美元）			

注：1美元=6.8元人民币。

第三节　各民族经济依赖奠定了多元文化共存

一　空间群体的和平交往促成了宗教和谐共处

（一）统一规则的形成

西双版纳独特的地理位置和气候条件，以及州境西部与东部、坝区与山区海拔、气温、雨水的差异，促成了坝区与山区、当地与外地在物质上的互通有无、人员上的你来我往、文化上的相互交流。随着市场经

---

① 参见《西双版纳傣族自治州经济工作手册》，2011年版，第137—138页。

济的繁荣，全国各地乃至西双版纳的各个民族都参与进来，可谓家家离不开市场，人人都有经济意识。群体、地区间的物质交流都牵连着大量的人力、物力、财力。参与双方就会重视这一交换关系，不会随便背离和放弃，从而使得交换关系具有较强的"结构性凝聚力"。"结构性凝聚力"提高了交换的频率，实现了交换恒常化，降低了商品交换的不确定性，激发了人们参与市场买卖的热情，进而形成"关系性凝聚力"。"关系性凝聚力"和交换的恒常化，增强了交换双方的依赖程度和相互之间履行义务的责任和信心，提高了关系双方的凝聚力，从而促进地区、群体间的和谐共处。

在市场交换中，参与者要共同遵守统一的价值准则。如果没有统一价值准则的接受、承认、共享和遵守，那么不同民族之间、不同宗教信徒之间的物质交换就不会成为可能。经济上的统一价值准则无形中促进了民族间、宗教间的交流和共处。民族、宗教间只有在文化上相互尊重、彼此容忍，才能保证物质交流的顺利进行；反过来，民族、宗教间的经济交流必然伴随群体间的人员互动，带动从语言、风俗习惯到价值观的相互了解和学习。所以，各民族、宗教之间不仅存在物质交往，更有文化和技艺的相互学习与借鉴。比如基诺族在二百多年前，跟汉族学会了打铁技艺。现在，铁匠打铁成为基诺族"特懋克"庆典活动中不可或缺的一个环节。民国前后，从普洱市景东来此定居的汉族匠人教会基诺族打制火药枪，木匠师父传授基诺族解板、制作马鞍技艺，还有来自思茅的银匠、铜匠到基诺山村寨定居，用手中的技艺造福当地百姓。[①]

（二）地域认同的形成

在西双版纳，山区和坝区交错分布。基诺族居住在山上，与坝区的傣族距离比较近，和傣族接触机会比较多；与另一山区民族——哈尼族虽同属西双版纳州，但距离比较远，就不怎么接触。而且基诺族也是各自与基诺山周围坝区、距离比较近的傣族交往。巴亚村委会基诺族临近

[①] 参见于希谦《基诺族文化史》，云南民族出版社2000年版，第75页。

勐养坝区，与那边的傣族接触多；巴来村委会的基诺族与勐罕镇勐宽坝的傣族有更多地缘交往；巴卡村委会更接近勐仑坝区，当地基诺族和傣族来往更密切。

访谈1.19：基诺山乡巴亚村委会书记，男，基诺族，43岁，访谈时间：2010年12月17日。

我们主要是去勐养市场买卖商品。现在交通也方便，勐养市场大，货物也比较齐全，卖菜的，卖肉的，卖衣服的，样样都有，老百姓需要的东西都能买得到。比较便宜，大家觉得都是老熟人，也不会多要钱。我们很少去景洪买，那边也算是大市场了，但那边的东西比我们勐养贵。我们基诺山乡上的市场很小，人又少，所以很少去那边。

坝区与山区的差异互补、市场集镇的凝聚作用，铸就了以坝区为中心、辐射周围山区民族一体的地域认同，如基诺山居民对勐养集镇的认同、对勐宽坝的认同。经济利益上的民族认同与文化上、民族情感的认同相互交叉，由完全叠合的认同变为交叉叠合的多元认同。比较勐养和景洪时，基诺族老乡说"我们勐养"。这是在长期物质交流和人际往来中，潜移默化产生了认同感。这是基诺族群众在日常生产生活中，由物质交流的需求和活动逐渐培养的市场认同感，乃至地域认同感。这一"市场"并非仅仅是基诺族造就，而是由参与到这一场域的各个民族共同维持、营造的。交通网络对市场的繁荣、物质交往、人际交往、认同感培养有着莫大关联。以傣族坝区为中心形成的基层市场，联络着周围山区的各少数民族。1949年前基诺山上没有专门的市场。在基诺山周围有橄榄坝、勐仑坝、勐养坝，还有象明乡山区的汉族开设的老街。基诺族到邻近的傣族市场进行货物买卖，这样就把整片的基诺族吸引到不同的市场上去了。一个民族的认同，兼有了以市场为中心的多民族的地域文化认同。比如在语言上，不同市场圈内的基诺族会有一定的差异，而在同一市场中会借用更多傣族语言作为交流媒介。所以每个市场都成为多个民族交往沟通的场所，并具有了地域认同性。

二 空间、群体间交往形式的持续性和流变性

（一）时代变迁中的商人

勐海县勐海镇的曼峦和曼赛是两个回傣村寨。村民秉持了回族的伊斯兰教信仰，却说傣族语言，穿傣族服装，沿袭了傣族的生活习俗，所以被称为"回傣"或"帕西傣"。他们的祖先一部分是从大理来经商的回族商人，娶当地傣族姑娘为妻并世代生息于此。现在回傣和当地居民一样，以农耕为主，成为地地道道的农民。因穆斯林身份结识了到西双版纳经商的回族商人，在伊斯兰宗教节日时与内地回族交流互动，从而更容易接触到商业信息。所以，曼峦回在当地的商业活动中异军突起，经济收入明显改善。优越的地理位置和便捷的商业信息渠道，支撑着曼峦回宽裕的生活条件，对周围其他民族产生强烈的吸引力和典范作用。

访谈1.20：曼峦村主任，回族，男，53岁，访谈时间：2012年8月7日。

以前我们主要做货运，现在多数开饭店、搞客运和做大米生意（勐海县属于商品粮基地）。傣族就学我们。开始我们用拖拉机拉砖，傣族也学着拉砖。我们就把车卖给他们，我们负责卖，他们负责拉。我们接触到的外部信息要比傣族多。因为内地的回族来这里做生意，会和我们在一起。另外，通过宗教节日相互交流，我们更方便得到外边的各种信息。所以，每次圣纪节我们争取跑得更远点，交流更多点。回来以后就根据在外边见到的自己做。我们云南省内的回族地区差不多都跑过了。今年我们去了耿马和瑞丽。

现在，勐腊县易武乡街上做生意的基本都是外地人。当年，易武老街上的汉族茶商世家在经历抗日战争的社会动荡和新中国成立初期的各种运动基本上衰败殆尽。改革开放后，当易武茶山再次兴旺起来的时候，这些茶商后代或者已经变成地地道道的农民，或者已经迁居外地，能借助这股春风再次复兴的很少。当走在易武老街上，踏着崎岖不平的石板路，顺着蜿蜒曲折的街巷，看着用土坯建成的老屋，回想当年马帮云集的景象，让

人感慨岁月峥嵘。

访谈1.21：易武茶厂原会计，家住易武镇麻黑寨，石屏籍汉族，45岁，访谈时间：2011年5月21日。

1949年后，我们边疆少数民族地区缺乏识文断字的人。当时我算是有点文化的，（就被）拉去工作了，吃公家饭。那个时候重农轻商，经历了各种政治运动，土改、镇压反革命还有人民公社。那些经商世家基本上就没有了，大部分变成农民了。1949年前，（易武街上）有很多做小生意的。1949年后，就不让做了，合并起来组成贸易公司，后来又改成供销合作社。就算是给人家缝缝补补的小铺子，也要集中起来，成立缝纫社。所以私人做生意的就没有了。这些年，国家放开了，但当地汉族和少数民族一样，因为见的世面少，都不会经商了。街上做生意的都是外地人，经营日用百货、服装鞋帽，开宾馆。我们本地人就卖些土特产、山茅野菜、酱油、豆豉等。

（二）交往形式的变迁

传统社会由于交通不便，西双版纳与外地的联系并不频繁。只有一些马帮、牛帮往来其间，并且都是间歇性的。当时西双版纳的湿热气候会产生"瘴气"，外来人承受不住，轻者染病，重者丧命。所以内地商人或巡视官员，都要选择在干季进入西双版纳。在雨季来临之前，就早早地收拾行装踏上归程。一般在傣族过泼水节之前，外地商人和官员基本都离开此地了。在整个漫长的雨季，外地人很少敢踏入这片神秘的土地。当时内地商人所在的倚邦、易武、曼乃、曼腊、象山等集镇都是海拔较高、气候凉爽的山区。即使到"中华民国"初年，一些内地官员还会因水土不服，命丧边疆。所以，1949年前主要是西双版纳区域内坝区和山区进行人员和物品的交往。坝区民族和山地民族之间因相互依赖，交往频繁，促进了本地区稳定与团结。1949年后，来自内地的政府人员、驻扎部队、农场职工使得西双版纳的民族成分和分布更为复杂。但是，因为体制差别这部分人并没有真正与当地人"打成一片"，只是在西双版纳的田坝山间增添了几个独立封闭的"小天地"而已。在计划经济体制下,政府调剂市场供给,民众之间的交往状况并没有太多改善。适得其反,因为国家支配市场,平坝傣族和山地各民族之间的物质交易从此隔断,变成了各族群众与国家政府之间的纵向联系。直到改革开放,各个民族进入市场,交往形式呈现多样化、多维化、深入化,群体、地区之间的相互依赖更为迫切,联系更为紧密。西双版纳地广人稀,土地肥沃,民族呈立体式分布。所有人都可以寻找到养活自己和家人的"营生",平等共处,共同发展。宗教已不是群体之间进行利益争夺的宣传标语和组织手段。接触机会的增多并不能消除两个群体的矛盾。如果是相互竞争的群体关系,会使两个群体的矛盾激化,冲突升级。当两个群体有着相同的利益诉求,彼此相互依赖时,随着接触机会的增多,两个群体友好往来就能越过群体界限,发展合作交流,促进融洽的交往。

因时代不同,宗教和谐共存的特点也存在差异。传统社会,经济生活自给自足,交通不发达,社会相对封闭。"他们在自然环境中明显地占据了独特的小生态环境,在最低程度的竞争中占有生态资源。在这种情况下,虽然同居在某一地区,他们的相互依赖是有限的,而且主要倾向于通过贸易,或者是礼仪性的交往进行对接。"[1] 坝区和山区不同的生态环境,形成了两种生产生活方式,资源竞争比较低。民众只要能求得一丝生存空间,一般都过着"老死不相往来""小国寡民"的生活。但这种和谐共处并不等同于西方社会实行的"平等但要分开"的种族隔离政策。因为两者所处的时代背景有着本质的差异。传统社会西双版纳的民族、宗教群体之间形成的和谐共处模式,是自然经济条件下民众没有太多生活交往需求,并因地理区隔、语言障碍等客观局限才造就了这种"相安无事""各得其所"的平稳安宁局面。而西方的种族隔离却是以种族歧视为指导,对不同种族区别对待,压制弱势种族,维护强势种族的利益。种族隔离的实质是

---

[1] 参见 [挪威] 弗里德里克·巴斯《族群与边界》,高崇译,《广西民族大学学报》1999 年第 1 期。

怀着歧视性目的，利用不平等手段，获取不公平资源的结果。在现代社会，群体间的和谐共处，是在商品经济下，区域间、行业间需要产品流通，交通通信发达，社会多元而开放。民众生活不再是"老死不相往来"的固态社会，而是一个时刻需要交流往来的流态社会。如何使社会中的"流动"畅通无阻就成为当今群体和睦共处、社会平稳和谐的关键。相互需求是个前提条件，如何使这一前提顺利、和平地实现才是造成社会状态差别的关键。

三 空间、群体间和平交往的条件

（一）地理距离的拉近

无论传统的自然经济社会还是现代市场经济社会，地区、群体间的物质交流都需要有往来渠道。近代以前，山区与平坝、当地与外地都是靠村寨道、驿道、边贸道、勐间道和巡边道等便道相互连通。在蜿蜒崎岖的山间小道上马驮人背，维持着最低限度的物品流通。因道路不便，路途遥远、运输成本高，造成当地与外地货物交换价格对比悬殊。由于交通限制，使得当地坝区民族和山区民族的交往更加频繁，依赖更加紧密，从而在本地区形成了一个内交换圈。内交换圈是因对外交往途径被割断，只能在本群体或地域内寻求交往机会。虽然内部交往增强，强化了区域凝聚力，但与外界产生地域隔离。这也解释了1949年前各山地民族和坝区傣族进行物质交流，人际往来频繁的原因。如布朗族1949年前"交换对象多在本民族内部或与相邻的几个民族之间，尤其是傣族"[①]。近代以来，各级公路的修建，澜沧江水运不断延伸，连接国内外几大城市的航空运输，再有相配套的现代化交通工具，使得西双版纳与外界的物质交流和人员往来便捷。随着电话、传真、网络等通信设备的发展和普及，信息传递、物质交流更为快捷。当地群众融入中国消费大潮，钟情网购；当地农村茶商也

---

① 参见赵瑛《布朗族文化史》，云南民族出版社2001年版，第112页。

搭上现代通信的便车，在网上销售普洱茶，成为可以联通世界各地的"电商"。现代交通通信条件的改善，为地区、群体间的物质流通、人际往来、信息交流带来了便利，增强了交往参与者的依赖系数和凝聚力，为民族、宗教的和谐共处奠定了结构性基础。各民族、各宗教间经济上的相互依赖、居住上的交错共处、人员上的频繁往来、文化上的包容学习造就了不同于某些国家"平等但要分开"的种族隔离状况，形成了民族团结、宗教和谐的共融局面。

传统社会，人口数量低且分布稀疏，交通主要靠步行或者借助马牛等畜力。要维持一个每天都开市的集镇，需要保持一定的消费需求。在消费需求单一的传统社会，只能通过增加人口来提高消费量。而当时人口分布相对固定，不容易聚集，只能通过扩大市场辐射范围来覆盖更多人口。如果市场服务范围扩大，因交通工具限制，边缘地区人员往返市场的时间受到挑战。所以交通条件和人口数量制约了市场规模和开市频率。大量小集镇在特定的区域内密集分布。货物和商人依照日期安排在各个市场间循环流动，以适应贫乏、单一的需求和落后的交通。

进入工业社会，人口迅速增长和聚集，产品日益丰富，交通设施发生翻天覆地的变化。基层集镇以自有车辆方便来往的距离以及购买物品价格与交通费用的比率，形成辐射范围，日用品在村内小商铺，小件家具、农具到基层集镇，而大件家具就要到县城、州府或者省城。如农户买汽车多数会选择州府，更有一些"能人"会到省城昆明。这主要考虑的是价格比和选择的自由度。

（二）国家富强和社会平稳

宗教和谐共存首先是人的和谐相处。西双版纳各民族经济上的相互依赖实际上并不能直接促成民族间、宗教间的和谐相处。如果硬要将二者扯在一起，实在有牵强附会之嫌。如果经济相互依赖可以促进民族团结和宗教和谐，那世界各地都需要中东国家的石油供给，可以预测中东国家与世界各国应该是和睦共处的。而事实正如大家所见，中东对世界的石油供给并没有换来国家的稳定、民族的共存、宗教的和谐。更有甚者，某些别有企图的国家，利用此地区民族、宗教复杂的特殊现实，借口民族、宗教、人权问题干涉本地区事务，挑起民族、宗教间冲突。群体间、地区间经济上的相互依赖只能标示着大家相互"离不开"。而这种"离不开"是不是平等的、和谐的还要看彼此如何处理这个关系。所以地区、群体间彼此"离不开"只是彼此平等、和谐相处的必要条件，并非充分条件，更非充要条件。交往不仅表现为和平时期官方的"进贡"与"恩赐"、商人的贸易往来，也表现为战争时期的征伐与抗争、掠夺与逃避。所以，民族之间的经济差异产生的相互依赖，并不总能带来民族的和谐共处。只有在尊重差异的前提下，形成各民族为之共同奋斗的目标和相互合作的利益基础，并建立解决矛盾的渠道和机制，和谐共处自然会水到渠成。

以史为鉴，西双版纳以盛产"普洱茶"闻名遐迩。东汉时期，世居民族攸乐（基诺族）、本人（佤族）、香唐（彝族）等就已种植茶叶。宋朝时期，大理国每年举行盛大的三月街，都会有大宗的茶马交易。万历年间，西双版纳所产"普洱茶"已畅销国内。《滇略》中描述到"士庶所用，皆普茶也"。清朝中前期，西双版纳茶叶（普洱茶）国内销量大增。乾隆年间，滇南石屏汉族商人进入西双版纳易武、倚邦等地经营茶叶；嘉庆年间，腾越商人来到勐海、勐遮等地建立商号，经营茶叶；中甸、德钦的藏族商队也来到西双版纳购进茶叶，销往西康、西藏地区。这一时期，茶叶贸易呈现一派繁荣景象。乾隆年间进士檀萃所著《滇海虞衡志》称"普茶，名重于天下，此滇之所以为产而资利赖者也。出普洱所属六大茶山，一曰攸乐，二曰革登，三曰倚邦，四曰莽芝，五曰蛮专，六曰慢撒，周八百里，入山作茶者数十万人。茶客收买，运于各处。每盈路，可谓大钱粮矣！"[①] 但风云变幻，雍正十三年（1735），清政府提高茶税，茶农无利可图，茶叶产量下降。到民国中期（1930—1938），云南省政府对茶叶课以重税，每公斤茶叶收税从 3 元提高到 8 元，加上国际

[①] 参见《西双版纳傣族自治州志·上册》，新华出版社 2001 年版，第 19 页。

市场的变化和疾病引起人口锐减。易武、倚邦地区茶叶贸易衰落。勐海地区的茶叶市场逐渐兴盛，在经历了1935—1939年的鼎盛时期后，因日本轰炸边境地区并截断商道，西双版纳的茶林多数被砍伐或弃置，从此一蹶不振。直到改革开放的春风再次吹绿西双版纳的茶山。古老的茶山又重新焕发生机，到处飘溢着古朴的茶香。西双版纳的普洱茶市场兴旺繁荣起来。

目前国家的大环境和西双版纳的小环境保证了各民族之间通过和平方式进行商品贸易。物质交流伴随着承载各种文化的群体接触。这种人际交往无疑带动了语言、饮食、服饰、生活习惯以及宗教信仰的交流。和平的物质交换带来的是和平的文化交流。在这种温和的物质流通方式下，人们更容易突破各种群体文化的隔阂与禁忌，实现文化间的交流和体认，达到不同文化的相互包容、融合。试想如果通过战争、掠夺、抢劫、压迫等暴力手段来实现所需物质的满足，民族间、地区间的人际交流必然断绝，文化交流无从谈起。不仅如此，伴随矛盾的激化，隔阂的加深，群体间在传统禁忌、宗教信仰等文化形式上也会形成对立和仇恨。民族文化、宗教信仰的隔阂成了民族间经济利益冲突的"孪生兄弟"和"助推器"。以前，西双版纳哈尼族"雅尼"支系从不参加傣族的傣历年。传说这一天是傣族杀害他们头人的日子。现在，两个民族仇恨的利益诱因已经消除。这段"民族记忆"也随着时间的冲刷变得模糊。哈尼族不仅参加傣族的傣历年，在自己的民族节日（比如"嘎汤帕"节）还会邀请傣族"老庚"来做客。以前兵戎相见的仇敌，现在成了同席共饮的知己好友。在当下的大小环境下，民族之间友好交往带来了文化群体的交流互鉴。

第二章　西双版纳民族通婚促进多元文化交流交融

　　西双版纳傣族自治州位于我国西南边陲，同老挝、缅甸接壤，与泰国、越南等东南亚国家邻近；下辖景洪市、勐海和勐腊两县。在这片美丽而神奇的土地上居住着汉族、傣族、哈尼族等45个民族，其中少数民族人口占全州总人口的70.90%，并包括傣族、汉族、哈尼族、彝族、拉祜族、布朗族、基诺族、瑶族、苗族、回族、佤族、壮族、景颇族13个世居民族。众多民族在此繁衍生息，创造孕育着多彩灿烂的文化。仅就宗教信仰而言，南传上座部佛教、伊斯兰教、道教、基督教以及各少数民族的民族宗教繁杂交错，共存共美。同一民族可能信仰不同的宗教，不同民族也可能信仰同一种宗教，再加上各民族比较盛行的族际通婚，民族、宗教与家庭三种联系纽带相互缠绕，彼此相依，造就了西双版纳多宗教"各美其美，美人之美，美美与共，天下大同"的和谐共处态势。在景洪市区，曼景兰村的佛寺佛塔、曼允村的基督教堂和城区的清真寺相距不过千米，同处共存，相安无事；勐海县勐海镇曼短村委会的曼赛回和曼赛龙只一条街相隔，曼赛回带有傣族建筑风格的清真寺和曼赛龙的佛寺是各自村民参加宗教活动的场所，但在俗世生活中两个村寨不仅有通婚现象，在各自的节日还相互邀请，相互造访。

第一节　民族通婚对西双版纳文化交流交融的影响状况

　　在民族地区一定不能忽视民族性因素。民族性对民族地区普通大众的生活始终具有现实或潜在的影响作用。尤其是宗教与民族有着形影相随的天然联系，探究宗教问题不可能回避与民族性因素的牵连。比如西双版纳傣族自治州的傣族传统上普遍信仰南传上座部佛教，回族信仰伊斯兰教，这不仅是两种宗教教义教规的区别，更带有民族传统文化习俗的差异。再如勐海县勐海镇曼短村委会曼峦回和曼赛回的回傣，说傣语，穿傣服，住傣楼，但民族身份是回族，虔诚地信仰伊斯兰教。如此来看，在民族地区宗教问题与民族性因素是分不开的。家庭是社会组成的细胞，是以感情、血缘、亲情和礼俗为纽带的初级群体组织。夫妻双方组成家庭，并不单纯是两位恋人的结合，也使各自所归属的群体建立了联系，并在家庭的延续发展中交往逐步增多，关系愈加密切，促成两个群体和睦共处。2009 年，西双版纳登记结婚 14508 件，共计 29016 人。在西双版纳，"各民族发展演化的过程中，互相往来、彼此通婚发挥了十分重要的作用。民族作为特定人群共同体的诞生，最初都是由特定的宗教信仰作为核心价值而支撑的，所以通婚的过程既是民族融合的过程，也是宗教融合的过程"[①]。由此，民族、宗教间的通婚可分为四种情况：相同民族相同信仰之间的通婚、不同民族相同信仰之间的通婚、相同民族不同信仰之间的通婚和不同民族不同信仰之间的通婚。这四种通婚形式对多宗教和谐共处产生不同的影响。

一 相同民族相同信仰之间通婚对宗教和谐共处的影响

历史上形成的聚族居住模式、民族传统习俗、饮食起居差异、民族世仇与民族偏见在短期还不能完全消除，会影响民族之间交往的机会、婚姻对象的选择、婚后生活习惯的适应、新社区的融入。这样人们更容易也更倾向于在本民族内找相同信仰的结婚对象。在西双版纳傣族自治州，傣族普遍信仰南传上座部佛教，加之传统习俗、民族偏见、利益驱使等原因，

---

① 参见张桥贵《云南多宗教和谐相处的主要原因》，《世界宗教研究》2010 年第 2 期。

族内通婚现象较为普遍。勐腊县勐满镇曼赛因村是一个比较大的傣族村寨，有300多户，全是傣族，信仰南传上座部佛教，建有佛寺。本寨村民一般只与傣族通婚，而且村内男女通婚现象更为普遍，差不多全寨子的家庭都有亲缘、血缘关系。这样，曼赛因村在民族、宗教、血亲等联系纽带相互重叠、相互纠缠的情况下，形成一个内部高度凝聚对外相对封闭的独立体。又如景洪市勐罕镇曼景村委会的傣族与曼么村委会的哈尼族也主要在本民族内找对象，相互之间很少通婚。曼景村委会（五乡）的傣族村落包括曼景、曼纳老寨、曼纳新寨、曼养等几个村寨，都在平坝，村民普遍信仰南传上座部佛教；曼么村委会（六乡）的十个村寨都是哈尼族，住在山区，村民信仰万物有灵和祖先崇拜。两个民族、两种信仰、两类居住模式再加上各自的婚姻纽带使两个村委会的"社会距离"显得那么遥远。勐海县勐海镇曼短村委会曼峦回和曼赛回的回傣一般也盛行族内婚制。①

民族、宗教和家庭都是划分社会群体的类别参数，同时也隐含着群体内交往、团结的联系纽带。相同民族相同宗教信仰之间通婚意味着民族、宗教和家庭三个类别参数重叠。民族的传统习俗、文化认同，家庭的亲情纽带、血缘联系与宗教的信仰归属相叠加，提高了群体内交往机会，增强了群体凝聚力。居住在平坝、信仰南传上座部佛教的傣族，聚族而居、信仰伊斯兰教的回傣，居住在山间、信仰万物有灵和祖先崇拜的哈尼族，如果都普遍实行内婚制，那么人们的人际交往与社会联系在民族、宗教、婚姻家庭内重合叠加。婚姻的血缘亲缘纽带同时也是民族团结、巩固信仰的砝码。换言之，宗教信仰的差异同时也意味着婚姻血缘亲缘的隔阂、民族的差别。如果各种群体差异之间有着很高的相关性，就会抑制那些群体成员之间的社会交往。相加强的参数所隐含的社会差别会彼此强化并会扩大社会距离，从而迫使人们转而从

---

① 西双版纳有5座清真寺，景洪市有1座（景洪市清真寺，以来景洪做生意的缅甸穆斯林为主），勐海县有4座：勐海县城有1座，曼赛回有1座，曼峦回有1座，勐遮镇有1座。

所属的内群体中寻求社会支持,并加强了亚群体的团结,导致社会分裂。① 相同民族相同信仰之间的通婚使得民族、宗教、家庭三类群体团结纽带合而为一,巩固了群体内的凝聚力,却加剧了群体之间的隔阂与分化,影响整个社会的团结和稳定,也不利于宗教的和谐共处。

二 不同民族相同信仰之间通婚对宗教和谐共处的影响

西双版纳是多民族杂居、多元宗教并存的文化宝库。各种民族宗教以及外来宗教在这里交汇,相互之间的交流、扩散、融合比较频繁。多个民族信仰同一种宗教,一个民族内部存在几种宗教的现象在这里很普遍。傣族普遍信仰南传上座部佛教,其信仰承载着本民族较为先进的生产方式、政治制度、文化习俗向周边较为落后的布朗族、壮族、佤族扩散。基督教在20世纪初开始在西双版纳传播,全州共有24个教堂(景洪市有9个,勐腊县有15个,勐海县还没有建立教堂,只在县城有个活动点),官方注册人员为八千多人,实际已近两万人,包括汉族、傣族、哈尼族等13个民族。景洪市城区基督教堂注册信众有两千多人,平时参加活动的也有一千二三百人,包括傣族、汉族、哈尼族、拉祜族、苗族、彝族、藏族、壮族、白族、基诺族、瑶族、佤族、回族、满族、侗族等十几个民族。② 相同的宗教信仰为打破不同民族间的民族隔阂、通婚禁忌有较强的促进作用。而且不同民族的群众在参加同一宗教活动过程中增加了相互交往的机会,为发展成更深层的婚姻关系准备了条件。

布朗族受傣族文化的影响比较重,不仅信仰南传上座部佛教,过泼水节(傣历年)、关门节、开门节等佛教节日,并且讲傣语,起傣族名字(布朗族男孩一般姓岩、女孩姓玉)。两个民族的文化相通性比较强,但婚

---

① 参见[美]彼特·布劳《不平等和异质性》,王春光、谢圣译,中国社会科学出版社1991年版,第172页。

② 数据由景洪市城区基督教堂2010年提供。

姻习俗却又有较大的差异性。布朗族在中华人民共和国成立以前处于父权制社会，实行父系男子传承制，男子地位较高，结婚后妻子都要到丈夫寨子居住。布朗族虽然保留着古老的"望门居"传统，① 却极力排斥男子入赘结婚。而傣族把女儿当作"家乡宝"，不愿让女儿外嫁，时兴招赘男子上门结婚。这样在婚后家庭生活中，傣族女孩的地位要相对高一些。所以婚俗的差异阻碍了傣族与布朗族之间的通婚。但信仰的相同，文化的相近，却有利于两个民族的接触和交往。比如泼水节的"赶摆"活动，还有两个民族临近的寨子之间相互串姑娘，都为青年男女寻找意中人创造了条件。两个民族村寨距离比较近的比相距较远的通婚比例要高，也印证了交往机会的增加有利于族际通婚。如勐遮镇和西定乡的布朗族和傣族村寨交错杂居，两族通婚比较多；而在布朗族聚居的布朗山，布朗族和傣族通婚就相对较少。

勐腊县有三个壮族村寨，即勐伴镇曼燕村委会的曼蚌村、勐伴村委会的曼里村、瑶区乡沙仁村委会的沙仁村。他们的祖先是从广西来到勐腊县安顿定居，形成第一个壮族村落——曼里村。之后随着人口的增长和流动，又分出了沙仁村。曼蚌是从老挝搬迁进来的。这三个村落的壮族与傣族杂居相处，相互通婚，相互浸润，文化出现重叠现象。如这里的壮族穿傣族服装、说傣族语言、有傣族名字、信仰佛教，但本民族的部分传统也根深蒂固地保留下来，如过春节而不过傣历年，老年人也都有壮族的姓氏。这里的壮族1982年以前也一直认为自己是傣族，在第三次人口普查进行民族识别时才划归为壮族。

访谈2.1：沙仁村寨老村长，壮族，男，50岁，访谈时间：2010年12月4日。

本村共有63户，305人，家庭规模有一个的、三四个的，最多的一家八口。我们村是瑶区乡最大的村寨，是这里的老住户；有五个民族：傣

---

① 望门居即妻方居住婚。男女结婚后，男子在女方家居住三年，白天回自己家干活，晚上再到女方家住。三年后双方依旧恩爱，丈夫就迎娶妻子回到自己家居住生活。

族、壮族、瑶族、汉族和哈尼族（只有一个，已经六十多岁，是来上门的，年轻的没有），还有克木人嫁过来的。本村壮族主要同傣族、瑶族、汉族结婚。我们本寨子之内通婚的比较多。和傣族通婚的有二三十个，和瑶族的只有两个，和汉族有两三个，剩下的就都是壮族通婚了。我们的风俗习惯都是傣族的，穿傣族衣服，讲傣族语言。我们壮族姓李的、火的、刀的、董的都是一些老人，现在的年轻人男的姓岩，女的姓玉，都跟着傣族姓了。现在大部分都会说普通话了。以前我们瑶区乡沙仁村委会的沙仁村是从勐伴镇曼燕村委会的曼蚌村分出来的，而曼蚌村又是从勐伴村委会的曼里村分出来的。因为离得比较远，我们现在和这两个村寨很少通婚了，只有五六个。我们这里都过春节和关门节、开门节，但不过傣族的泼水节（傣历年）了，也不像傣族要每个星期都要去寺院礼拜一次。沙仁村也没有寺院，开门节和关门节就在自己家里过了，吃红米饭。

由于语言、信仰、居住模式、生活习惯、世仇的隔阂，传统上哈尼族和傣族是禁止通婚的。哈尼族语言属汉藏语系藏缅语族彝语支，但无文字；傣族语言属汉藏语系壮侗语族壮傣语支，有自己的文字。傣族信仰南传上座部佛教，男女较为平等；哈尼族信仰万物有灵和祖先崇拜，沿袭了父权制传统。傣族住平坝，以种植水稻、香蕉为主；哈尼族住山上，以种植玉米、谷子等旱地作物为主。有一种说法，早先傣族和哈尼族为争夺平坦、肥沃、宜居的平坝地区而发生战争，最终傣族胜利占据平坝，哈尼族退居山林。两个民族人数实力平分秋色，各自保持着自己的传统文化习俗，也将矛盾隔阂一直延续下来。两个民族间通婚也鲜少有之。当基督教传入西双版纳地区，部分哈尼族和傣族民众走进了教堂。尤其是在景洪市和勐腊县基督教信仰较为普遍，哈尼族和傣族是主要信众。两个民族信仰基督教，聚集在教堂礼拜，产生了宗教信仰认同，增加了接触交往的机会。再加上两个民族的基督徒都与各自民族产生一定的隔阂和社会距离，宗教群体的归属感和凝聚力随之增强。两个民族的基督徒相互通婚也在情理之中。曼允基督教堂负责人介绍，有两名哈尼族女子嫁给曼允村的傣族，一个是嘎洒镇的，一个是勐龙镇的。她们是在教堂做礼拜时认识自己的傣族对象的。

在相同信仰润滑下，两个民族的信众在接触中碰撞出爱情火花，结成连理，反过来又促进多宗教和谐共处。一方面，两个民族传统宗教由于家庭的纽带作用，能相互了解，容忍和接受。比如布朗族在信仰南传上座部佛教的同时也把本民族的祖先崇拜和寨神信仰融入进去，使两种信仰融为一体，相得益彰。再如信仰基督教的哈尼族和傣族结婚，不仅有利于基督教与南传上座部佛教、哈尼族万物有灵和祖先崇拜共存共生，也为南传上座部佛教与哈尼族的民族宗教交流建立了桥梁。另一方面，两个民族的矛盾因通婚而削减以致化解，而宗教间的矛盾也因与民族交织，而不至于分裂为单一的对立集团。布朗族、壮族和傣族因信仰南传上座部佛教而通婚，家庭和信仰的纽带弥合了民族分化的间隙。哈尼族和傣族因信仰基督教而通婚，首先使两个民族集团的对立力量削弱了，从各自的集团中分离出一部分社会力量，降低了矛盾的激烈度。再则，基督教与哈尼族的民族宗教、傣族的原始宗教和南传上座部佛教的矛盾也因家庭纽带而减弱。三个宗教矛盾体和两个民族矛盾体错综交叉就会分化为六个更小的矛盾体，降低了矛盾的针对性，模糊了矛盾对象，抑制了矛盾的破坏力。

三 相同民族不同信仰之间通婚对宗教和谐共处的影响

在风俗习惯、历史传统、语言使用、居住区域等方面都为同一民族的内部通婚提供了便利条件。但是宗教信仰的类别差异却会为同一民族内的通婚带来阻力。而且这个阻力可能远远大于民族纽带所提供的便利条件。尤其是在民族和信仰都成为具有社会影响力的群体组织时，宗教的类别差异和民族的传统影响就成为两个不相容的矛盾聚焦点。比如景洪市曼允村是最早信仰基督教的傣族村子。曼允基督教堂的负责人介绍了曼允村信仰基督教及通婚情况。

访谈 2.2：景洪市城区基督教堂负责人，傣族，女，52 岁，访谈时间：2010 年 11 月 1 日。

以前傣族把发高烧、说胡话的村民认为是琵琶鬼附身，将这些人赶出寨子。而这些被认为是琵琶鬼附身的村民不能再回村，与以前的村寨断绝了关系。他们聚众居住，久而成村。曼允村就是这样一个村子。18 世纪末 19 世纪初美国传教士来到这里建医院，建学校，建教堂，给村里的人看病，教他们读书，给他们传福音。我们的祖辈就开始信仰基督教了。其他人都说我们是琵琶鬼，跟别的村寨通婚很难。我们村里的小伙子到村上去找那些女孩，但是到结婚的时候真的很麻烦。因为人家要调查。知道是我们村，家长就一直反对，要嫁过来就要断绝关系。过几年之后，有的甚至是十多年才恢复关系，家里人才承认她。因为信仰不同，再加上我们被称为琵琶鬼，鬼那是很恐怖的，所以家里的人就不允许姑娘嫁过来。

曼允村首先是因傣族传统信仰被排斥出以前的群体，在民族内部产生了一条很难愈合的心理鸿沟。在经过一个"推"与"拉"的社会互动过程以后，曼允村也就顺理成章地改信基督教。曼允村又在信仰的纠葛中，与其他傣族村落再一次拉远了距离。所以，曼允村的村民与普通傣族群众通婚存在比较大的阻力。

在西双版纳信仰基督教以哈尼族和傣族居多。勐腊县有十五所注册基督教堂，以哈尼族为主。但深入了解才清楚，这部分基督徒主要是从普洱市墨江县搬迁到勐腊县的哈尼族"碧约"支系。[1] 他们为追求幸福生活举家搬迁而来，也把他们的信仰一同装入了行囊。伴随墨江"碧约"支系在勐腊县落脚扎根，繁衍生息，其上帝信仰也在此开枝散叶，倔强成长。西双版纳两个世居哈尼族支系——"阿克人（划归哈尼族）""雅尼"都保持本民族的传统信仰，几乎没有信仰基督教的。在勐腊县瑶区乡纳卓村委会，纳卓二队和立新村都是从墨江搬迁来的"碧约"支系，有相当部分的

---

[1] 州志记载，1970 年 1 月勐腊、墨江两县协商确定，从墨江农村（大部分为哈尼族）移民 386 户 2241 人到勐腊、勐捧、尚勇三个公社落户。

村民信仰基督教。而本村委会与两个村寨相隔不过三公里的会宽老寨和会宽新寨是哈尼族"雅尼"支系,并不信仰基督教。再加上语言不同、服饰有异等原因,两个支系几乎不存在通婚现象。而"碧约"支系与瑶族、汉族存在一定数量的通婚。

同一民族不同信仰间的通婚难度相对较大。但只要两位有情人以坚贞不渝的执着爱情冲破重重阻力结为夫妻,组建家庭,这类通婚对多宗教和谐共处的作用是不可低估的。首先,夫妻二人因是同一民族,在婚后生活的适应上遇到的困难就比较少,如语言沟通,传统风俗的适应,生活习惯的协调等,使得婚后生活能顺利步入正轨。所以在民族文化的适应上,同一民族的恋人结合就不存在"文化震惊"现象,使两位新人以及各自的家庭能有余力和信心去调整不同宗教信仰带来的不适。其次,不同信仰之间通婚一般会有一方改变信仰以适应婚后的社区生活。比如普通傣族嫁到曼允村就要改信基督教,以便尽快融入家庭和社区生活。从南传上座部佛教信仰改为基督教信仰不只是单纯的个人信仰选择,而且在现实生活中拉近了两个信仰群体的距离,建立了两个群体交往的人际纽带。这位改教者不仅保留了以前在南传上座部佛教信仰群体中的亲属关系和友谊关系,并在基督教信仰群体中加深了与新家庭的关系,结交新的朋友。进而通过此人的人际网络两个信仰群体会在"走亲串友"和各类聚会中接触、交往、相识。那些从一个社会位置转移到另一个社会位置的人要受到这两个位置的影响。既要保留部分原有的角色属性和角色关系,又要接受新的角色属性,建立新的角色关系。[1] 而且通过流动性成员的桥梁作用,群体间流动促进了两个群体的非流动成员之间的人际交往。再次,两位新人各自的家庭对彼此的宗教信仰理应会变得开明,抱持理解和接纳的态度,提高了对不同信仰的容忍度,从而促进了多宗教和谐共处。宗教态度的改变可能需要一个较长的过程,也可能会经历心理学上提出的从抵触到漠视再到承

---

[1] 参见〔美〕彼特·布劳《不平等和异质性》,王春光、谢圣译,中国社会科学出版社1991年版,第164页。

认、接受的心理变化阶段。但这类宗教复合家庭对不同信仰的较高容忍度已是不争的事实。最后，不同信仰组成的家庭毕竟会存在一定的矛盾，但是这样把信仰群体的矛盾分解到单独的家庭中更容易处理，矛盾的破坏力也相对较小。把信仰的大矛盾化解为家庭的小矛盾，而家庭的小矛盾又通过亲情依托与利益共享的稀释作用逐渐消除。

四 不同民族不同信仰之间通婚对宗教和谐共处的影响

由于民族、宗教两个异质性参数的分化、阻碍作用，理论上不同民族不同信仰之间的通婚现象稀少。但现实生活中，此类通婚现象是四种通婚模式中最普遍、最常见的。究其原因，民族和宗教两个参数或重叠或交叉使得群体间的异质性增强，随着各群体间人际互动机遇增多，恋爱通婚的可能性增强。而且两个参数的交叉也模糊了单一参数对群体划分的界限。如傣族中不仅有信仰南传上座部佛教的，也有信仰基督教的，信仰把傣族分为两个群体。而哈尼族中有信仰基督教的，还有保持本民族传统信仰的，信仰又把部分傣族和部分哈尼族团结为一个群体。所以，从前单纯的两个民族群体和三个信仰群体，现在转化为四个边界模糊的民族宗教混合群体。群体的增多无形中提高了群体间的交往机会，群体边界的模糊拉近了群体的距离，民族宗教间的通婚也随之增多。另外，群体内部矛盾的产生、激化造成群体的分裂，一般会通过引入第三方来消解或转移矛盾。比如景洪市勐罕镇曼景村委会的曼列傣族村寨因信仰基督教与信仰南传上座部佛教的曼景、曼纳等傣族村寨隔阂较大，通婚现象较少。而曼列和曼景、曼纳都转向"置身事外"的基诺族村寨（基诺山乡巴来村委会与曼景村委会相邻）寻找自己的婚姻伴侣。

景洪市勐罕镇曼景村委会（五乡）地处勐罕镇和基诺山乡交结处，还有橄榄坝农场的两个生产队。在这个地区民族众多，信仰繁杂，不同民族之间通婚、不同信仰之间通婚的现象比较普遍。通婚的具体情况因民族、信仰而不同。

访谈 2.3：景洪市勐罕镇曼景村委会支部书记，男，傣族，53 岁，访谈时间：2010 年 11 月 6 日。

曼景村委会有十个自然村，包括曼景（水傣）、曼纳老寨、曼纳新寨（傣族）、曼列（信仰基督教的水傣）、曼孟（麻风病村，水傣，有几户信仰基督教）、曼辉（阿克人）、曼养（花腰傣）、曼么新寨（哈尼族）等。曼纳的傣族，别人都叫他们是布朗傣，不是的，他们和布朗族在体制上相差很大，应该是山傣吧。他们也说傣语，但是比较慢。我们之间是通婚的。曼养是花腰傣，不过傣历年，只过春节。我们的语言也不一样，但是相互通婚。曼列和我们一样是水傣。但他们信仰基督教，我们之间就不通婚了。他们和基诺族通婚的多。以前各民族通婚的不多，这几年才多起来的。像曼孟村因为得病，我们当地人一般都不和他们结婚。只有汉族和他们结婚，主要是四川的，还有一个普洱市墨江县的。汉族过来没有什么田地，为了生活，也就不管麻风病这些事了。他们上门到那边寨子就有很多的田地和橡胶树，可以过日子了。傣族没有嫁到基诺族的，都是基诺族嫁到傣族来。傣族一般是男的娶基诺族、阿克人（划归哈尼族）、爱伲人（哈尼族支系）女孩，傣族的女孩一般不嫁给基诺族、阿克人（划归哈尼族）和爱伲人（哈尼族支系）的男的，也没有找这些民族的男孩上门的。只有曼纳村一个阿克人到傣族村上门，其他的都没有。阿克人自己也不愿意去女方家上门。傣族有嫁到河南、山东，我们曼景村有三四个嫁到汉族去的。阿克人嫁出去的多，因为不想待在寨子里了，汉族来做生意、打工，就跟着走了。我们与曼纳村傣族通婚的不是很多，只有几个。曼列村和帮沙村通婚的只有一个，与基诺族有三四个。曼列村和汉族结婚的最多，嫁出去的也有，来上门的也有。汉族和任何民族都可以结婚。阿克人与汉族结婚上门的少，嫁出去的多。来我们这里做生意主要有湖南、四川、大理白族。

访谈 2.4：景洪市勐罕镇曼景村委会曼列村村长，男，傣族，对象也是傣族，访谈时间：2010年11月6日。

曼列村有120户，500多人，全信仰基督教，在五乡（曼景村委会）还是比较特殊的，还有一个麻风村有几户信仰基督教。我们大部分是本村通婚，与哈尼族、汉族（主要是男的，有10户）、基诺族（有两三个）都有通婚现象。我们村有一个男孩与美国女孩快要结婚了。基诺族嫁进来以后就改信基督教了。信佛的傣族嫁进来，信佛还是信我们的宗教都随她自己。

访谈2.5：基诺山乡巴来村委会干事，男，哈尼族，大专，25岁，访谈时间：2010年11月6日。

巴来村委会有7个小组，493户，2030人。这里的基诺族主要和哈尼族、汉族、傣族通婚。基诺族说基诺语，傣族说傣话，但大家交流都用普通话。现在90%的人都能讲普通话。爱伲人（哈尼族雅尼支系）和阿克人（划归哈尼族）都属于哈尼族的支系，但两者在语言、习惯上有很大的差异。哈尼族是祖先崇拜，信仰万物有灵，没有图腾。基诺族主要信仰大鼓，也存在祖先崇拜，不过是个女性。

访谈2.6：在巴来村委会盖房子的包工头，男，汉族，27岁，老家在文山州，来六乡（曼么村委会）上门，对象是哈尼族，访谈时间：2010年11月6日。

我结婚两年了，已经会说哈尼语。我是来这里打工认识我对象的，我们文山老乡在这里上门的有五六十个。我家就在曼辉，村里还有两三个四川来上门的。

访谈2.7：农场会计，湖南来西双版纳支边的后代，男，汉族，58岁，访谈时间：2011年11月7日。

我们生产队有100多人，以汉族为主，还包括傣族、彝族、傈僳族、哈尼族、回族、瑶族等。我们农场汉族与周边傣族通婚的比较多，都是女的嫁进来，来了之后很少去佛寺，还有一家是回族与汉族通婚的。

在这些通婚现象中，存在着一种女性"梯级外嫁"的现象。由于经济发展水平、居住生活环境、文化熏陶、历史传统等方面的影响，一些经济发展相对较好民族的男子在择偶过程中具有一定优势。如山区哈尼族女性嫁给平坝傣族男子，而傣族女性不会嫁到哈尼族村寨；山区基诺族女性嫁到平坝傣族村寨，傣族女性很少嫁给基诺族男子；傣族、哈尼族和基诺族女子嫁给汉族男子的现象更为普遍。这是符合人们在择偶过程中的"有限理性选择"理论。尤其是那些远嫁异地他乡的姑娘，怀着对美好生活的憧憬步入了婚姻的殿堂。

勐海镇曼短村委会曼峦回和曼赛回在清朝时期就进入西双版纳地区。"最早进入勐海地区的回族据说是在杜文秀起义失败后，于同治十一年（1872）① 大理宾川回族商人马武龙等人赶马帮经商至曼降，在此地停留居住，以制牛皮革和做皮鞋出卖来维持生计，后过往马帮商人逐渐增多，逐步形成了十多户人家的小村寨。后称之为曼峦回。之后，马武龙与当地傣族姑娘联姻落籍，并把他自己懂的回族教义传给家人。"②《南荒内外》中也有"白旗下坝"的记载。注释中讲到"后杜文秀失败，其残部之逃到勐海者，亦被安置于曼峦、曼赛二村"③。由此看来，曼峦回、曼赛回两个回傣村应该在杜文秀起义前后建寨。在这个完全陌生的环境中，没有足够的回族妇女可以选择，又因传统社会的封闭性不能进行长距离的婚姻选择，只能转向当地其他民族寻找结婚对象。毕竟在凝固而少变的传统社会，人口迁移是一个稀少而独特的事件。在回族迁入的早期，为了能在当地扎根发芽、开枝散叶选择民族通婚，属于权宜之举。马武龙移居西双版纳后的前两代人全是娶当地的傣族为妻，④ 到第三代、第四代开始转向族内婚或更宽泛的民族通婚。在日常生活中理解、接受对方的民族文化，调整本民

---

① 1872 年，清军围攻杜文秀起义军，起义最终失败。
② 引用自 http：//www.2muslim.com/home.php？mod=space&uid=46631&do=blog&id=67472。
③ 参见李拂一《南荒内外》，复仁书屋 2003 年版，第 1 页。
④ 材料来源于 2001 年整编的《马武龙家谱》。第一代：马武龙娶曼吕傣族之女。第二代：岩罕娶曼养坎傣族之女；岩乱（马金安）娶曼降玉坎甩为大婆，娶孟连玉尖为小婆；岩叫娶曼降玉康；岩温娶勐宋曼麦玉温；岩苏娶小曼裴玉应为大婆，娶曼降玉燕为小婆。第三代的一个家支：岩温（马保仁）娶本寨玉燕；第四代以岩温（马保仁）的子女为例：岩坎尖（马占元）娶景洪曼冬玉溜；岩嫩（马金荣）娶本寨玉暖；岩布（马玉全）娶本寨玉应罕；岩宰回（马树兴）娶本寨玉喃；小双（马全明）娶本寨玉朗赛；玉应嫁勐海纳；玉香嫁四川内江上门的郭俊杨。

族文化，是不得不经历的文化融合过程。语言的习得、服饰的改变、生活方式的适应以及宗教信仰的延续都有一个焦灼与徘徊的过程。同时期搬迁到西双版纳的山头汉族在婚姻选择上的经历能生动地佐证这一过程。随着社会结构的不断软化，人口流动逐渐频繁，对结婚对象的选择也更加自由和宽泛。现在曼峦回不仅与附近的其他民族通婚，而且婚姻半径一直延伸到江西、广西、宁夏、湖南、江苏、四川、甘肃、河北等地。从传统固态社会向现代流态社会的转变中，曼峦回族以其对幸福生活的渴望和执着追求在选择上刻画着时代的印记。

访谈 2.8：曼赛回村长，男，回傣，43 岁，访谈时间：2010 年 10 月 30 日。

曼赛回有 81 户，403 人。本村嫁进来的多，嫁出去的少。大约 50 人嫁进来，缅甸的有 3 人（也是傣族），其他的有四川、澜沧、勐混、勐遮等，主要是傣族，也有汉族、拉祜族。因为语言、生活习惯不同，所以不与哈尼族通婚。男的上门、女的嫁进来都可以，只要改信伊斯兰教就行。我们在生活习惯、语言等都和傣族一样，周围生活的都是傣族，所以和傣族通婚的比较多。

访谈 2.9：嫁到曼赛回的拉祜族妇女，31 岁，父亲是汉族，母亲是拉祜族，访谈时间：2010 年 10 月 30 日。

娘家就在曼赛回邻近的大兴寨，已经结婚两年，丈夫是回傣，35 岁。我结婚后就改信伊斯兰教了，实际上在谈恋爱期间就开始了解伊斯兰教的教规和禁忌，嫁过来以后和公公婆婆住在一起，在日常生活中就更容易去了解和适应伊斯兰教的教规了。开始交往时，我和丈夫也都考虑到伊斯兰教的信仰。嫁过来以后很习惯这里的生活，和大家处得很好呢，一起打牌啊，聊天啊等，还是好玩的。现在正跟师父学习经文，经文很难，不好学。经常回娘家，在那边吃什么东西也有专门准备的锅、碗啊，比较方便。我们两人结婚还是主要考虑感情，感情不和就不结啊。这边嫁进来的姑娘都已经改信伊斯兰教，如果不改就不好了。结婚以后，出去和我爹妈在，就不用改信伊斯兰教了。现在姑娘嫁出去也比较多，嫁给汉族也有，嫁给傣族也有，嫁出去的大部分还信仰伊斯兰教，少部分改掉了。

访谈2.10：格朗和乡帕宫村委会帕宫下寨村民，山头汉族老户，男，64岁，访谈时间：2012年8月8日。

我老祖公搬来的时候，这里还没有汉族，找不到（汉族）老婆，没有办法，就找了一个拉祜族老婆。结果语言不通，（我老祖公）也听不懂她说什么，没有共同语言，已经生了两个娃娃，就不要她了。但还是没有办法找到老婆，我老祖公只能把她再接回来。他们拉祜族说，要领回来就要重新结一次婚，又重新杀猪杀牛，请大客。后来，我老祖公学会一点拉祜语，生活才勉强过下去。我老祖奶先去世。我老祖公不想和她埋在一起，说："活着就在不拢，语言不通，难得处，死了也别埋在一起了。"我老祖公就自己单独埋在一处。

不同民族不同信仰之间通婚的现象比较普遍，但婚后生活遇到的困难相对较大。新婚夫妇以及他们的家庭不仅面临两个民族传统的差异，还要克服不同信仰对家庭生活的影响。这种类型的婚姻是把民族、宗教的群体矛盾化解为各个家庭小集体的矛盾。这样积累到家庭中的矛盾和不便就更多，对家庭个人的冲击相对较大。但这毕竟是家庭内部矛盾，对整个社会的稳定和团结不会造成太大的伤害。再加上家庭的情感纽带、血缘纽带、亲缘纽带"千丝万缕"的联结作用，这些矛盾也会消解在家庭生活的"柴米油盐"中，从而使民族、宗教的隔阂与矛盾转化成家庭的"和和美美"。社会和谐并不代表不存在矛盾。矛盾无处不在，无时不在，矛盾具有普遍性和客观性。矛盾是事物变化、社会进步的根本原因，矛盾的演化与克服是事物发展的根本动力。不承认矛盾的和谐是假和谐，是死板的和谐。真正的和谐应是存在能有效地预防、调节、消除、克服困难的合理机制，是充满生机的和谐。

不同民族不同信仰组建的家庭内部就存在着民族间、宗教间的人际互动。这种人际互动又加深了民族、宗教群体间的彼此了解、相互认可，模糊群体界限，促进了社会团结，营造了多宗教和谐共处的良好局面。各群体间的交往虽然会减缓剧烈的群际冲突，但其代价是出现了更为频繁的人际冲突。原因并不是群际交往比内群体交往涉及较多的冲突，而是因为那些促进整合性交往的结构条件也会增加人际冲突的可能性。[①] 人们接触机会增多，一方面有利于社会交往，另一方面发生人际冲突的概率也相应增强。对此，要正视群体间交往所产生的人际冲突。不要因为群际交往会产生人际矛盾就限制群际交往的进行，转而寻求内群体的交往。过量的内群体联系会妨碍社会整合，易于导致社会分裂。只要人们在群际交往中抱有理解、包容之心，做好人际冲突的调解和疏通工作，群际交往中的人际冲突不仅不会对人们的日常生活造成太大影响，更不会影响社会的稳定，而且会成为有益于社会稳定的安全阀机制。社会成员的多群亲和促进了许多相互交叉的冲突和反抗力量消减，防止两个对立阵营之间对立和敌视的发展。

访谈 2.11：景洪市允景洪街道办事处曼各居委会曼斗村小组一位老太太，傣族，55 岁，访谈时间：2010 年 9 月 18 日。

我有四个女儿，大女儿和二女儿的对象是傣族，三女儿和四女儿的对象是汉族。三女婿老家是大理，四女婿老家是浙江。我四个女婿都是上门的。我们跟汉族结婚一般不会让女儿嫁出去，因为汉族有重男轻女思想，生个男孩还好，如果生个女孩，公爹公婆给脸色看，在那边受气。我们傣族生男生女都一样爱护。我们村有家把女儿嫁到汉族去了，因为生了一个女孩在那边受气，现在和老公已经搬过来住了。我们这边就是一个独儿子的也有去上门的。男的来上门每月给他的父母寄点生活费就可以了。小女儿留家里跟我们一起住，给其他三个另建了房子，分家出去了。嫁到我们寨子或到我们这里上门的有拉祜族、爱伲人（哈尼族雅尼支系）、阿克人（划归哈尼族）、布朗族、汉族，汉族最多。本村内结婚也很多。做生意、

---

① 参见［美］彼特·布劳《不平等和异质性》，王春光、谢圣译，中国社会科学出版社 1991 年版，第 174 页。

上班嫁到外边的也很多,也有回来的。那边天气冷待不习惯,就回来了。这边的父母看她在那边受苦,就把她和她老公一起叫过来住。

访谈 2.12:易武镇纳么田村委会村干部,曲靖人,男,25 岁,访谈时间:2011 年 5 月 22 日。

汉族有到勐户傣族上门的,去了之后要考察三至五年,有的还要签订合同,如果悔婚要承担什么责任。等考察合格了,那时也生小娃了,就可以和老婆一起掌家。傣族姑娘以前也外嫁,现在是嫁怕了。有嫁到山东、河北、河南的,不适应那边的气候和生活,就和老公一起回来了。现在很少外嫁,就招上门女婿。他们土地多,分一些出来给他们就可以生活了。

访谈 2.13:勐海县勐遮镇宾馆老板,政府退休人员,女,50 多岁,访谈时间:2011 年 4 月 15 日。

有个上海的在这里当兵,找了本地的傣族(姑娘),复员后带老婆回到老家不习惯。现在和老婆又回来,在街上开个商店。我们这里有一个小姑娘嫁到河南去。我问她:"你怎么回来了?他父母对你不好?"她说:"好得很。我每次上街,除了买东西用的钱外,婆婆还会给我 50 元的零花钱。"我说:"老人对你也好,你丈夫对你也好,为什么要回来呢?"她说:"你晓不得,我望着那个馒头,就饱了。那天气热得人都要昏掉,冷得手都起冻疮。"我们这个地方从小到老都没见过下雪。最冷的时候,也就是下点霜。

第二节 西双版纳民族通婚的社会因素分析

民族之间通婚有利于多宗教的和谐共处,但只是多宗教和谐共处因果链条上的一个中介因素。它不仅是多宗教和谐共处的因,还是其他社会因素的果。这些社会因素通过中介变量——"民族通婚"间接促成了多宗教和谐共存的良好局面。它们作为社会学路径分析中的外生变量才是多宗教和谐共处的原初动力。通过路径分析来探究这些外生变量如何通过民族间通婚这一内生变量影响宗教的和谐共处将更具实际意义。

关于影响族际通婚的因素，一直备受民族学研究者的关注。学习借鉴前人三个因素（民族基本特征、历史关系特征、两族共处特征）[①]、两个层次（第一层次为经济文化和人口因素，第二层次为族际交往和族际关系）[②]的理论模型，并结合西双版纳地区的实际情况，把影响族际通婚的因素归纳为文化因素、人口因素、国家政策和经济发展四个方面。

一 文化因素：聚居社区和杂居社区对民族通婚的影响

各民族之间通婚的难易程度主要是由文化差异引起的。民族之间的文化差异包括语言、宗教信仰、风俗习惯、历史矛盾等。尤其是宗教信仰的差异对族际通婚的阻隔作用更为明显。在访谈中，当问到"为什么两个民族不通婚"时，回答最多的是"语言不通""风俗习惯不同""两个民族没有通婚的习惯""两个民族以前打过仗""信仰不一样"等，都涉及了文化的差异。从表面上看文化因素成为族际通婚的关键。但文化毕竟是一种意识形态，属于精神层面，必须有一定的物质承担者才会具有社会意义。承担文化的载体既包括独立个体也包括关系紧密的群体，其社会影响当然也不同。虽然民族文化通过活灵活现的个体展现出来，真正起作用的却是民族群体。在现实生活中，民族的群体性作用更多是以村落、社区等形式表现出来。所以，要探究民族之间文化差异对族际通婚的影响，就不能忽视民族社区的存在。在实际调查中，民族聚居社区和民族杂居社区的族际通婚比例有明显差别，就证明了这一潜在事实。

"社区是进行一定的社会活动、具有某种互动关系和共同文化维系力的人类群体及其活动区域。"[③] 社区的地域性、群体性、人际互动性和文化维系性都对族际通婚产生影响，而且相互影响、相互促进，合力影响族际通婚的

---

① 参见马戎《民族与社会发展》，民族出版社 2001 年版，第 186—187 页。
② 参见李晓霞《新疆族际婚姻的调查与分析》，《新疆大学学报》（哲学·人文社会科学版）2008 年第 3 期。
③ 参见郑杭生《社会学概论新修》，中国人民大学出版社 2002 年版，第 272 页。

难易和多寡。这主要表现在社区规范的监督强度、群体的凝聚力度、人际互动频繁与否、对异质文化的接受程度等方面。民族聚居社区和民族杂居社区在这几个方面形成鲜明对比，直接造成两类社区族际通婚的悬殊差距。

(一) 单一民族聚居社区对族际通婚具有较强的阻碍作用

民族聚居社区有着相同的历史经历、风俗传统、语言服饰、宗教信仰和亲密的人际互动，再加上地缘、血缘、亲缘的联系纽带交织叠加，铸就了内部联系紧密、高度团结的封闭性群体。所以，带着异质文化的个体因群体排他性很难进入民族聚居社区，即使能成功进入还要面临适应新环境的重重困难。民族聚居社区不利于其他民族的群众通过婚姻进入这一小社会。这些民族村寨的高度监督性就像一个"过滤网"把异质文化挡在了寨门之外。西双版纳有比较多的单一民族聚居村寨，勐海县有傣族村寨、回傣村寨、哈尼族村寨、拉祜族村寨、布朗族村寨；景洪市有哈尼族雅尼支系村寨、阿克人（划归哈尼族）村寨、傣族佛教村寨、傣族基督教村寨、基诺族村寨；勐腊县的瑶族村寨、傣族村寨、彝族村寨、壮族村寨、哈尼族村寨，其族际通婚现象相对较少。首先，这些村寨与本民族的个体交往机会更多，男女之间发展为夫妻关系的概率更大。其次，社区的文化排他性，成了隔断不同民族男女长相厮守的无形"天河"。

访谈2.14：勐海县曼赛龙上门女婿，哈尼族，25岁，男，高中学历，访谈时间：2010年10月30日。

如果我们哈尼族和傣族结婚一般都出来工作。在外面求发展的话，大家都不会反对。如果回到寨子里，不讲外界的影响，仅自身要融入当地环境就很困难。因为回到寨子就要遵从寨子里的习俗，傣族和哈尼族的习俗差别很大，比如我们哈尼族在家里是以男人为主，父亲是一家之主；而傣族女人的地位更高一点吧。两个人在寨子里是没法生活的。

访谈2.15：景洪市允景洪街道办事处曼各居委会曼斗村老太太B，50岁，傣族，老伴是拉祜族，访谈时间：2010年9月18日。

我们傣族一般不娶哈尼族的姑娘，也不找哈尼族的老公上门。因为他们来到这里不好过，大家都排斥他，关系不会很融洽，生活不好过。我老伴就是一个例子，他来我们村上门，里里外外都是我来做。他很想帮我，但做不好。

在民族聚居社区，虽然族际通婚有这么多阻力，也并非完全斩断了人们追求美好爱情的希望之线。在这种情况下，无论是嫁进来的媳妇还是来上门的姑爷，一般都会"入乡随俗"，学说当地民族语言、改信当地宗教信仰、参加本村的社交活动，以尽快转变为"当地人"。如嫁到勐海县曼短村委会曼赛回的媳妇一般会改信伊斯兰教；到勐海县曼短村委会曼赛龙上门的哈尼族男子要学傣语，①过泼水节、关门节和开门节；到勐腊县瑶区乡沙仁村委会南贡山村寨上门的汉族要学瑶族语言，自己的儿子也要像一般瑶族男孩一样进行"度戒"；嫁到景洪市勐罕镇曼景村委会曼列寨的基诺族要改信基督教。只有如此，当事人才能融入这个大家庭，成为"大家中的一分子"，为自己今后的日常生活营造宽松、友好的氛围。这在无形中也把不同的文化群体连接在一起，宗教的和谐共处将以此为开端。

（二）多民族杂居社区的族际通婚现象比较普遍

西双版纳州的民族杂居社区主要包括城市社区和多民族杂居形成的村落，其中又以汉族村落最为突出。汉族村寨是以普通话为主要交流工具、多民族杂居的村寨。如西双版纳的十个国有农场有二十多万人。各大农场的生产队几乎都是多民族杂居社区；勐海县勐海镇的曼打贺、大兴寨、小兴寨、火盘山老寨、桥头新村都是汉族、傣族、哈尼族、拉祜族、布朗族等多民族杂居村寨；勐腊县瑶区乡沙仁村委会的会都村有汉族、彝族、傣族、瑶族等七个民族杂居。在这里少数民族语言的使用环境已不存在，已变成以普通话为交流手段。汉族村寨对多元文化的容忍度更强，不存在民族习俗、宗教信仰以及关系网络的排斥与约束，民族通婚就更为普遍。

民族杂居社区的民族众多，文化异质性强，监督力度相对较低，成为

---

① 在调查中了解到，嫁到或上门到民族聚居村寨的男女都会说这一民族的语言，两年就可以进行流利的日常交流。

多个民族群体、文化群体的混杂交错。社区的凝聚力并不是完全靠统一的文化规范来维持，而更倾向于通过群体间的交流合作、相互依赖来提高。民族杂居社区更能容忍异质文化，所以在实现社区团结的同时并不会牵连社区排他性的提高。这种情况下，不仅民族通婚的阻力小，而且婚后生活的不便也相对较少。笔者曾参加一对年轻夫妇的婚礼。丈夫是勐海县的拉祜族，妻子是曲靖的回族。两人是云南民族大学的同学，又同在西双版纳广电网络分公司工作，并在城区百盛小区买了房子，恋爱结婚都水到渠成。男的在结婚之前到景洪市清真寺皈信了伊斯兰教，但清真寺的阿訇反映他皈信后并没有去做过礼拜。由此可见，在民族杂居社区人们受到社区规范的约束比较小，两人基于情感结合，而不必顾虑太多。而且在民族杂居社区不同民族的人际交流机会也更多，年轻男女产生恋爱关系、夫妻关系的可能性也更大。

访谈2.16：农场会计，湖南来西双版纳支边的后代，男，汉族，58岁，访谈时间：2011年11月7日。

这个农场是以前的第二橡胶生产基地二区六队，建场51年，历史很长了。首先是南下军人，再是湖南人来支边的，以后就是从普洱市景谷、景东、墨江招工来的，再以后就到了知青下乡，上海知青、北京知青、四川知青、昆明知青，不过这些知青留下的比较少，最后就是转业军人（在云南当兵的，就地复员）。农场以汉族为主，还包括傣族、彝族、傈僳族、哈尼族、回族、瑶族等。

访谈2.17：勐海县教育局原局长，男，汉族，56岁，访谈时间：2010年10月30日。

傣族和哈尼族过去是不通婚的。现在两个民族通婚现象存在，但也不是很普遍。这两个民族通婚多是在这样一些人群里面。比如说这个哈尼族出来工作了，在他们工作单位或其他单位里面有傣族成为恋人，慢慢地出现通婚的现象，但也不是太多。出来上班就不再受他们寨子民俗的约束，民族之间就可以通婚了。在这个工作人群里面傣族和爱伲人、傣族和拉祜族之间通婚还是有的。

  访谈2.18：勐腊县瑶区乡会都村村主任，男，彝族，45岁，访谈时间：2010年12月5日。

  这个村寨有彝族、傣族、瑶族、哈尼族、壮族、汉族，还有一个民族是从老挝过来的，其中最多的是彝族。村子有将近七十年的历史了。最早在这里有八户，包括彝族、傣族，克木人，现在有五十五户，二百五十四人。这里的彝族同样用汉族语言，在结婚的过程中和汉族也是一样的习俗。人去世时，一般都会请师父选日子，出殡埋葬。有的看瑶族的道教书，有的看傣族的傣历，好像都差不多，是万年历。我们彝族办婚礼、葬礼就出去找瑶族的师父，有时也找傣族的师父或小佛爷，那些会看书的，在这边没有本民族的师父（毕摩）。我们这个村子基本上不分什么民族。只要两个孩子相爱，男方就找两个媒人去女方家说亲，家长同意就可以结婚了。彝族有二十二户，傣族有十多户，壮族有两户，其他的都是多民族杂居家庭。哈尼族是嫁过来的媳妇，嫁给彝族，是从墨江来的碧约族。这里的汉族是从四川来上门的，没有几户。彝族也是从普洱市景东县迁过来的。我们这里的傣族不过傣历年，也不过开门节和关门节，只过春节和中秋节。我们村有几户信基督教的，不烧香，不抬纸，只读圣经。他们同样和其他人通婚。有八户信基督教的，十几个人，但并不是全家都信。在我们村也不会受到歧视，一家信基督教娶了本村不信教的媳妇。信基督教对通婚不存在什么影响。我们村仅瑶族媳妇就有二十多个。我们村子嫁给瑶族的有，傣族嫁过来的有。老挝嫁过来的才有两个，嫁给傣族，不知她们是什么民族，她们是人在，户不在。嫁到汉族去的有四五户，嫁到江西、湖南、广州、四川。这边的信仰比较淡漠了。外边傣族过泼水节时，我们去看热闹；瑶族的盘王节我们也去。我们过春节也会请傣族的朋友来。

  访谈2.19：易武茶厂原会计，家住易武镇麻黑寨，石屏籍汉族，45岁，访谈时间：2011年5月21日。

  改革开放以后，基本上没有那么多讲究了，各民族都互相通婚。彝族找哈尼族、瑶族、汉族的都有，找傣族的倒是少一些。以前上门的男的主要是普洱市墨江县、四川省来这边做工的，现在各个地方的都有。彝族有男孩去上门的，也有娶女孩过来的，主要是看家庭情况、孩子多少、富裕程度等。曼腊村委会那边有几个瑶族寨子（如丁家寨），我们麻黑村委会这里有刮风寨、分水岭。那些瑶族姑娘都嫁来了，有我们汉族讨来的，也有老茶厂（1984年左右，勐腊县成立茶厂，从当地各个村寨或普洱市墨江县等地招收工人，分十个生产队）的职工讨来的。以前汉族只嫁本民族，除了聋哑痴呆或者是结婚之前有些男女关系、未婚先孕的，本地人不要，才嫁外地人。本民族也有区别，像瑶族信道教，要度戒。富裕一点的人家，男孩六七岁、七八岁就度戒，家里贫困一点，拿不出猪、鸡等祭品就要等到十四五岁才能度戒。度戒失败就要进行第二次、第三次。不度戒的人不受尊重，不能参加村寨里重大事务。度了戒才能算成人，才可以娶亲。瑶族姑娘只嫁本民族度过戒的小伙子。现在就不讲究这些了。

（三）民族村落交错分布有助于族际交往和民族通婚

民族是群体划分的一个参数，但真正具有实际意义和社会影响的是以村寨为依托形成的村寨群体。民族与信仰的群体力量主要是通过村落单位表现。尤其单一民族聚居村寨的内部凝聚力、礼俗的规范力、对外排斥力、群体动员力更具有现实影响力。但在经济现代化潮流冲击下村寨的民族纽带逐渐变得松弛。景洪市勐罕镇曼景村委会、曼么村委会、橄榄坝农场五分厂一队、二队和基诺山乡巴来村委会交结在一起，包括傣族、阿克人（划归哈尼族）、哈尼族雅尼支系、基诺族、汉族等众多民族，涵盖了南传上座部佛教、基督教、基诺族民族信仰、哈尼族民族信仰等多种信仰形式。在勐腊县瑶区乡纳卓村委会傣族、瑶族、哈尼族雅尼支系、哈尼族碧约支系、汉族聚族而居，各自信仰南传上座部佛教、道教、哈尼族雅尼支系、碧约支系的民族宗教、基督教等。[①] 民族交错杂居，信仰也交错分

---

① 哈尼族雅尼支系和碧约支系在信仰上有一定的区别，雅尼支系过"嘎汤帕"节（在公历1月2日至4日），而搬迁来西双版纳的碧约支系只过农历春节。

布,都没有连接成片。这两个联系纽带的团结力度就减弱了。所以,民族或宗教在极端情况下的聚合破坏力就减弱了,有利于维护社会的和谐、民族的和谐、宗教的和谐。

访谈 2.20:景洪市勐罕镇曼么村委会村主任,哈尼族,对象是勐海县的哈尼族,26 岁,访谈时间:2010 年 11 月 7 日。

我们村委会有十个寨子,四个寨子是爱伲人(哈尼族雅尼支系),六个寨子是阿克人(划归哈尼族)。曼么村委会在曼么上寨,有十九户,向上三公里是帕当上寨(阿克人),有三十多户,再向上是曼么老寨(爱伲人),有八十多户,最远的是十多公里外的三家村(爱伲人),有十多户。曼么村委会的下边是帕迁村,有两个寨子,一个老寨(三十多户),一个新寨(一百多户),都是阿克人;再向下是曼么下寨(爱伲人),有五十多户。帕当下寨要从曼辉村那条路上去,有十多户。还有曼各村(四十户左右)和光军村(七十多户)。

访谈 2.21:勐腊县瑶区乡纳卓村委会支书,男,48 岁,傣族,访谈时间:2010 年 12 月 5 日。

整个纳卓村委会有八个自然村,共四百多户,两千零八十人,有瑶族、傣族、哈尼族、汉族。纳卓和曼帕是傣族(老户),都有佛寺。会宽新寨和会宽老寨是哈尼族雅尼支系(老户),纳卓二队和立新寨是哈尼族碧约支系(从墨江搬迁来的),南崩是瑶族(老户),桥头新村是汉族(是从普洱市搬迁来的)。

二 人口因素:民族通婚的"开创者"

社区是影响民族通婚最现实的环境因素,是民族通婚的外因。而细究其原初动力最终还要落实到人身上。一个民族的人口规模、人口迁移、信仰转变、习俗传承与沿革都是通过鲜活的个体行为实现的。群体规模、人口迁移都对族际之间的交往产生影响,而交往机会影响通婚的概率。个体对习俗、信仰的态度以及能力大小都对族际通婚起到更现实的作用。在西双版纳，汉族对民族通婚的作用是不容忽视的；而当地较大民族次属群体的存在也影响民族通婚。

（一）汉族对民族通婚起润滑剂作用

据 2010 年第六次全国人口普查统计，西双版纳汉族人口超过了当地主要少数民族——傣族人口，一跃成为人口最多的民族群体。汉族普遍与各少数民族杂居共处，民族之间的交往机会较为频繁。汉文化对于族际通婚并没有禁忌性规定，尤其是在当代民族平等政策深入人心以及国家对少数民族的政策倾斜也无形中为汉族与各少数民族通婚大开方便之门。而且来西双版纳打工经商的汉族主要是单身男性，就地找少数民族的姑娘为妻更为现实。近二十年来随着改革开放的不断深入，汉文化已扩散到西双版纳的各个角落，各少数民族普遍能听懂、会讲普通话，不存在沟通障碍。汉族的宗教信仰淡薄，又远离自己的传统社区，婚后融入少数民族社区的羁绊相对较少。汉族人口在西双版纳各企事业单位任职的、在大街小巷经商打工的比比皆是。笔者在景洪市勐罕镇、基诺山乡调查时发现，在各个较大村寨都有从四川或湖南来的汉族经营小商店；当地少数民族村民把自己的土地租给汉族"老板"种香蕉、辣椒、西瓜等经济作物。所以此地各族女性外嫁四川、湖南，或四川、湖南男性上门到各个民族家庭的非常多。景洪市勐罕镇曼景村委会曼孟村是一个麻风病村，当地人都不愿与他们通婚。汉族男子迫于生活压力上门到这个村，与本村女子结婚以此获得土地，解决自己的衣食住行。在勐腊县瑶区乡政府驻地的大街上，几乎全是湖南、四川、文山的汉族经营的商店、餐馆、游戏厅、五金店、家具电器店、化肥农药店。这边的土地同样是被汉族租种各类经济作物。在这里汉族与瑶族、傣族、彝族、哈尼族雅尼支系、哈尼族碧约支系、壮族等都存在通婚现象。

访谈 2.22：勐海县教育局原局长，男，汉族，56 岁，访谈时间：2010 年 10 月 30 日。

汉族在民族通婚方面起的作用非常大。一般来说，汉族和任何一个民族都可以通婚。因为过去咱们西双版纳是少数民族聚居的地方。1949年后，国家派了很多南下干部、支边的、知青。一九五几年南下干部就来到这里了，接触到的都是少数民族，再加上汉族比较开通，和当地少数民族结婚的还是很多的。所以说，我们这里有很多少数民族已经不会说他们的少数民族语言了。他们同汉族结婚以后就脱离了本民族的文化环境，但血统还是有少数民族的成分。比如说他爸爸是汉族，妈妈是傣族，这是汉族和傣族共同养育的儿女，他的血液里有汉族的成分也有傣族的成分。他说普通话，可能穿傣族服装，信仰南传上座佛教，血缘成分和文化因素在这里交汇。总的来讲，在特定的区域里还是很难突破传统形成的通婚制度和禁忌。在新时代，汉族与少数民族通婚的情况更为普遍，大家已融为一体。

（二）较大民族群体的内部分裂弱化了族内通婚

规模较大民族的族际通婚比例相对较小，存在更多的族内通婚。但随着群体规模的不断增大，将会产生民族内部分化，形成更多的次属群体。群体内部结构的复杂性和异质性增强，导致内部矛盾和冲突也更为显著。群体规范就会变得更为宽泛，更能包容异样的声音。

傣族在西双版纳属于主要民族，人口众多，又有南传上座部佛教的感召力和凝聚力，但其内部并非铁板一块。傣族不仅有水傣、旱傣、花腰傣的区分，还有因为世仇而禁止通婚的情况。勐海县勐遮镇勐遮村委会的曼吕村、曼章龙和曼章岭与景真村委会的傣族是禁止通婚的。在傣族民众中流传着一个有关《葫芦信》的故事。

"传说勐遮国的王子召罕勒娶了景真国的公主南波罕为妻，以此两国结为盟好。但后来勐遮王谋划发动战争吞并景真国。景真国公主南波罕无意中得知了这一消息，就把情报写成书信装进葫芦里，再把葫芦放入河中，漂到了景真国。景真国收到公主的葫芦信后，抓紧备战。结果，勐遮国大败而归。当勐遮国王查出是景真公主南波罕泄露了机密，便把王子和公主一起活埋了。在他的眼中，景真国的女人是祸水。并从那以后做出规定，两国之间划清界限，断绝往来，永不通婚。"①

在景洪市有三个傣族村信仰基督教：允景洪街道办事处曼各居委会曼允村、勐罕镇曼景村委会曼列村和嘎洒镇曼播村委会曼响村。这三个村同周边的傣族村很少有通婚现象，并经常出现冲突。景洪市勐罕镇曼景村委会的曼列村全体村民信仰基督教，与周围曼景、曼纳、曼养等传统傣族村落不仅通婚较少，而且青少年之间的打架冲突比较多。在曼景村的集镇上曾经发生过一次恶性聚众斗殴致人死亡事件，是曼列村和曼景、曼纳、曼养等村的年轻人喝醉酒后发生口角，以致引起冲突。笔者的傣族学生信仰南传上座部佛教，在一同去曼列村基督教堂调查时想上厕所。笔者建议他去教堂里边的厕所，他怕因信仰不同进厕所对自己不利，只能作罢。

西双版纳的哈尼族有几个支系，如雅尼支系、阿克人、碧约支系。景洪市勐罕镇曼么村委会的村民都是哈尼族，但分属雅尼、阿克人两个支系。两个支系各自聚族而居，普遍都是支系之内通婚。曼么村委会共有十个自然村，六个阿克人村寨和四个雅尼支系村寨。阿克人只在本寨子或其他阿克人村寨找结婚对象，哈尼族雅尼支系也是如此。勐腊县瑶区乡的碧约支系和雅尼支系也鲜有通婚现象。西双版纳的瑶族支系：平地瑶、蓝靛瑶、顶板瑶之间的通婚也比较少。勐腊县瑶区乡沙仁村的壮族与自己的老寨勐伴镇曼里村的联系很少，彼此的通婚现象还不如与傣族、瑶族的多。

三　国家政策：族际通婚的政策保障

法律和政策是国家层面调整社会关系、处理社会矛盾的主要手段，是群体关系、人际关系协调发展的条件性保证。民族平等政策、宗教信仰自由政策、婚姻自由政策等为不同民族之间通婚、不同信仰之间通婚营造了宽松的政策环境。这些政策的主旨是把传统礼俗社会中的群体性互动降

---

① 引用网址 http://xkxxyx01.blog.163.com/blog/static/318052352008311102939724/。

低，分解为法理社会的个体性互动，消解群体所固有的禁锢、隔离、保守的消极影响。这有助于消除民族传统风俗对信仰、通婚阻碍性作用，使信仰和婚姻成为个人选择的私事，降低群体规范的羁绊。

访谈2.23：曼斗村一基督教徒，53岁，傣族，信仰基督教，访谈时间：2010年9月18日。

我和老伴都信仰基督。我们信仰基督教也遇到一些阻碍。我们村都信仰佛教，村民要出钱供养村里的寺院。我们不信佛，不参加他们的活动，也没有义务供养那些和尚。村主任要我们交钱，我们不交，他就扣我们的地租分红，但也没敢扣光。现在国家政策规定宗教信仰自由，他们不敢做得太过分。我们也没有告他们，毕竟我们还要在村里生活。只要他们不干涉我们信仰上帝，我们的主会原谅他们的。

四 经济发展：冲破群体界限的"世俗战车"

随着改革开放的逐步深入，市场经济体制不断完善，社会结构和思想观念都发生了深刻变迁。从东部沿海到祖国内地，再到西南边陲，只要经济战车的车轮碾过之地，景象顿时就有天翻地覆的变化。具体到西双版纳，旅游经济发展得如火如荼，生态旅游、人文旅游办得别具一格、有声有色。景洪市、勐腊县以及勐海县的打洛、勐满地区只要生态条件允许就将普通林木改种橡胶树。农业耕地也由一般的水稻种植改种香蕉、辣椒、西瓜等经济作物。西双版纳是普洱茶的发源地之一，茶叶种植已成为当地群众增收的主要来源。在经济发展过程中，伴随着经济结构的调整、人口的社会流动、人们思想观念的转变，人们走出世代居住的村寨，走进更广阔的天地，打工、经商、跑运输、搞养殖，闯出更精彩的人生。四面八方、五湖四海的人来到西双版纳谋求发展，讨生活。如西双版纳的十大农场都是外地人通过各种途径来到这里。在各个村落经商打工的外地人来自湖南、四川、大理、文山等地。民族之间、宗教之间的人际流动频率加大，人际交往机会增多，为民族、宗教间的通婚创造了条件。

访谈 2.24：勐海县勐满镇班倒村委会副主任，男，拉祜族，家住大新寨，29 岁，访谈时间：2011 年 4 月 16 日。

我们拉祜族一般分布在山冈上，在坝子的很少。我们这边整个寨子都是拉祜族，和其他民族掺得很少，像大新寨，班倒小寨。结婚一般是拉祜族找拉祜族，和其他民族结婚的也有。这边小女孩出去打工就在外边找结婚对象了，很少有回来的。男的很少出去。所以这边男女比例严重失调。有个拉祜族村寨，男的有 100 多人，女的才有 66 人。

上学、打工是进行社会流动的主要途径。由于过多的男孩辍学，又很少外出打工，就滞留在农村。而女孩通过上学、打工走出来，很少再回到农村，造就了西双版纳特殊的婚姻现象。在农村男性比例过高，找对象很困难，出现了大量的大龄单身；在城市又有很多的女孩找不到称心的伴侣，成为"剩女"。地理空间的迁移和社会地位的流动，是现代社会的主要特点，却成了隔断西双版纳牛郎织女的一道无形"天河"。在西双版纳的民族通婚中，存在少数民族妇女"梯级外嫁"现象。各少数民族妇女都有嫁给汉族的现象，并且比较普遍，但很少有汉族女性嫁给少数民族；哈尼族、布朗族、基诺族、瑶族妇女有嫁给傣族男子的，但傣族妇女一般不会嫁给哈尼族、布朗族、基诺族、瑶族男子。汉族到各少数民族上门的现象也比较普遍，这也是为了寻求一个安身立命之处。在经济利益的驱使下所发生的族际通婚，一般都会伴随宗教信仰的改变或自己持守信仰的淡漠。如嫁到农场或内地的傣族、布朗族一般会减弱佛教信仰（因为佛教信仰的社区环境已不存在，信仰的监督力度、传承支持力度降低，信仰的保持会面临困难）；嫁到曼赛回、曼峦回的傣族、汉族、拉祜族一般会改信伊斯兰教；上门到瑶族的汉族男子逐渐会有道教信仰情怀。这些都模糊了宗教之间的界限，增强了宗教之间的联系和了解，有利于多宗教和谐共处。

第三节　民族通婚与西双版纳多元文化
　　　　交流交融的因果链

文化因素、人口因素、政策因素和经济因素不仅可以通过影响民族通婚间接作用于多宗教和谐共存，而且直接对多宗教和谐共存产生影响。族际通婚促进了多宗教和谐共处，而宗教和谐共处又反过来为族际通婚创造了条件。这表明宗教和民族都是一般社会因素，并相互联系，相互影响，共同造就了西双版纳地区的社会和谐。

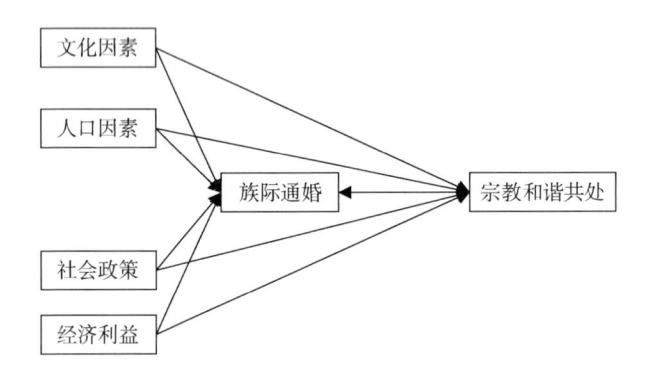

图 2-1　宗教和谐共处的路径分析

第三章　西双版纳多文化群体平等共存

西双版纳各民族形成的立体式交错居住模式将民族群体分割成小块。而且民族社区才是民族群体的现实载体。民族与宗教高度相关，造就了宗教群体交错分布的格局。在现代化大潮之下，民族、宗教、家庭并非完全重叠，三个参数持续发生交叉。利益群体也由民族社区逐步向家庭分化，群体力量更为弱化。各民族群体力量相对均衡，并被化整为零，社会影响力降低。各民族群体在根本利益一致的前提下，都能寻得一份"营生"，安居乐业。这是西双版纳各民族群体能和谐共处的经济基础。国家的稳定与强盛为西双版纳民族团结营造了良好的社会氛围。国家机关积极、妥善调节宗教与社会大系统、宗教群体之间以及宗教群体内部的冲突，化解矛盾，维持整体稳定。

第一节　西双版纳多民族互嵌式居住格局的发展

西双版纳 13 个世居民族在长期的生存历练中形成了相对固定的居住格局。傣族在西双版纳两县一市均匀分布，几乎占据所有大大小小的平坝。勐腊县的 3 个壮族村寨和勐海县的 2 个回傣村寨也"镶嵌"在平坝的傣族村寨中间。其他少数民族可统称为山地民族，居住在围绕平坝盆地的山区和半山区。早期来此的汉族主要是做官、经商、当兵的，居住在"街头"。总体来讲，傣族在西双版纳境内人数多，却被大山分隔在大小不一的坝区内；山地民族也被平坝河谷所割裂，只占据各个孤立的山头，民族群体力量不便于集中。虽然各民族都有聚族而居的特点，但并没有形成联合成片的单一民族群体。哈尼族集中分布在勐海县格朗和乡、西定乡、景洪市景哈乡、勐龙镇、勐腊县勐润乡、关累镇。彝族主要居住在勐腊县的易武镇、象明乡、瑶区乡和景洪的普文镇。基诺族分布在基诺山及其周围山区。布朗族分布在布朗山及其周围山区。拉祜族、回族、景颇族、佤族主要分布在勐海县的乡镇或村落，壮族、瑶族、苗族主要分布在勐腊县的乡镇或村落。西双版纳地区的民族分布也体现了各民族主体不断向外迁移扩散的趋势。如基诺族以基诺山为中心逐步向周边的勐养镇和勐仑镇扩散。布朗族以布朗山为中心向外分散到西定乡、打洛镇等地。佤族分布在离普洱市西盟佤族自治县更近的勐海县勐遮镇、西定乡、勐混镇的山区。拉祜族分布在与普洱市澜沧拉祜族自治县相连的勐阿乡、勐往乡、勐满镇等山区。瑶族居住在靠近普洱市江城县、红河州的勐腊县以及景洪市的东北部。

在村落规模上，傣族因占据坝区河谷地带，土地肥沃，单位面积产出高，适于定居生活，人口比较集中，所以傣族村寨规模相对较大。山地民族所占据的山林土地相对贫瘠，单位面积产出低，进行刀耕火种，需经常轮歇，迁寨，由此造成山地民族的村寨普遍较小。如果山地民族人口有较大增长，寨子规模扩大，周围的土地不足以养活如此众多的人口，就要进行分寨。父寨、母寨分出子寨，老寨分出新寨。子寨、新寨迁移别处，另寻一片茂密的山林重新建寨，继续刀耕火种，如此繁衍重复。一个寨子分出几个寨子，但每个寨子的人口都控制在一定规模。虽然父寨与子寨分开，但在婚丧节庆时还保持着人员往来。

一 传统社会西双版纳民族分布模式

1949年前，西双版纳地区实行封建领主制经济，包括山区和坝区的所有土地都属于傣族"召片领"和各勐土司。土地主要有三种所有制形式。第一种是直属于"召片领"和各勐土司（召勐）的私庄田"纳召龙""纳召勐"，主要由农奴或村社成员代其耕种；由"召片领"或土司等领主分给家臣的薪俸田"纳波郎"；分给村寨头人的头人田"纳道昆""纳陇达"。第二种是在傣族居住的平坝，封建领主将土地分给各个村社，再由村社分给村社成员（农奴）耕种的寨田"纳曼"。第三种是在哈尼族、布朗族、基诺族、彝族等居住的山区，各山地民族也是由村寨集体占有土地的使用权，由村寨按"氏族""大房子"等分配给各个家庭，实行轮耕或游耕，并向领主缴纳一定贡赋和承担某种负担。①

1953年第一次全国人口普查，西双版纳傣族123427人，占总人口的54.17%；汉族14726人，占总人口的6.46%；回族498人，占总人口的0.22%；哈尼族32840人，占总人口的14.4%；拉祜族490人，占总人口的0.22%；布朗族12440人，占总人口的5.46%；彝族9115人，占总人口的4.0%；基诺族3860人，占总人口的1.69%；瑶族7135人，占总人口的3.13%；佤族3736人，占总人口的1.64%；苗族101人，占总人口的0.04%；壮族479人，占总人口的0.21%；其他19003人，占总人口的8.36%。②傣族、汉族、壮族、回族主要住在坝区和街上，占总人口的61.06%；哈尼族、拉祜族、基诺族、布朗族、苗族、瑶族、佤族等山地民族占据半山区和山区，占总人口的30.58%。总体而言，西双版纳因特殊的地理地貌和民族特性形成了各世居民族以村落聚居为基本单位，坝区民族（主要指傣族）与山地民族立体式交错分布格局。各民族聚族而居，却未形成联结成片的单一民族群体。

作为上层建筑的宗教受经济基础决定，并为经济基础服务。西双版纳各少数民族的民族宗教和制度性宗教都形成、成长于农业社会，为土地的村社占有制服务，保证村寨的团结和凝聚力，维护村寨利益统一体。西双

---

① 参见《西双版纳傣族自治州志·上册》，新华出版社2001年版，第193—194页。
② 参见《西双版纳傣族自治州志·上册》，新华出版社2001年版，第373页。

版纳的民族宗教中，多数有祭祀寨神的信仰和仪式，如傣族、基诺族、布朗族和拉祜族都祭寨神，哈尼族有祭寨门的习俗。傣族的寨神是最早建寨氏族的氏族神。当氏族公社演变为封建领主制后，以血缘为纽带的氏族神也变成了地域性的社神，成为全寨共同祭拜的偶像。由生殖崇拜发展而来的寨心神处于村寨的中心，是寨子生命和灵魂的象征。通常每年二三月祭祀一次。当本寨成员外迁或外人迁入时都要祭祀寨神，征得寨神和村寨成员的同意。届时，要重修寨门，封闭寨门和路口，外人不许进入，村寨成员也不准外出。祭祀时，全寨人聚集在寨心，由年长者主持仪式，请佛爷念经。祭毕，全体成员在寨心聚餐，吃"百家饭"。祭祀寨神使全寨成员确认群体身份，培养认同感，有助于增强全寨的凝聚力。傣族由寨神信仰发展出勐神信仰，也由村寨团结扩展为勐的整合。① 在西双版纳，基本每个傣族、布朗族村寨都有佛寺。在泼水节、关门节、开门节和赕佛日全寨成员都要聚集在寺院礼佛念经，举行佛事活动。佛寺成为傣族、布朗族村寨传承文化，增强凝聚力的又一场所。哈尼族视寨门为整个村寨的保护神。每个寨子在东南西北四个方向都建有寨门。在进出村寨的路口竖立寨门，一般要竖3道，每年农历三月在原有寨门前再竖一道寨门，竖足3道为止，其中一道为主寨门，是人鬼分界线。寨子后边还有一个后门，主要用来进行祭祀活动。哈尼族根据不同的情形进行竖寨门、换寨门、祭寨门等祭祀仪式，由寨主主持，每家选一名男子参加，全村人不准外出。哈尼族的祭寨门仪式增强了村民的村寨归属感，强化了村寨凝聚力。

度戒是瑶族少年男子的成年礼，其中不乏有助民族团结的成分。2010年瑶族盘王节期间，笔者有幸在勐腊县瑶区乡沙仁村委会苗新寨参加了十六位瑶族少年的度戒仪式。度戒者包括苗新寨及周边几个寨子的瑶族男子，从不谙世事的儿童到已成家立业的青年，大家齐聚一堂，度戒"成人"。度戒者需要拜师父，当时十六位度戒者请了十六位师父。每位度戒者分别有一位主

---

① 参见铁锋《宗教文化〈西双版纳——勐巴拉娜西民族文化丛书〉》，云南教育出版社2006年版，第73—84页。

导师父和两位辅助师父。所以,度戒者都要交叉拜师,某个人的主导师父可能是其他人的辅助师父,别人的主导师父可能是自己的辅助师父,二人也可能拜同一位辅助师父。师父与徒弟形成一张交叉密集的关系网,加强了社会联系。度戒的第一天下午,在家长的陪同下所有度戒者一同前往各位师父家行拜师礼,送上请帖和一只公鸡。由师父的师父主持拜师礼。拜师结束,师父将送来的公鸡杀掉,再杀两只小鸡,供上公鸡的肝、两只小鸡、八个鸡蛋、三碗白酒、一把米,还有砍刀、香、火纸、卦刀、请帖。由师父的师父进行礼拜、祈祷、卜卦,看是否适合收徒。当晚十二点,度戒仪式正式开始。首先由头人进行训话,教导度戒者尊老爱幼,团结勇敢。然后,师父们帮徒弟准备床铺。从第二天开始,师父为度戒者念经打斋;度戒者每天只吃少量食物,不能随便出入,如果外出要戴上草帽,低着头,不能看太阳,不准嬉闹,如此七天七夜。最后一天,度戒者的家人、乡邻亲朋悉数来见证度戒仪式。度戒者根据年龄大小选择"度天台"还是"度地台"。如果度戒成功,度戒者正式成为瑶族社会的一分子,杀猪、喝酒、欢庆。度戒是瑶族男子社会化的一种形式,保证了瑶族成员资格的神圣性和庄严感,培养了民族、村寨的认同感,保证了群体的团结。

二 新时期西双版纳各民族交错杂居

中华人民共和国成立后,大量汉族移民以及普洱市哈尼族"碧约""卡多"支系的外来人口重构了西双版纳世居民族的传统分布格局。30多万汉族人口陆续迁入,一跃成为西双版纳人口最多的民族。除了居住在城镇的工作人员、街市商人外,十大农场各个生产队分散在广大农村地区,与世居民族村寨交错分布。在20世纪90年代,西双版纳10个农场、65个分场、896个生产队与两县一市25个乡镇、115个村委会、796个村寨比邻而居。[①] 从普洱市墨江县结群迁移而来的哈尼族在世居民族的村落

---

① 参见《西双版纳傣族自治州志·中册》,新华出版社2001年版,第448页。

"夹缝"中寻找生存空间，零星地组建了许多移民新寨。这些村寨一般规模较小，因为能找到的"剩余"土地毕竟很少，能养活的人口数量限制了村落规模的肆意扩大。中华人民共和国成立后，白族大量迁入，人口已经超过回族、佤族、壮族、景颇族等世居民族。白族主要以商人和工作人员为主，一般居住在城镇。其他外来少数民族一般居住在城镇，人口较少。随着社会经济发展，西双版纳城镇化有了突飞猛进的发展。2010年，西双版纳城镇人口为39%，城镇化显著，[1] 在很大程度上冲击着各民族传统居住格局。我们看到，城镇社区不再是单一民族的村落社区，而是多民族杂居的异质性社区。民族社区对民族间的人际交往和日常生活的影响日益减弱。传统农业社会，土地是各族群众生产生活的基本保障，土地所有制奠定了民族群体的立体分布，强化了民族利益的村寨集团化。进入现代社会，社会分工细化，生产专业化，在生产、分配、交换、消费各个领域都为人们提供了寻求生计的机会。人们的利益诉求逐渐脱离了土地的束缚，摆脱了地域、民族群体的局限，使利益诉求家庭化、个人化。据2010年第六次全国人口普查数据，西双版纳州共有家庭户314020户，家庭户人口为1087224人，平均每个家庭户的人口为3.46人，比2000年第五次全国人口普查的3.73人减少了0.27人。[2] 现代社会，家庭结构逐渐由扩展家庭向核心家庭转化，家庭规模小型化，利益诉求的维系力在分散、弱化。

访谈3.1：勐遮镇勐遮村委会妇女主任，女，傣族，42岁，访谈时间：2011年4月15日。

我们勐遮镇有13个村委会，大的有三个：我们勐遮村委会有24个村民小组，曼根（村委会）有19个寨子，曼洪（村委会）有21个寨子，人口一样多，都是6000多（人）。我们村委会最大的寨子是广门，有600多人，最小的（寨子）有100余人。凤凰新寨和曼洪么二队是汉族和拉祜族杂居的寨子。新街、老街有汉族、拉祜族、回族、佤族等多个民族。佤族是来上门

---

[1] 参见《西双版纳州十一届人大六次会议·政府工作报告》，2011年。
[2] 数据来自2010年西双版纳州第六次全国人口普查主要数据公报（第1号）。

的。回族多数是机关人员，不属于我们管，属于政府管。勐遮村委会多数是傣族，住在平坝，没有山上的寨子。其他村委会有山上的寨子，像曼洪（村委会）、曼伦（村委会）。我们傣族是不和哈尼族通婚的，勐遮的傣族也不和景真的傣族通婚。在勐遮坝有很多从普洱市搬迁来的旱傣，像我们村委会的曼别、凤凰寨和曼暖尾就属于旱傣。他们不过泼水节，只过春节。

访谈3.2：勐海县勐满镇班倒村委会副主任，男，拉祜族，家住大新寨，29岁，访谈时间：2011年4月16日。

我们村委会主要是哈尼族和拉祜族，共有9个寨子，530户，1954人。蜜蜂是海拔最高的村寨，拉祜族，有51户，170人。下来就是大新寨，也是拉祜族，有91户，336人。再下来是列车村寨，哈尼族，有53户，192人。从南边向下是在河谷的贺蚌新寨，哈尼族，有66户，254人。贺蚌新寨下边是贺蚌老寨，哈尼族，有36户，132人，再下边是鱼塘上下寨，哈尼族，有62户，219人。从列车寨向北，下边是班倒小寨，是拉祜族，72户，265人。再向下是老胖寨，哈尼族，有53户，192人。再下来是曼纳老寨，是拉祜族和哈尼族混住，50户，210人。我们村委会下去是农场，顺着214国道下去，首先是黎明农场一队，右边是六队。他们在的地方海拔比较低，可以种橡胶。再向下就到勐满镇了。从集镇向北是勐满坝子，是一个南北走向的狭长坝子。村寨都在坝子两边的山脚下，从南向北，左边依次是大曼扁、城子、曼赛、曼西，都是傣族寨子，人口都有四五百人。上初中时我们经常去大曼扁玩，寨子很大，有100多户，有时还会在里边迷路。右边是曼贺浓（傣族）、幸福展（拉祜族）、小曼两（傣族）。坝区中间靠路边的都是农场，有二队、三队、四队和五队。农场多数都是汉族，也有其他民族。在最北端，靠近澜沧（县）有个汉族寨子，是1949年前就在了，好像是从景谷县搬来的。

访谈3.3：勐海县勐满镇班倒村委会列车村小组组长，哈尼族，男，35岁，访谈时间：2011年4月16日。

这边拉祜族也多。他们基本上和我们哈尼族一样居住。大家都是"掺着"住。我们和拉祜族的关系很好，离得又不远。大家上新房、孩子过生日都相互来往。我们村有两个姑娘嫁到旁边的拉祜族寨子，叫大新寨。他们也有嫁来我们村的。我们寨子有 30 多个大龄单身男青年。

三　次级区域内多民族立体交错分布：以易武为例

勐腊县易武镇地处西双版纳州西北部，北靠景洪市勐旺乡和江城县整董镇，西接勐仑镇和象明乡，南临瑶区乡，东与老挝隔山相望。辖区以山区为主，间有零星河谷小坝。最高海拔是 2023 米的刮风寨黑水梁子，最低海拔是回洼坝子，为 600 米。易武镇共有易武、纳么田、麻黑、曼腊、曼乃、倮德 6 个村委会，68 个自然村，人口 14449 人，主要有汉、彝、傣、瑶等 13 个民族，其中汉族和彝族各占三分之一。最早在易武居住的是彝族（当地称"香堂"）和佤族（当地称"本人"）。清朝时期，从石屏、江西、思茅搬迁来的汉族商人在易武、依邦经营茶叶，买地置田。起先，汉族主要居住在象明乡倚邦。到清朝中后期，易武茶山逐渐兴盛起来。汉族茶商由依邦迁移到易武、曼腊经营茶叶。[①] 易武以山区为主，只有零星的几个河谷小坝，分布着五个傣族村寨。明清时期，瑶族已搬迁到此，多住在高海拔的山区。周边的整董镇、勐旺乡、象明乡、瑶区乡和勐伴镇都是瑶族聚居区。苗族是近些年从红河州石屏、绿春、元阳等地自发搬迁来的。苗族和瑶族在高山区，砍烧火山地，几年搬迁一次。当地民谣说"桃子开花，苗瑶搬家"。现在，国家加大对国有林的管理力度；集体林都承包到各个家庭，种起橡胶树、茶树、咖啡和干果。这些民族彻底告别了刀耕火种的游耕生活。哈尼族主要居住在最北端的倮德村委会和曼乃村委会，多数是 1949 年后从普洱市墨江县、江城县一带搬迁过来的。当年，易武建茶

[①] 州志记载，乾隆九年（1744），朝廷将依邦曼松所产茶叶定为贡茶。直到乾隆六十年（1795），朝廷才将易武、曼腊茶山所产团茶定为贡茶。这也是两个地区茶业前后兴盛顺序的一个侧面写照。

厂，组建采茶队，实施引导性移民，又有部分哈尼族搬迁来。红河州沙甸乡的回族老板承包了易武村委会的铅锌矿，从沙甸招回族工人采矿，在矿区附近形成了一个回族居落。

易武镇各民族形成了分层次交错杂居的格局。傣族占据平坝，如勐泐、大坝、岔河、回洼、勐户等；汉族分布在交通线上，像曼腊、张家湾、易武老街、纳么田等；瑶族、苗族住在交通线两边高山上，如分水岭、热水河、桥头寨、丁家寨、刮风寨、曼撒、唐豆奇；在汉族和瑶族之间杂居着彝族、佤族、哈尼族等少数民族，如麻黑、曼落、易比、易田、高山、洒代、三合社等。实际上，许多民族村寨都是多民族杂居，很难整体分清某个村寨属于哪个民族。先前，纳么田村委会回洼村小组是纯粹的傣族村寨。在建成易武最早的电站——回洼电站后，大量汉族职工搬入回洼居住。回洼和另一个傣族村寨——勐户处于平坝，与四周的高山形成一个河谷盆地。南边最高处是瑶区乡中山寨的瑶族；向下是黄连山彝族寨子；顺次向下是大梁子（佤族、彝族杂居）、老百寨（彝族）；最低处就是回洼和勐户；向北，海拔逐渐升高，分布着茶厂各个生产队（哈尼族、汉族杂居）、纳么田（汉族、哈尼族和彝族杂居）；从茶厂8队顺着0538公路上到易武街，再到三一三道班，散居着大量苗族。

访谈3.4：易武茶厂原会计，家住易武镇麻黑寨，石屏籍汉族，45岁，访谈时间：2011年5月21日。

现在的易武镇是易武镇和曼腊乡合并组成的。曼腊那边有四个傣族村寨，包括朱石河、勐泐、大坝、岔河。我们易武有勐户、回洼。最早在易武居住的是香堂族，属于彝族的一个支系。到了清朝中后期，大量的汉族就迁移进来。现在是以汉族和彝族为主。在曼乃那边还有"本人"（佤族的自称），就在曼乃（村委会）旧庙那边。象明（乡）那边也有一部分"本人"。"本人"以前就在的，是世居民族。象明乡倚邦的曹氏家族也被归为"本人"。现在（易武）有彝族、汉族、瑶族、傣族、佤族，有一部分墨江过来的哈尼族，还有从红河州移民来的苗族。墨江搬来的哈尼族住在易比、三合社那边的多，帮别人种香蕉。易武老街边上有个苗族移民村，叫杨柳井。这部分苗族从红河州迁移来，住在象明乡的国有森林里。国家为了保护森林资源专门安排扶贫资金，在这边建了房子。2004年就集体搬过来了，当时有30多户。在集贸市场那边还有一个瑶族移民村，叫松树林。他们是红河的瑶族，也是从象明乡大森林里搬出来的。这些移民在这里落户了，有自己的土地。等他们来了以后，很多苗族七零八散地又搬来，住在山山沟沟里面，三五户、七八户、十几户组成一个小村寨。他们没有土地，租种当地人的土地或打零工来维持生计。

汉族主要住在易武镇政府附近，人口比较多。易武老街及附近曼秀、落水洞、曼落、麻黑、易田、易比等村寨的汉族比较多，基本都是清朝中后期搬过来的。除了少量江西人，90%来自红河石屏。这批汉族商人的到来，带动了曼撒易武老茶山的兴起。中华人民共和国成立后，一部分政府人员、转业军人在这里结婚落户。改革开放后，来这边做工的比较多，像四川、墨江、红河来解木料、做短工的。贵州人是当兵转业留下的比较多，仅易武附近就有二十多个。这些人定居下来以后，因为这边土地肥沃，就把自己的三亲六戚带来这里。所以现在易武汉族的成分比较复杂。

访谈3.5：纳么田村委会村干部，曲靖人，汉族，25岁，访谈时间：2011年5月22日。

纳么田村委会隶属勐腊县易武镇，共有8个村民小组，居住着傣族、瑶族、彝族、汉族等，总人口1741人。其中纳么田村小组（15户）、新田村小组（29户）是汉族、哈尼族（墨江搬来的）、彝族、傣族杂居；回洼村小组（50多户）、勐户村一、二组（250多户，1000多人）以傣族为主；分水岭村小组、热水河村小组主要是瑶族。大梁子是佤族、汉族、彝族杂居。该村是一个集革命老区、少数民族地区、边境地区、贫困山区等"四位一体"建制村。

第二节　西双版纳文化群体持续多元发展

一　民族与宗教群体维度交叉

在西双版纳，民族与宗教具有很强的相关性，加上民族分布的地域性特征，使得宗教群体也呈现立体交叉式分布。如傣族和布朗族几乎全民信仰南传上座部佛教，其中傣族人口为316151人，占总人口的27.89%；布朗族人口为47529人，占总人口的4.19%，[①] 合计为363680人，占总人口的32.08%，成为西双版纳最大的信仰群体。但这一信仰群体并非铁板一块。首先，在分布上，傣族分散在西双版纳大大小小的坝子里；而布朗族散居在从布朗山乡向北经打洛镇、西定乡到勐满镇沿国境一线的山脉，中间夹杂着哈尼族、拉祜族、佤族等山地民族，也没有连成一片。其次，傣族和布朗族除了共同信仰南传上座部佛教外，还都保留着各自的民族宗教，彼此相异，再加上民族之间的其他差异，两个民族存在着相当大的"社会距离"。最后，同一民族信仰不同宗教。如西双版纳傣族不仅包括信仰南传上座部佛教的傣泐（水傣）支系，还有少量只信仰原始宗教的傣讷（旱傣）和傣雅（花腰傣）两个支系。勐海县勐遮镇勐遮村委会的曼别、凤凰寨和曼暖尾属于旱傣，只过春节，不过泼水节；景洪市勐罕镇曼景村委会曼养寨是花腰傣，也只过春节，不过傣历年。

近代以来，基督教开始在西双版纳传播，几经波折终于在这片信仰的沃土上扎根发芽，并在傣族稳固强大的信仰群体中打开了几条裂缝。景洪市有3个傣族村寨信仰基督教，包括允景洪街道办事处嘎兰居委会曼允村、勐罕镇曼景村委会曼列村、嘎洒镇曼播村委会曼响村。目前，基督教出现向布朗族地区传播的势头。所以在傣族和布朗族内

[①] 数据来自2010年西双版纳州第六次全国人口普查主要数据公报（第1号）。

部分化出很多的信仰"派系",并不是一个坚不可摧的信仰统一体。

据 2010 年第六次人口普查,西双版纳汉族人口为 340431 人,占总人口的 30.03%,一跃成为当地人口最多的民族。但汉族只是一种文化标识,并不是一个团结紧密的民族群体。汉族民众主要以老乡、亲戚、朋友、同学等人际关系作为联系纽带,以地缘、亲缘形成多个独立的互助群体。在 2000 年的人口普查中,按现住地、户口登记地划分,迁入西双版纳的省外移民 50758 人,其中前五位:湖南 16374 人,四川 17554 人,贵州 4176 人,重庆 2652 人,江西 2029 人。[①] 湖南人在农场主要是来自祁东县和醴陵县的;分布在集镇和乡村做生意的大部分是邵阳和衡阳的。汉族的民族归属并不是团结凝聚的纽带。虽然在勐腊县易武乡还残存着几座旧佛寺遗址,也只能成为当地汉族老户的宗教记忆。汉族宗教信仰的群体性主要体现在基督教或因婚姻嫁娶进入民族村寨而改信南传上座部佛教、道教。哈尼族是西双版纳第二大少数民族群体,人口为 215434 人,占总人口的 19.01%。哈尼族内部成分相当复杂,当地世居的"雅尼"支系和被划归哈尼族的阿克人都保持各自的民族信仰,而在 20 世纪 70 年代以后从普洱市墨江县搬迁来的"碧约""卡多"支系一部分信仰基督教,一部分保持民族信仰。在勐海县勐满镇班倒村委会列车村小组的哈尼族是从普洱市澜沧县搬迁来的,只过春节,不过"嘎汤帕"。

在西双版纳,同一个信仰群体中也包含不同的民族。比如信仰南传上座部佛教的有傣族和布朗族。基督教作为一种外来文化,传入之初不具备文化排他性的基础和资本,只能笼络"各路豪杰",扩充自己的信仰队伍。西双版纳登记在册的基督徒有八千人,实际有两万多人,包括汉族、哈尼族、傣族等 13 个民族,以汉族为主。景洪市城区基督教堂注册信众有两千多人,分三十七个小组,每个小组从二十几人到一百多人不等,包括傣族、汉族、哈尼族、拉祜族、苗族、彝族、藏族、壮族、白族、基诺族、

[①] 参见西双版纳州第五次全国人口普查领导小组办公室《西双版纳州 2000 年人口普查资料》,出版社不详,第 71 页。

瑶族、佤族、回族、满族、侗族等 10 多个民族。①

访谈 3.6：沙仁村委会基督教堂负责人，墨江搬迁来的哈尼族碧约支系，男，51 岁，访谈时间：2010 年 12 月 6 日。

我们教堂有信徒五六十人，包括瑶族、彝族、哈尼族、汉族、傣族，瑶族比较多，有三十多人，哈尼族有二十多人，彝族十多人，傣族一人，汉族二三人。我们是从墨江过来的，和爱伲人（哈尼族雅尼支系）不一样，说话不同，穿的衣服也不一样。我们是 1971 年迁过来的，有 40 年了。我在那边住过一段时间，我的孩子都是在这边生的。那个时候生活很困难，这边土地比较多，就迁过来了。是自己迁过来的，等在这边拿到落户证，就把户口从老家迁过来了。我们三队有 20 多户，将近 100 人，除了哈尼族，还有部分汉族，也是落户进来的。我们 20 多户哈尼族并不是全信基督教。一个家庭有信的，也有不信的。一般是妻子信的多，丈夫信的少，因为男的戒不了烟酒。大部分家庭就一两个人信，全家都信的只有两三家。我们现在的葬礼和汉族一样。信基督教和不信基督教的都一样参加葬礼，信基督教的家庭要请基督徒来唱圣歌。不信基督教的，就按他们的迷信去做。家里有信基督教的也有不信的，在葬礼安排、礼拜天做礼拜等方面还是很难办。

二　民族群体的家族化

社会结构发生变迁，人口流动日益频繁，民族社会整合力度开始减弱。各个家庭成为利益相关程度高、联系紧密、团结力度强的组织单位。民族语言、服饰在人际交往中起到民族识别和交往纽带的作用。虽然民族整合力度已经弱化，但不容忽视由民族纽带所衍生的亲缘纽带、地缘纽带的重要影响。由于居住空间、语言、习俗的原因，民族内通婚以至村寨内通婚现象还相当普遍。血缘、亲缘纽带加上民族符号的"标志"作

---

① 数据由西双版纳基督教协会和景洪市城区基督教堂 2010 年 11 月提供。

用，此类联系的影响力可能被人为地无限扩大。在基诺山乡巴亚村委会扎吕村寨，寨老制度已经名存实亡。村寨事务主要由支书和村主任组织处理，七大寨老主要在民族节日中充当仪式活动的礼仪人员。以前的氏族、宗族、大房子等利益集体分化为家庭单位。村寨权威已由氏族、宗族尊长转移到被赋予国家符号的权力"精英"。寨老成了基诺族文化记忆的表征，信仰礼仪的尊崇对象。提起寨老，连寨子里的孩子都知道是哪位老人，但其权威已时过境迁。本村寨内通婚比较普遍，多数家庭都有亲戚关系。村主任需要家族和亲戚的支持才能更好地开展工作。

访谈3.7：基诺山乡巴亚村委会书记，基诺族，男，43岁，访谈时间：2010年12月17日。

以前，村寨事务是由长老来管。现在，关于国家的东西由村主任来管，长老只负责占卜。现在各有各的家庭，像我们家就是我当家。村主任书记只管下边的（村小组）组长，组长处理村里的事情，组织村里的活动。各个家庭的事情都是自己管，长老也不过问。在过节的时候，由长老来主持活动。

访谈3.8：在勐腊县易武镇易武村委会易比村小组长大，家在景洪，在易比村买了一百多亩土地种坚果，汉族，30岁，访谈时间：2011年5月21日。

现在村里人不齐心了。以前，村里谁家有人去世、结婚、吃席面，全村都来帮忙。现在只有结婚的时候全村人才来。像小孩过百天、发丧等，只有关系好的那几家来帮忙，其余人家不会来。以前，村里的（小）伙子都玩得拢。现在，从寨子中间的那个坡分成两拨。坡下边的玩在一起，坡上边的玩在一起，才四十户人分成这个样子。我自己感觉，小时候大家都是苦人家的孩子就玩得拢。现在家里有钱了，就开始攀比，你家有多少，我家有多少，就这种心态。现在，买（汽）车就是无形中在比。你买了，我也要买，都拿物质的东西来比。比来比去，酒喝高一点，说话不注意，弄得心里不愉快。一回两回，人就慢慢疏远了。

访谈3.9：勐海县勐遮傣族土司后人，大学学历，西双版纳傣族自治州教育局原局长，访谈时间：2012年6月7日。

我们傣族，一个村寨的人一般都有亲戚关系、血缘关系。当初为什么这么团结，就跟这个有关。随着历史的变化，这方面开始逐步淡化。因为傣族没有家谱，三四代以后就搞不清楚了。以前，一座山、一大片地都是寨子的，现在分到各家各户，一分开就要剥离亲戚关系。现在寨子的（民族）成分不断变化，有些是招来的媳妇，有些是上门的姑爷，关系就越来越淡化了。以前，头人是村寨凝聚的中心。村寨头人要能干，大公无私。这种情况老百姓才会推举他做头人。现在一旦当上头人，私心多重。老百姓拿不到的，我当头人就拿到了。那些寨子里的小组长都有几百万的资金。这种情况，哪个会信他。宗教信仰，像祭寨心对村寨凝聚力也有一定作用。祭寨心，意思就是大家要团结，要和睦相处。

访谈3.10：勐仑镇大卡村委会会计，阿克人，家住阿克新寨，男，35岁，访谈时间：2012年5月6日。

现在寨子的团结力度已经减弱了。主要原因是经济发展不平衡，土地纠纷，邻里之间纠纷，喝酒闹事的，孩子打架等等。现在土地比较值钱，土地纠纷多，矛盾相对大一点。一般是村小组干部进行协调，协调不了就上报村委会。以前是由寨主来调解村民纠纷。中华人民共和国成立后由村干部主要负责，寨主也是参与的。寨主一般是从某个固定的家族里选。像我们阿克新寨有杨、罗、张、刘四个姓。由张姓的家族来任寨主。选寨主要看辈分、年龄、威信。只有寨主去世了，再选一个新寨主。像寨子里有人去世，都是由寨主主持，其他的习俗活动也是由他来主持。

三 宗教信仰的社区性

在西双版纳，傣族、布朗族信仰的南传上座部佛教、哈尼族雅尼支系、阿克人、拉祜族、彝族、瑶族、苗族、佤族等各自的民族宗教信仰都是以民族群体为基础的。各民族群体形成明显的村落界线，也造就了宗教信仰的村落分布状态。作为次生性宗教的伊斯兰教主要是由迁移到西双版纳的穆斯林携带而来。穆斯林以聚众居住为传统，在民族通婚等人际流动中也伴随着普遍的改教现象，所以维持了村落社区的单一信仰。另一种次生性宗教——基督教在西双版纳的传播较为复杂。首先是，由美国传教士在几个傣族村落传教。这几个村寨被称为"琵琶鬼"村、麻风病寨，是被傣族集体大家庭排挤、抛弃的小集体。这些村民在傣族传统信仰中找不到归宿，只能转向一种陌生的文化秩序寻求依托。被排斥和敌对是明确群体界线的一个重要因素。其次是，从普洱市墨江县等地迁移来的民众（以哈尼族为主）携带基督教信仰而来。这些民众是通过血缘、地缘关系搭伙而来，安顿过程中又聚居为村落，因此也带有信仰的村落性特点。

在西双版纳，基督教相对于其他宗教团体来说人数发展较快。究其原因，各民族的原始宗教是民族传统文化的承载体，带有全民信仰性，是凝聚民族社区的文化力量。但由于民族差异的限制，原始宗教的发展只能依靠本民族人口的自然增长，吸收外来人员的可能性很小。而南传上座部佛教、道教、伊斯兰教等制度性宗教在西双版纳也已成为民族性宗教和社区性宗教，如南传上座部佛教之于傣族和布朗族，道教之于瑶族，伊斯兰教之于回族。所谓社区性宗教主要是针对农村社区的宗教信仰情形而言，如信仰伊斯兰教的曼峦回和曼赛回村，信仰南传上座部佛教的傣族和布朗族村寨，信仰道教的瑶族村寨，信仰基督教的曼列村和曼允村，还有信仰原始宗教的各民族村寨。作为社区性宗教，宗教信仰成为其社区成员的资格条件。所以，民族的天然特性和社区的地域使得南传上座部佛教、道教、伊斯兰教以及各民族宗教的人数增长缓慢。基督教在西双版纳并没有上升为某个民族的单一信仰，而且其村寨区隔性相对较小。如景洪市勐罕镇曼景村委会曼列寨全村信仰基督教，并建有教堂，旁边曼孟村的基督徒每个星期天也来这个教堂做礼拜。再如勐腊县瑶区乡沙仁村委会不存在全寨信仰基督教的村寨，几个村的基督徒共用一个教堂，包括哈尼族、傣族、瑶族、汉族等多个民族的信徒。与沙仁村委会相邻的纳卓村委会同样是几个自然村的基督徒共用一个教堂。基督教没有民族和社区的限制，在信仰选择上更为自由，所以发展相对较快。尤其是迁移来的民族更倾向于选择基督教。比如曼允基督教堂以前主要是傣族信徒，现在汉族信徒数量已经超过了傣族信徒。

宗教群体的力量对比影响各自的关系状况。如果宗教群体力量对比悬殊，一般会导致强势群体压制弱势群体。这期间虽不时迸发出反抗的"革命火花"，但终究是强势群体的话语霸权主导"少数者的沉默"，弱小者屈服于强势者。力量压制造就了超凡的社会稳定，但这种稳定毕竟不能代表和谐。因为这样的稳定就如死寂的湖面下隐藏着涌动的暗流，在各种暗流的交汇处不可避免地会产生漩涡。当群体之间力量旗鼓相当时，更有可能引起社会紧张，谁也压制不住谁，谁也不会屈服于谁。结果如科塞所说，力量相当的两个群体在经历几次交锋后，出于自身利益的考虑，彼此都会保持克制，就如冷战时期的两大阵营。但我们也要看到冷战所造成的仇视和隔膜，这种心理距离为热战埋下了燃烧的种子。在没有外部强势力量干预下，各群体之间进行权势博弈。当生活世界里的力量较量与国家体制联系起来，情况就会截然不同。两个力量相当的群体之间发生矛盾，通过国家力量的体制涉入，建立仲裁、调解渠道和机制。两个群体及其成员没有高傲和自卑，平等交往。力量相差悬殊的两个群体即使订立了协定，也不排除存在霸王条款的可能；即使国家体制涉入，制定平等政策，在生活世界的现实交往中落实政策也困难重重。所以，群体间的力量对比会对民族关系、宗教关系产生基础性影响。

第三节　民族国家视域下西双版纳多元文化和而不同

西双版纳山峦逶迤，河川纵横，利于各群体势力割据，同时也限制其发展。强大的群体难于蚕食、吞并周围弱小群体，扩充壮大为强大的单一民族势力。民族、宗教群体混杂居住模式，在和平时期因国家政权的控制、管理、分配、仲裁等干预，相安无事。而在动乱年代，群体间可能会因为利益矛盾发生冲突，却很难形成地方割据势力。友谊与仇恨都具有社会记忆，动乱时期的仇恨、伤痛、隔阂会影响稳定时期的群体关系。历史长河中治乱兴衰为亘古不变的规律。执政者的第一要务诚然是殚精竭虑延续国运的长盛不衰。但更为关键的是如何维持中华民族文化的源远流长，使中华民族能在盛衰更替中屹立不倒。中国传统社会，宗教与社会的互动主要体现为宗教与皇权的政治互动。"皇权下的宗教"，教权始终从属于王权，是中国教权与王权关系的集中体现。宗教与统治层的关系表现为借用、依托、扶植、顺应、吸收、融合、限制、禁毁、反抗、冲突等多种形式，影响着社会的稳定与变迁。王权对儒释道的调节和仲裁并没有出现欧洲"十字军东征"等类似的宗教战争。中国历史上北击匈奴，南征百越，西开巴蜀，西北平回，都属于中央王权与地方民族力量的武力博弈；而红巾起义、黄巢起义、白莲教起义却是以宗教为口号进行的阶级斗争。王权与宗教的矛盾实际是阶级矛盾、民族矛盾、外来宗教与本土政权的冲突表现。

　　宗教既可以满足信众的信仰需求，寻得心理慰藉，利于社会稳定和国家安宁；也可能被某些别有用心的阴谋家或组织利用来发展具有颠覆性的集团力量。所以国家政府对宗教的指导、监督、控制是必不可少的。尤其是，现代交通条件改善，信息交流现代化，现代风险超越高山大川的阻隔；信息传播快捷，人员聚散迅速，为社会安全提出新的挑战。民族宗教间接触机会增多，产生矛盾的概率也相应增加，加上现代风险，使得群体矛盾的烈度和强度都无限度增强。宗教的矛盾冲突是复杂多样的，不仅包括群体间的冲突，也包括群体内部的冲突，更有宗教群体与国家体系的冲突。默顿认为影响群体冲突的社会条件主要包括：冲突的分散与重叠程度、社会的流动程度、利益群体的组织条件、对冲突的调节等。中国历来都是王权大于神权，国家对宗教矛盾的调节起着基础作用。

一　文化群体与社会大系统的矛盾统一

社会大系统与民族宗教群体的冲突主要体现在国家政策层面。某一宗教得到国家扶植就会迅速发展，受到国家的压制甚至禁毁势必衰落败亡。国家政策的转向时刻关系着民族存亡、宗教兴衰。中华人民共和国成立前，国家对西双版纳实行土司制的间接管理为主，流官并不过多插手当地事务，所以中央对地方民族宗教事务的影响有限。1949年后，国家对地方事务的管理更直接有力，从而国家政策对当地民族宗教起着举足轻重的作用。国家政策保证了边疆少数民族地区民族团结和宗教和谐。但政策失误的沉痛教训也是深刻的，尤其是处在特殊区位的边疆地区。

1958年，全国开展反右倾整风运动。这股风也不无例外地波及了西双版纳。全州116人被错误地扣上"右派分子"和"地方民族主义分子"的帽子。同年8月，景洪县委召开民族宗教上层会议，要求僧人投入"大跃进"生产，迫使17名祜巴、328名佛爷、1948名和尚还俗。1967年在"左"倾思想影响下，西双版纳开展破"四旧"运动，烧经书，毁佛像，拆佛寺，逼迫僧侣还俗，停止所有正常宗教活动。在严酷的政治环境下，部分活动转入地下继续坚守。如"文化大革命"期间，勐海县勐遮镇南桥清真寺被迫关闭，当地穆斯林就到信徒家里聚会。

当运动狂风暴雨到来之时，边疆群众从自身生命财产考虑，背井离乡，逃亡国外。1958年8月，西双版纳各县召开四级干部会议，批判"右倾保守思想"，抨击"三论"（即"民族落后论""边疆特殊论""实际条件论"），造成两万多人外流出国，其中包括六名政协委员。同年，在执行政策中无视边疆少数民族地区的特殊性，存在某些工作偏差和过激做法，迫使大批群众外迁出境。仅景洪一个县就有4847人外迁，其中边境沿线"直过区"的哈尼族、拉祜族、阿克人（现划归哈尼族）3541人外逃出国，占外迁总人数的83.3%。靠近国境线一带的叭洪、莫掌、上下塔海等十多个村寨的群众几乎全部走光，出现空村空寨。1960年4月，由于景洪县委在生产上的"瞎指挥"，在靠近边境的一些乡村搞公社化，再次造成勐龙地区3900多人外迁缅甸。"文化大革命"期间，当地群众外迁现象一直持续。1969年4月，思茅专区革命委员会派出由596人组成的"毛泽东思想宣传队"到勐腊县搞"政治边防"运动，在"直过区"划阶级成分，在和平协商土改地区补划阶级，没收"地福"等各种财产，112人被迫害致死，引起1860多名边民外流。同年，西双版纳州、县革委会抽调大批人员，到农村开展以"清理阶级队伍""复查阶级"为主要内容的"政治边防"运动，人心惶惶，造成两千余名边民外迁。① 这期间，前后有32000多人外逃出国，对于当时只有几十万人的边疆地州，冲击何其大，影响何其深。当时的政治运动致使人民的生命财产朝不保夕，人人自危，无从谈起安居乐业、民族团结、宗教自由。这种局面只能造成群众的消极外逃。在民国时期，因民族政策执行失策而引发武装革命，政府机构被推翻，民族矛盾上升到极致。社会大系统与民族宗教的冲突扩大化，有过火与血的教训，涉及非一个民族或一个宗教，而是当地所有群众甚至国家政权。

访谈3.11：易武茶厂原会计，家住易武镇麻黑寨，石屏籍汉族，45岁，访谈时间：2011年5月21日。

王少和是石屏汉族，人很聪明，什么生意都做，四十多岁就开始称霸一方。他是以前镇越县参议会的议长。因为他是地方实力派人物。各个村寨的大户、有钱的人家基本上都是石屏籍的。当年他们就和国民党派来的流官作对。党史说是搞革命，实际是地方土霸势力和政府爆发矛盾。

访谈3.12：勐腊县易武镇黄姓汉族老户，墨江县粮食局退休工人，77岁，访谈时间：2011年5月21日。

1949年前，易武是镇越县政府所在地。这里最大的地方士绅叫王少和，属于地方实力派。当地老百姓有什么纠纷，都去找王少和解决，不去

---

① 参见《西双版纳傣族自治州民族宗教志》，云南民族出版社2006年版，第7—48页。

反动政府（国民政府）。反动政府捞不到油水，对王少和很反感，就找借口把他抓起来。1948 年，王少和的亲戚朋友杀死县长，把他救出来。他就参加了"云南人民自卫军江越支队"。江是江城县，越是镇越县，江越支队是两个县合并的人民武装。国民党把王少和一家人包括孩子婆娘关在房子里烧死了。只剩下一个小姑娘，在勐满，现在应该差不多 70 岁了。

二 文化群体之间的矛盾统一

在中国社会，宗教关系主要表现为两个层面，一是通过比附王权来竞争政治地位，二是各种宗教在理论、教义上的宗教性关系。总体上各宗教群体和平相处，各种宗教思想融合。虽然有时夹杂了冲突的噪声，但并未出现宗教群体间的血腥战争，而是一方借助王权势力，打压、抑制另一方。西双版纳的地理地貌、民族分布格局以及民族、宗教群体的力量对比，都为国家调整仲裁民族、宗教间的冲突提供了便利条件。民族、宗教群体主要是以村寨社区为承载体，并以此成为重要的利益诉求单位。所以，日常生活中的民族、宗教冲突主要表现为村寨之间的矛盾冲突。村寨群体相对较小，力量相差无几，所以冲突的强度和烈度有限。如果处理不好，也可能转变成更大的矛盾。大量的父寨、母寨、子寨之间保留着相对深厚的血亲联系。1980 年 3 月 6 日，勐海县西定公社龙捧寨的布朗族群众与巴达公社曼来寨的哈尼族群众因争夺土地发生械斗，死亡 6 人。[①] 和谐并不否认矛盾和斗争，民族之间、宗教之间的具体矛盾和个别隔阂是客观存在的。建立民族、宗教之间进行谈判、协商、调解的正当途径和机制是多群体和谐并存的关键。

宗教不仅是一种文化信仰，也是提高群体凝聚力的一种途径。宗教是社会成员进行社会化，组织群体活动，保证群体团结的信仰手段。宗教群体的凝聚力与排他性是相辅相成的，群体凝聚力的提高，相应地就会产生

---

① 参见《西双版纳傣族自治州民族宗教志》，云南民族出版社 2006 年版，第 7—48 页。

群体间的界限意识。界限意识有时化身为社会距离的代名词,不利于社会的团结与和谐。所以,社会大系统要为宗教群体间的沟通交流创造更多的机会,以增强彼此了解,提高容忍度,拉近社会距离,增强社会黏合度。在政府宗教部门的日常工作中,各宗教领袖在会议座谈、宗教事务往来中彼此认识,相互熟悉,逐步建立友谊。领袖间的私人友谊成为各宗教群体进行交流、沟通、协调、调解的渠道,为破除宗教间的隔膜、调解矛盾、友好往来创造了条件。

宗教都有一个神往的理想许诺,佛教的极乐世界,基督教的伊甸园,伊斯兰教的圣洁天国,道教的天上人间,自然崇拜的人神共居。每种宗教的解脱许诺都不相同,却成为信徒克服万难孜孜追求的"完美花园"。宗教理想吸引着各自的信徒,提高了凝聚力,但也在宗教间拉开了距离,产生了隔膜。各宗教以佛祖、上帝、真主、祖先等信仰权威的名义制定了组织程序、群体规范。信众在群体内是兄弟姐妹中的一分子,对群体外则是没有道德感情的、冷冰冰的人身存在。"距离的社会生产废止或者削弱了道德责任的压力;技术责任代替了道德责任,这便有效地掩盖了行动的道德意义,区隔和隔离的技术,则增加了对那些应该是道德评价对象以及道德刺激反应对象的他人所遭受的命运的淡漠。"[①] 道德标准的群体隔膜造成在群体冲突中,个人对自己行为及其后果缺失心灵的刺痛与懊悔、道德震撼与自责。事实是面对血腥的冷漠、面对痛苦的麻木、面对哀哭的癫狂。系统世界的组织介入、政策调整、市场开辟、商品流通,民族、宗教间人际地理距离的拉近,能否拉近群体间心理距离将是谨慎关注的问题。民族、宗教群体间接触频繁,进而发生交友、通婚等拉近群体间社会距离的行为,逐步营造民族、宗教群体和谐共存的平和文化氛围。

访谈 3.13:易武镇文化站科员,傣族,男,31 岁,访谈时间:2011年 5 月 20 日。

---

① 参见[英]鲍曼《现代性与大屠杀》,杨渝东、史建华译,译林出版社 2002 年版,第143 页。

以前回族在这里做过茶叶生意。大概是在民国时期，瑶族暴乱。[①] 汉族联合瑶族把回族赶走了。曼乃那里有回族村寨遗址，还有回族"庙"的（遗址）。听老人讲，以前在曼乃老街既有汉族的寺庙，也有回族的清真寺。两个民族的矛盾比较大。那些风水先生说，两个庙建在一个山梁上，所以矛盾才这么大。汉族就把寺庙搬到"旧庙"这个地方，用老寺庙拆下的材料建的庙，所以叫"旧庙"。还有一个水井，说是回族被驱赶的时候，当时妇女都裹小脚，跑不动，就抱着小孩跳井了。现在从曼乃上去的老茶园里，还有回族的坟地。

访谈 3.14：易武小学老师，石屏李姓汉族，女，45 岁左右，访谈时间：2011 年 5 月 21 日。

当地少数民族很早就发现并利用茶叶了，但经济往来比较少。汉族进来以后，茶叶加工和贸易才发展起来。比如曼撒、弯弓一带就是当年易武茶商的根据地。那些汉族老户的先人在这里摘茶叶，茶山衰落后就搬迁走了，茶园也荒废了，变成国有林。2007 年因为茶叶市场非常火爆，居住在旁边的丁家寨瑶族就进深山把这些茶园重新开发出来。那款茶叶在 2009 年斗茶会上一举夺魁，价格很贵。但是也引起很多社会矛盾，特别是现在那些茶园的林权还没有明确划分。当年种植这片茶园的部分汉族搬到了现在的新曼撒，因为有这层渊源，新曼撒的汉族也去那里摘。周围刮风寨、丁家寨、蓝屏的瑶族也去摘。你摘，我摘，大家抢着摘，就出现打斗事件。去年（2010）丁家寨因争夺弯弓那边的茶园打群架，都闹到了政府。

访谈 3.15：勐海县教育局原局长，男，汉族，56 岁，访谈时间：2010 年 10 月 30 日。

在旧时代，傣族和哈尼族很少来往，尤其是在通婚方面，一直延续到现

[①] 州志记载，1941 年基诺族人民暴力反抗民国政府及地方恶霸的剥削，并于次年攻入倚邦。11 月，基诺族联合哈尼族、瑶族、布朗族、拉祜族等族人民发动武装起义，后遭到国民政府的残酷镇压。

在。据说两个民族打仗,傣族占据了整个坝子,哈尼族就被撵到山上。由于民族隔阂,还经常出现村寨之间火拼事件。中华人民共和国成立以后,在党民族政策的指引下,民族要团结,相互依赖的程度较之过去有了很大的改善。

三 文化群体内部的矛盾统一

在傣族的原始宗教信仰中,如寨子一段时间内持续发生死人、灾荒等危机事件,同时村内有人说胡话、行为怪异就会被认为是"琵琶鬼"附身。村里的人会把他(或她)及家人当作灾祸的替罪羊,赶出寨子,烧毁房子,没收财产,致使这些人无家可归。景洪市允景洪街道办事处嘎兰居委会曼允村就是当年被驱赶出来的傣族群众重新聚集形成的,被称为"鬼寨"。哈尼族将双胞胎和有生理缺陷的婴儿认定为恶鬼附身,残忍地将其杀害,把孩子的亲生父母赶出寨子,并举行宗教祭祀,更换寨门。1965年4月在西双版纳傣族自治州第三届人民代表大会第二次会议上,通过了《关于保护人身自由和人格平等、严禁诬陷劳动人民为"琵琶鬼"的决议》和《关于维护人民生命财产、保护婴儿、禁止杀害双胞胎和有生理缺陷的婴儿的决议》。1982年8月18日西双版纳傣族自治州第六届人民代表大会第一次会议,再次通过决议,重申1965年第三届人民代表大会第二次会议通过的两个决议仍然有效。但这种信仰顽疾并不能一时灭绝,驱赶"琵琶鬼"的事件时有发生。1983年7月,景洪县勐罕公社曼春满和曼广龙两个寨子闹"琵琶鬼"。1984年10月6日,景洪县勐龙区曼栋乡曼纳村也发生了一起驱赶"琵琶鬼"事件。村民用暴力将岩宰波玛一家12口人赶出村寨,烧毁房屋,打死家畜家禽,砍倒橡胶树和芭蕉树。政府及时派相关人员调查、处理了这两起事件,平息冲突。随着科技教育的发展,人们提高了认识,解除了愚昧思想的禁锢。

西双版纳多民族、多宗教和谐共处的良好景象虽值得称道,但是并不能仅着眼于西双版纳这一局部场景。如果没有国家整体国力的强大、经济的繁荣、社会的稳定、文化的发展,那么西双版纳的和谐与稳定就成了无本之本。边疆是一个国家兴盛衰败的"热感器"。嘉庆、道光年间，国力衰微，临近的缅甸、暹罗觊觎我国西双版纳，常挑起当地土著头人纷争，引发军事叛乱，借此出兵干涉我国内政，夺取我国领土。清政府多次出兵，并调集当地武装镇压叛乱，抵御外侵。"齐王封田婴于薛，号曰靖郭君。靖郭君欲城薛，客谓靖郭君曰：'君不闻海大鱼乎？网不能止，钩不能牵，荡而失水，则蝼蚁制焉。今夫齐，亦君之水也。君长有齐，奚以薛为！苟为失齐，虽隆薛之城到于天，庸足恃乎！'"① 历史的经验和教训，世界各国的比对，都说明一个道理，没有国家整体的稳定和强盛，争取地区的和谐与平稳可谓天方夜谭。当然，国家整体强盛，也离不开各地区的平稳与和谐。整体与部分密不可分，两者虽然层次不同，但相辅相成。

访谈 3.16：勐海县勐遮傣族土司后人，大学学历，西双版纳傣族自治州教育局原局长，访谈时间：2012 年 6 月 7 日。

宗教和谐要有一个前提，就是国家稳定。国家稳定也有一个前提就是当政者的魄力。比如我们共产党，他就有这个魄力，来镇压一些不法宗教活动。宗教和谐要有这个前提。我们西双版纳千百年来，比较完整地保存了封建领主制度，可以说是一个比较健全的王国。西双版纳的民族关系应该说是比较和谐的。虽然有民族歧视的成分在里边。傣族利用封建领主制这种形式，借助佛教的力量，把各个民族都稳定住了。我们民族内部，傣族、哈尼族、拉祜族、基诺族、布朗族等没有发生过战争。② 历史上比较明显的战争，叫作车南战争，就是车里和南峤，现在的景洪和勐遮。我是勐遮人，就是我爷爷那一代的事情。这个也不是当地人有什么矛盾，主要原因是有些土地纠纷。后来汉人干预，然后入驻西双版纳。柯树勋是第一个来我们西双版纳进行统治的汉人。他是清末的官员，后来变成民国，他又继续在着。

---

① 参见司马光《资治通鉴》，中华书局 2007 年版，第 24 页。
② 陈述者作为西双版纳主体少数民族——傣族的土司后人，将傣族与布朗族、拉祜族等世居民族的关系当作内部关系，这是在千百年的民族关系发展中升华为整体地域认同的结果。

第四章　中华民族共同体视域下西双版纳多元文化交流交融

第一节　西双版纳民族文化保护与国民教育

一　西双版纳的传统教育和学校教育

文化是一个民族乃至一个国家存在与延续的主要支撑者。文化是民族识别的主要标志，是民族心理的深沉基础，是民族经历了历史的颠簸依然能凝聚为一个整体的黏合剂。文化的守成与传承是社会秩序长期稳定的必然结果。每个民族甚至国家政体都十分重视自身文化的培植与维护。群体通过教育、习俗等方式将文化传授给下一代，使其成为合格的集体成员。与特定宗教高度重叠的民族，宗教是个体社会化的重要途径和内容。在传统社会，信仰南传上座部佛教的傣族和布朗族，男孩到一定年龄就要"升和尚"，进寺院接受宗教文化教育，能晋升到一定佛阶，就会受到群众尊敬。女孩比较喜欢找受过佛寺教育的男孩结婚，认为这些人更有修养。瑶族"度戒"不仅是进行民族个体社会化的一种方式，也是一种成人礼。度戒成功的男子被视为瑶族社会真正一分子，才有资格参加民族事务的商议，担负职责。

随着汉族陆续进入以及国家体制逐步涉足，学校教育从无到有，由点到面，几经沉浮不断发展壮大。乾隆二年（1737），在倚邦、车里（景洪)、勐遮始设义学馆,传授汉文化,到乾隆五十三年(1788),因无人就读只能并入思茅玉屏书院。光绪十八年(1892)后,在倚邦、易武设私塾学堂,学员数量有所增加。宣统二年(1910),私塾改为公学,在易武、老街、旧庙等地先后设立6所公学。"中华民国"二年(1913),车里、佛海(勐海)开始设立汉文小学。"中华民国"十六年(1927),政府全面推广公学,私塾教育成为了历史。到"中华民国"三十七年(1948),国民党政权处在崩溃边缘,镇越县的学校停办。第二年,车里、佛海、南峤、宁江、六顺等地的学校都处于瘫痪状态。1950年,西双版纳全境解放,人民政府立即组织恢复学校正常教学,当时共有14所小学。1957年,创办州机关托儿所和允景洪小学附属幼儿园。[1] 同年,景洪初级师范招收了一个初中班。自此,西双版纳的教育步入了正常发展轨道。截止到2009年,西双版纳共有1所高等专科学校、25所高中阶段学校(其中,9所中等职业学校,16所普通高中学校)、45所初中阶段学校、233所小学、38所幼儿园。[2] 到2010年,普通高等学校在校学生2977人,中等专业学校在校学生2979人,普通中学在校学生51722人(其中,初中生为41324人),职业中学在校学生8805人,小学在校学生88271人,学龄儿童净入学率99.85%,初中学龄人口毛入学率107.38%,高中阶段毛入学率达54.5%。[3]

在学校教育蓬勃发展的同时,传统民族教育和宗教教育并没有被完全淹没,也受到国家的理解、支持和保护。傣族和布朗族男子"升和尚",接受佛寺教育的传统一直延续。国家在尊重民族习俗、宗教传统的前提下,力主佛学教育正规化发展。1988年12月,勐海县勐遮镇景真八角亭佛寺开办和尚读书班,有80余名和尚学生。1990年5月,根据中国佛协和泰国佛教界达成的协议,西双版纳州佛教协会选派10名僧侣前往泰国清

---

[1] 参见《西双版纳傣族自治州志·下册》,新华出版社2001年版,第1—2页。
[2] 参见《西双版纳傣族自治州统计年鉴—2009》,2009年版,第437页。
[3] 参见《西双版纳傣族自治州经济工作手册》,2011年版,第140页。

迈佛教学院深造。1995 年 5 月，云南佛学院西双版纳分院成立，分院设在总佛寺，后来搬到大佛寺；又在景洪市勐罕镇傣族园的曼春满佛寺设有分院。云南佛学院西双版纳分院实行佛阶教育和学历教育相结合的教育模式，既开设佛学课程，也开设文化课。西双版纳职业技术学院承担文化课教学，主要开设语文、英语、数学、心理学、写作等课程，授予中专学历。为配合九年制义务教育的实施，规定傣族和布朗族男孩小学毕业后，才可以"升和尚"，一边读初中一边当和尚。学校实行普通话教学，而寺院是巴利文佛经。小和尚既学汉字，也学巴利文，在两种教育系统中接受两种语言系统的文化。这是国家体制与民族传统、宗教文化进行调和的产物。

笔者 2011 年 4 月 15 日在勐遮镇勐遮村委会曼宰龙寨的佛寺中亲历了小和尚学习佛经的场景。当天下午五点，小和尚从勐海三中放学，回到寺院。吃完晚饭，在佛爷的指挥下打扫佛寺卫生。扫除结束，大家聚在一起看电视，聊天，打闹。七点半左右，佛爷敲钟，进行晚课。小和尚聚集到大殿，在佛像前铺了几排凉席。然后按照佛阶和"升和尚"的年限，从前向后分排入位。首先大家一起背诵佛经；大佛爷转过身来，提问他身后一排的和尚，一边提问，一边指导；后边几排的和尚也一同听讲，一起诵读；然后，第二排的转过身，提问、指导第三排的和尚，依次进行下去。其间，寺庙的院子里来了一批不速之客。寨子里的舞蹈队在寺院的空地上排练节目。殿堂外是婉转悠扬的傣族歌曲，殿堂里是琅琅的巴利语念经声，相互应和。念完经，小和尚给佛像前的陶罐添水。这些陶罐下边有个小孔，水会慢慢滴出来，经过一天时间已经所剩无几。添完水，小和尚就在寺院里就寝休息。某星期天，笔者到景洪市清真寺调查。在大殿旁边的棚子里，一位老师正在教二十多个孩子学习阿拉伯语。这些孩子年龄从四五岁到十一二岁，跟随父母从缅甸来到中国，都能讲一口流利的普通话。多数孩子在中国的学校上学，周末到清真寺学习阿拉伯语。

访谈 4.1：曼允教堂牧师，州基督教协会会长，傣族，男，访谈时间：

第四章　中华民族共同体视域下西双版纳多元文化交流交融 | 91

2011 年 6 月 5 日。

西双版纳基督教协会就设在我们曼允教堂。我们这里有个定期培训班，每年两次，一次 40 天，一般安排在 3 月和 9 月。每届培训班要有 7 个 40 天才能结束，需要 3 年多时间。在这里培训完，有些还会去昆明圣经学院接受短期培训，有自己去的，也有我们送过去的。现在信仰基督教的以汉族为主，多数是在此定居的，少部分是来做生意、打工的。我们用的经书有傣文和汉文两种。我们正在将汉文经书翻译成傣文。我们自己培训翻译人才，已经培训了 6 名翻译。我们今年计划出版新傣文《新约》。

访谈 4.2：景洪市清真寺阿訇，老家玉溪市通海县，男，35 岁左右，访谈时间：2010 年 10 月 31 日。

我是这个清真寺的教长，主要负责教务，带领大家做礼拜，上午给信众上课，讲经。星期五是主麻日，大家都来做礼拜，就不上课了。平时来听经的，多数是年龄比较大的穆斯林。在寒暑假，我们也会组织学习班，上学的学生就可以来听经了。每期学习班都会有十多个、二十几个来上课。这个清真寺最多的是缅甸来这边做生意的穆斯林。他们有自己的"管事"人。他们的孩子很小就会说汉话，很多是在这边的学校上学。所有家长都想让他们的孩子进我国的学校上学。只有那些父母是中国国籍的才可以免费读小学和初中。其他的要交很高的借读费。有些家庭比较困难，交不起借读费，孩子就没法上学。所以大家筹钱从缅甸请来老师，在清真寺里上课，教孩子阿拉伯语。他们也是除了星期五主麻日不上课，其他时间都上课的。周末那些在学校上学的孩子也来这里学习阿拉伯语。上午家长把孩子送来，下午来做完礼拜，顺便就把孩子接回去了。

访谈 4.3：勐海县勐遮傣族土司后人，大学学历，西双版纳傣族自治州教育局原局长，访谈时间：2012 年 6 月 7 日。

进缅寺无非两个宗旨，一个是学习文化，学点文字。和尚分很多等级，等到十八九岁、二十岁，文化水平达到一定的程度就可以升佛爷。当了佛爷也没有进什么大学读书。所以，当时我在教委，给（他们）认定的学历。因为人口普查，要让我们搞学历。我的意思是，小和尚就相当于普小学历，大和尚是高小学历，佛爷有好几等，大概可以算作中学。这样粗略地认定他们的文化程度。第二个是学会做人，了解习俗，做善人，偷偷摸摸这些都不能做。以前傣族社会稳定的一个重要原因，就是在缅寺教育的结果。

我们搞了一些尝试，开始在佛寺里边办学校，把和尚集中起来教学。后来在佛寺旁边搞简易的校舍，最后都没有成功。因为佛爷、和尚，年龄层次不一样，有的才九岁、十岁，有的十五六岁，参差不齐，文化程度也不一样，所以就没有办法办下去。最后，就请他们到我们汉文学校来读书。只要愿意来，不管哪个年龄层次的，我们都欢迎。年龄小的九岁十岁，就在低一点的年级读书，十五六岁，就在四五年级读。愿意读初中的，免费入学。读了以后，我们还保送读中专。如果还想读大学，我们还可以考虑跟有关大学联系，保送读大学。

现在，我们制订州自治条例，规定小学毕业前不能当和尚，后边搞到初中毕业前不能当和尚。以前我们实行重点办学。因为学校离他们的村寨比较近，他们就去。去了以后，我们用一些特殊的手段。比如，我们傣族佛教搞得比较科学，关门节期间佛教活动比较多，正好是假期，对他们影响不大。我们规定，那些和尚如果去做佛教活动，回来你要给他补课。因为活动多了，学习差了，他就害羞，就不想读书了。要补课，要给他开小灶，要注意做他的思想工作等一套工作规范。现在老师的责任心（差），学校集中办学，这些都没办法搞。我现在很担心这个事情，不让老百姓当和尚有点困难。人家当了和尚，又让他们来读书也有一些困难，不读书又影响我们的普九。

访谈 4.4：勐遮村委会曼宰龙寨缅寺佛爷，傣族，男，23 岁，访谈时间：2011 年 4 月 15 日。

我 1997 年升小和尚，当时才 9 岁。由佛爷教我们念经，管理我们的日常生活，现在他已经去世了。和我一起升小和尚的都已经还俗，结婚了。

2005年新大殿落成时，我在新大殿升了佛爷。现在要小学毕业才能升小和尚。这里有十多个小和尚。白天去学校上学，放学后回寺院住，晚上学习念经。寨子里供养我们生活，他们会来送饭菜。有时我们也去化缘。

访谈4.5：勐海县勐满镇班倒村委会副主任，男，拉祜族，家住大新寨，29岁，访谈时间：2011年4月16日。

我们民族可能比其他民族落后一点。因为拉祜族上学的很少，能读书出去的基本上没有。一般小学毕业就不再上了。就拿我自己来说，小时候学普通话很困难。因为我们学习普通话，就像学英语一样，要先在脑子里"转"一下才能反应过来。上小学的时候，有个汉族老师来教我们，上课听也听不懂。上学比较吃力，学不会，所以很不愿意上学。哈尼族和我们拉祜族其他情况都差不多，但他们读书的比我们多。列车村（哈尼族寨子）只有一个辍学的，我们大新寨（拉祜族寨子）有十多个。男孩比女孩辍学的多。女孩做一下工作，一般都能读完。现在上学（九年义务教育）都是强制性的。孩子辍学，学校老师去做工作，我们村委会也去做工作。去了也没什么办法。他说，宁愿干活也不去上学。老师多数是外地考进来的，当地的很少。我们镇每个村委会都配了书籍、报刊，村民可以来村委会借。不过，（来借书的）很少，基本上没有，一个月有一两个就不错了。

访谈4.6：勐腊县易武镇松树林村初三学生，红河搬迁来的瑶族，男，17岁，访谈时间：2011年5月21日。

我们姐弟五个，我是最小的，老幺。我是在象明出生的。当时，我们住在山里边，很少（有人）上学。我是搬到这里才开始上学的，我几个哥哥就没有上学。没上学之前，听不懂普通话。一年级就开始学（普通话）了。我感觉学普通话不是很难，一般吧。有些老师也是瑶族，他们在学校不讲瑶话，都讲汉话。我们去学校也不讲瑶话。来到这边，汉族多，大家都讲汉话。现在的（瑶族）小孩很小就会讲汉话了。我们初中每年补助750（元），小学的住校生补助100块，我们走读生没有补助。我们班是女孩多，男孩少，男孩辍学的很多。

二 西双版纳少数民族文化的保护与传承

文化是社会现实的反映和再创造。在当代，发展与交流空前繁荣，外来文化对西双版纳各少数民族传统文化带来重大冲击。这为传统文化提供发展机遇的同时，更造成了生存挑战。社会各界在正视文化流变的同时，更关注优秀传统文化的保护和传承。目前，傣族的"泼水节"、慢轮制陶、"赞哈"、基诺族的大鼓舞、普洱茶制作技艺等11个项目被列入国家非物质文化遗产保护名录。国家对当地传统文化的保护和传承从来没有停止过，在政策、教育、科研、文化交流等方面给予傣族地方曲艺"赞哈"很大扶持，使之保持鲜活的生命力。1954年9月，勐海大佛寺二佛爷刀曙明根据民间传说编制的赞哈剧"沙梯莫跌"在赕佛时第一次演出，成为首个傣族歌剧。1963年12月，西双版纳州召开赞哈代表会议，成立"西双版纳州第一届赞哈协会"。1965年1月，中共西双版纳工委在曼占宰举办赞哈培训班，历时44天，有43名赞哈参加学习。1978年7月4日恢复西双版纳傣族自治州赞哈协会。1982年全州开展民族民间舞蹈和赞哈、歌手普查工作，登记傣族赞哈568名。1986年12月23日云南省第三次曲艺讨论会在景洪举行，并进行了傣族"赞哈"专题讨论。[①] 由此可见，国家和民众对傣族"赞哈"文化传承都倾注了热情和精力。

访谈4.7：景洪市曼允村国家级非物质文化遗产传承人，傣族赞哈，女，55岁，访谈时间：2010年12月25日。[②]

我们只有寨子里过赕、结婚、上新房才唱；过傣历年，赶摆，政府会请我去唱一两首。我从1981年开始在电台唱傣族歌。政府为我们傣族设有电台，每天都播放赞哈的歌曲，中午1点到2点多，晚上7点到9点。我们傣族歌不重复，没有谱，只有词。我们唱歌要记调子，有好几个调子。

---

① 参见《西双版纳傣族自治州民族宗教志》，云南民族出版社2006年版，第7—48页。
② 此资料是笔者与叶林杰老师一同调查所得。

歌词也要跟上时代，反映生活。像寨子里上新房，我们要即兴编词，唱人家"以前房子不好，现在生活富裕了，才盖起这么好的大楼房"。到半夜两三点钟就开始唱情歌。老百姓写些歌词，让我们唱"谁谁不过日子，只打麻将"，然后另一个人再写过来让我们唱"谁谁喝酒，不干活"，相互取笑，逗乐。寨子里来邀请我，然后我要再请一个伴奏。寨子有时还会请男赞哈和我们对歌。我24岁才开始跟着师父学赞哈。当时县上有赞哈培训，有时两三天，有时十多天，就这样慢慢学出来了。现在我自己带徒弟。州上、省上很少组织培训班，而且不定期，现在培训了，不知道下次是什么时候。整体上，赞哈越来越少。年轻人不想学傣文；老师也不教傣文。当和尚的也少了，现在寨子里没有男孩当和尚，最多一两个。[①] 要会说傣文才能唱傣族歌啊。

访谈4.8：基诺山乡政府退休干部，基诺族三大长老之一，男，63岁，访谈时间：2010年12月17日。

基诺族崇拜自然，信仰多神，万物有灵，天有天神，山有山神，连石头都有神。按汉话讲，神和鬼是分开的。基诺族没有神，只有鬼，鬼又分好鬼和坏鬼，我们称为"涅"。我们崇拜大鼓，神鼓是我们基诺族的命脉。因为我们祖先是从大鼓里出来的。傣族的是象脚鼓，他们寺院里的大鼓是我们基诺族姑娘嫁给傣族召片领时带去的嫁妆。为了纪念基诺族的祖先，每年进行一次全民性的祭祀活动，持续三天，就是"特懋克"节。第一天祭鼓仪式，祭拜祖先；第二天是打铁仪式，第三天是备耕仪式。我们活着的人首先要祭拜祖先，然后打制生产工具，最后是准备生产。祭拜祖先要杀鸡，鸡肝、胃是献给祖先吃的。现在我们商量之后，又加了两个内容。一个是祭天神，另一个是祭茶神。以前这两个内容是和特懋克分开的，现在为了使活动更丰富，能更好地向外人展示我们的传统文化，就集中在一

---

① 以前，寺院是傣族男孩接受傣族语言文化、礼仪习俗的主要场所。傣族男孩升小和尚，到寺院读经书，学习傣文。现在因为很少有傣族男孩出家，升小和尚，傣族文化传承受到一定的影响。

起进行了。

访谈 4.9：勐腊县易武镇黄姓汉族老户，墨江县粮食局退休工人，77岁，访谈时间：2011 年 5 月 21 日。

这里汉族文化很浓厚，是整个镇越县的文化中心。1949 年前有初中、小学，人数不多，有一百二三，校长是普洱派来的唐科长。这个地方都是汉族当官，少数民族没有当官的。易武的汉族不受当地少数民族的影响，都是汉族影响少数民族。以前，易武相对其他地方要繁荣。特别是过年，每年从大年初一到正月十六都要闹花灯。周围的群众特别是汉族，落水洞、麻黑、洒代、易比、曼秀的（汉族）都来观看花灯。因为汉族喜欢看花灯，看戏。少数民族也来，但不多。1949 年前，这边失过两次大火，部分汉族就搬走了。

访谈 4.10：前易武镇文化站原站长，石屏刘姓汉族，男，60 多岁，访谈时间：2011 年 5 月 21 日。

这边汉族主要信仰佛教，佛教融合了道教。以前，每个村子都有庙，大大小小的。麻黑、曼秀、易比、曼撒当时都有庙。有什么事情，有头有脸的人，都到庙里商议。有钱的出钱，有力的出力，修桥铺路，然后立碑纪念。易武老街上的大庙，以前是九间，现在只剩下两间了，后边的正殿建成了小学，剩下的两间就是现在的博物馆。

第二节　西双版纳多元文化的传播与交流

解放之初在西双版纳地区，少数民族文化得到相应的尊重与保护。1958 年以后，在"左倾"错误思想的影响下，民族文化受到摧残，伤害了少数民族群众和宗教界人士的感情。如一位傣族女赞哈的父亲，1958 年因"破四旧"而逃亡国外，致使父女天各一方。她本人的生活、学习、工作也遭受了相当大的波折。虽时过境迁，当这位老人回想起当年的艰难岁月时唏嘘不已。改革开放后，党的民族、宗教政策得到良好的贯彻与落实，民族文化繁荣发展，宗教人士和信教群众的基本权利得到保障。在此基础上，民族文化与地方经济相得益彰，相互促进，共同发展。

一　国家传播媒体的民族特色

语言文字是信息交流的主要媒介，不论是通过报纸、广播、影视、书籍等载体，都要以受众的理解为前提。在多民族并存地区，传播媒体的多语言交流势在必行。1949年后，国家首先对当时西双版纳最主要的语言交流方式——傣文进行了改进，使之更便于书写和交流。1952年春，中国科学院派傅懋勣率工作组到西双版纳帮助改进傣泐文，编写出《西双版纳允景洪傣语音位系统》《西双版纳傣语常用词汇》《西双版纳傣文改进方案》等，到1954年完成了傣泐文的改进工作。改进后的傣文称为新傣文，更便于书写和印发。1975年11月，由州委宣传部组织力量编写《傣汉常用词词典》；1996年，初稿油印征求意见。

西双版纳的报刊在创刊之始就注重入乡随俗，采用当地少数民族通用的傣文进行宣传。后来逐步建立的广播、电影、电视也注重使用当地少数民族语言。1954年8月25日，中共西边工委开始用傣文不定期出刊油印报，向广大傣族群众及时报道国家大事，宣传党的方针政策。1958年1月1日《西双版纳报》汉、傣文版正式出版。1964年，文化主管部门学习延边电影朝语译配音的经验，成功进行电影傣语译配音，解决了傣族群众看不懂普通话影片的困难。政府为人口10万以上的少数民族（傣族与哈尼族）设立电台，使用本民族语言播报独具民族特色的节目内容。1978年4月14日西双版纳州广播电台中波发射台建成，用汉、傣语播音。1981年7月《版纳》杂志创刊，分汉文版和傣文版。1981年10月1日西双版纳人民广播电台新增哈尼语新闻广播和文艺节目。随着科学技术的进步，当地少数民族语言借助不断更新的传播媒介奏响多民族文化的和弦曲。1985年1月5日，云南印刷技术研究所研制出一台能处理傣、汉、英三种文字的电脑系统，成功建立了西双版纳傣文字库及其编码。1997年8月西双版纳傣文激光照排一期工程、新傣文计算机机组版系统通过鉴定。10月，《西双版纳报》傣文版启用计算机组版系统，从此，傣文编排进入数字化时代。①

以传播媒介民族化为契机，西双版纳开展多种形式的文化交流活动。十一五期间，定期举办全州农村文艺会演、农民运动会和少数民族传统体育运动会，成功举办两届"六国艺术节"、三届澜沧江·湄公河亚洲公开水域游泳邀请赛等活动。基层文化体育设施进一步完善，新建300块篮球场、45个村文化室、230个农家书屋。中国第一个傣文网站在西双版纳建成，广播电视综合覆盖率达98%。②

访谈4.11：易武茶厂原会计，家住易武镇麻黑寨，石屏籍汉族，45岁，访谈时间：2011年5月21日。

少数民族在村子里和本民族的人交流就用他们自己的语言，如果到街上和汉族打交道就讲普通话。相对来说，少数民族大多都会讲普通话，汉族会讲少数民族语言的就少了。像四十多岁将近五十岁的汉族老户跟瑶族、香堂族交往，还能听懂少数民族语言，也会讲几句，主要是打招呼用的，比如吃饭、喝水、睡觉、休息这些。（笔者注：在杨柳井和松树林，看到很多四五岁的孩子之间都是用普通话交流。在和他们父母交谈时会用本民族的语言。）

访谈4.12：勐仑镇大卡村委会会计，阿克人，家住阿克新寨，男，35岁，访谈时间：2012年5月6日。

以前只有一些老人会讲傣话，多数人只会讲本民族语言，也很少到坝区，一年去不了几次。一般是能说会道的、会说傣话、比较有威信的才经常下到坝区。当时，人生病主要是找草医看病，阿克寨子的草医少，要到傣族寨子看病，请会说傣话的人带着去。我除了会我们本民族语言，还会

---

① 参见《西双版纳傣族自治州民族宗教志》，云南民族出版社2006年版，第7—48页。
② 摘自2011年2月20日《西双版纳傣族自治州第十一届人民代表大会第六次会议·政府工作报告》。

爱伲语和普通话，能听懂傣语。（笔者注：语言习得的民族阶梯性，山地民族会讲傣语和普通话，傣族不会讲山地民族的语言，会讲普通话，汉族不会讲少数民族语言。）

二 西双版纳民族文化的交流

西双版纳通过文学创作、文艺交流等形式，与外界加强了解。外地文人学者为西双版纳的特殊民族风情、自然风光所吸引，来此采风调研，以各种形式把西双版纳介绍给世人。1956年5月，部队作家白桦在西双版纳体验生活期间，通过傣族召树屯与婻木诺娜的传说创作出《孔雀》，后又改编成电影《孔雀公主》。当地少数民族也涌现出一批文化才俊，创作了许多优秀文学作品，为当地文化挖掘和发展尽了一分力量。1980年勐海县布朗族作者岩香南创作的散文《土壤与花朵》获全国少数民族文学创作奖。1981年勐海县哈尼族作者朗确创作的散文《茶山新曲》获全国少数民族文学创作奖。1998年哈尼族作者高和创作的《希望之歌》获"新作家奖"。

当地少数民族传统文化也成为国内外文化交流的一道亮丽风景线，展现了华夏文化的绚丽多姿。1963年1月，由西双版纳州文工团根据傣族长篇叙事诗改编的舞剧《召树屯和婻木诺娜》在景洪首演，此后，到北京、天津甚至国外演出。1960年，景洪县著名傣族歌手康朗甩被选为赞哈代表，出席全国文教群英会。康朗甩、康朗英、波玉温合著出版了《三个傣族歌手唱北京》。1964年11月19日，西双版纳演出团赴昆明参加全省现代戏观摩演出大会，演出赞哈剧《凤尾竹下》。1992年，应日本民间对歌会的邀请，由6名傣族女赞哈组成的西双版纳民间女赞哈演唱团前往日本参加对歌会。8月文化部批准，西双版纳傣族女赞哈玉光、依旺、玉南榴赴日本，参加佐贺地区"歌坦节"，进行民间文化交流。1993年，赞哈依旺、岩建参加全国少数民族曲艺展演，演唱的《今生今世永相爱》获一等奖。1995年傣族赞哈玉旺演唱的《祝酒歌》荣获第二届中国曲艺节"牡丹奖"。

堆沙是傣族过傣历新年时进行的一项重要活动，属于民族习俗和宗教信仰。一般在寺院附近或江边的僻静处，用干净的细沙堆出两个大沙堆和几十个小沙堆，并插上松枝、竹枝、芭蕉和"莫楠岩"花，祈求全寨人平安健康、庄稼丰收。现在已被提炼为一种文化体育活动，成为国际文化交流的一个契机。1988年11月19日，应中国香港区域市政局邀请，西双版纳少数民族堆沙队一行8人首次赴香港西贡清水湾，参加全港第六届国际组的堆沙比赛。1992年11月，由西双版纳傣族运动员组成的中国云南省少数民族堆沙队在第二届国际堆沙比赛中创作了题为"望"的堆沙作品，一举夺魁。1993年，参赛作品"盼"荣获亚军。1994年，作品"神奇的西双版纳"获第三名。1998年，作品《心愿》获二等奖。①

访谈4.13：景洪市曼允村国家级非物质文化遗产传承人，傣族赞哈，女，55岁，访谈时间：2010年12月25日。②

1983年前后，缅甸的赞哈就进来了。他们唱得比我们厉害，也更会编歌曲。我们有机会就经常交流。他们帮我们纠正调子、内容。我们很少出去，更多的是邀请他们来唱。有些寨子听缅甸那边的赞哈唱得好，就请他们过来唱。我们用录音机录他们唱的，再回来学习。我只去过两三次泰国，去过一次缅甸。我们和缅甸的傣族是一样的，语言都差不多。泰国唱的腔调和我们不一样，语言也有差别。我们有些赞哈会写歌词，也会唱。有些只会唱，不会写。现在会写的少。大勐龙有个赞哈会写，叫罕南扁。像勐海、勐遮、勐腊也有，但不多，就一两个人。我们不如缅甸赞哈写得好。他们写的内容更真，更贴近实际，更好听。

三 民族节庆的相互交往交流

西双版纳民族众多，民族文化多样，各民族的节日庆典在日期上相对

---

① 参见《西双版纳傣族自治州民族宗教志》，云南民族出版社2006年版，第7—48页。
② 此资料是笔者与叶林杰老师一同调查所得。

分散，互不侵扰。傣族的傣历新年，俗称"泼水节"，在公历4月中旬，为期3—4天；公历1月2—4日是哈尼族的"嘎汤帕"传统节日；2月6—8日为基诺族"特懋克"传统节日；阴历正月初一到初三为拉祜族的传统节日"拉祜扩"；阴历二月初八是彝族的二月八节；阴历十月十六是瑶族的盘王节。节日期间各民族相互邀请，成为民族间加强交流和联系的纽带。"在不同文化的人们互动的地方，人们希望减少这些差异。因为互动既要求又产生了符号和价值的一致性——换言之，文化的相似性或共性。因此，维持族群间的联系不仅隐含了认同的标准和标志，而且隐含了允许文化差异存在的互动的架构。"[①]

"民族文化的交流与民族文化关系的发展，在相当程度上，也受制于各民族间相互接触的深度与广度。"[②] 傣历年（俗称"泼水节"）是信仰南传上座部佛教的傣族和布朗族的宗教节日，逐步发展为两个民族的节庆风俗，现已成为全州各族人民共同参与的"东方狂欢节"。以前傣族过"泼水节"是按"勐"依次轮流进行，泼水礼佛，赶摆。现在，先由州府——景洪城开始，然后按"乡镇"顺次进行。

2012年3月13日，笔者受邀到景洪市勐罕镇曼景村委会曼景村小组做客。前来做客的有本寨的傣族、曼辉寨的哈尼族（阿克人）、曼么寨的哈尼族（"雅尼"支系）、曼列寨信仰基督教的傣族，再加上笔者等汉族，共十桌。餐桌上，大家相互介绍、敬酒，民族情意在交流中愈益深厚。

14日，景洪城组织民族方队和花车游行，傣族、哈尼族、布朗族、基诺族、瑶族，克木人、补过人、昆格人都进入这个多文化展演的舞台。下午，笔者受一位彝族朋友邀请到嘎洒镇赶摆。他弟弟和一位傣族姑娘相爱，结婚，并上门到傣族寨子。赶摆场上，有傣族妇女卖烧烤，有外

---

① 参见［挪威］弗里德里克·巴斯《族群与边界》，高崇译，《广西民族大学学报》1999年第1期。

② 参见周星《民族学新论》，陕西人民出版社1992年版，第58、59页。

地商人卖各类商品,更有几位汉传佛教的和尚在出售"开了光"的佛教器物。晚上,我们到他弟弟家共进晚餐。他弟弟与笔者用普通话交谈;与他用彝族语言交流;与他弟媳用傣语交流。当然,笔者可以用普通话与他们所有人交流。

15日,景洪城举行盛大泼水仪式,在这特殊的场域中,不分民族,不分文化,相互泼水祝福,用水将各个民族的情谊联结在一起,让整个城市沉浸在欢乐的海洋中。下午,笔者到勐海县勐海镇勐翁村委会曼派寨,准备参加第二天的佛寺活动。当天,寨子里的村民在寺院里堆了一个大沙堆(当地人称为"塔"),然后每家在大沙堆旁边,一排排地插木棍占位置,用桶或塑料袋盛些沙子,准备第二天自己家堆塔用。按傣族传统,父母一方去世,就要准备供品,去寺院滴水、堆沙、祭拜。只对自己去世的父母有祭祀义务,对祖辈没有祭祀义务。如笔者的傣族朋友家有3口人,玉叫妈妈和妹妹。玉叫爸爸前几年去世了,所以她和妹妹要为爸爸祭拜,而妈妈也要为外公祭拜。家里需要准备两份供品。头天下午玉叫就开始准备苹果、饼干等供品,砍竹子、剪纸人、蒸粑粑。第二天凌晨四点,妹妹就起来蒸糯米饭,火塘上的三脚架和蒸糯米的木桶,外人是不能触碰。糯米饭蒸好以后,用芭蕉叶包,并堆成两个小塔,各插一支蜡条,与昨晚蒸好的粑粑、几片干粑粑饼、滴水用的矿泉水、蜡条等一起备用。所有的供品都要举过头顶,以示敬意。到了寺院,按去世时是否痛苦或是否正常死亡分开祭祀:非正常死亡或去世时有痛苦症状的亡者在佛寺门口祭祀;正常死亡和去世时没有痛苦症状的亡者进寺院祭祀,两边各有一个和尚念经。众人聚在僧人面前,点起蜡条,听僧人念亡者的名字,家人就向前滴水,献上供品,然后将挂着纸人的竹条放在香炉和大殿的佛像前。随后,在沙堆前自家插木棍的地方,拔掉木棍,堆一个大点的沙塔,插上竹枝,大塔周围堆许多小塔,放上蜡条、鲜花、粑粑、糯米饭,再将最后一根竹枝插到昨天堆起来的大沙堆上。完毕后进入大殿,在佛像前的藤桌上放三张面值一元的人民币和蜡条,挂上各种颜色的线，然后向佛像磕头。所有人聚集在大殿里，在祭祀头领"波朗"的带领下念经，叩拜。中午，各家邀请的各民族的亲朋好友来吃饭。下午，玉叫一家三口都打扮得花枝招展，到赶摆场跳舞。

17日，笔者作为派驻勐腊县勐仑镇的新农村指导员，受邀参加勐仑镇举行的泼水节文艺演出。节目多数是勐仑镇各个村委会报送来的，有傣族舞蹈、哈尼族舞蹈、基诺族舞蹈。在赶摆场，笔者遇到几位前几天在嘎洒镇赶摆场摆摊的商贩。傣族泼水节按乡镇依次轮流进行，商贩也依此辗转各个赶摆场。

访谈4.14：景洪市勐罕镇曼景村委会支部书记，男，傣族，53岁，访谈时间：2010年11月6日。

曼景村委会有十个自然村，包括曼景、曼纳老寨、曼纳新寨（水傣）、曼列（信仰基督教的水傣）、曼孟（麻风病村，水傣，有几户信仰基督教）、曼辉（阿克人，划归哈尼族）、曼养（花腰傣）、曼么（哈尼族雅尼支系）等。曼养是花腰傣，他们不过傣历年，只过春节。我们的语言也不一样。曼列和我们一样是水傣，但他们信仰基督教。这里基诺族、傣族在过自己节日的时候都会相互邀请朋友到家里做客，这里称关系好的朋友为"老庚"。花腰傣过春节，曼列过圣诞节，我们水傣过傣历年（泼水节），基诺族的新年，哈尼族的新年，大家都一起去的。

访谈4.15：勐海县勐遮镇曼弄村委会佤族新寨，佤族，男，34岁，访谈时间：2012年8月9日。

我们主要是过春节，每家杀一头猪，凑钱买牛，要杀三头。每年8月中旬，要做我们的迷信，用松鼠肉、猪肉，煮米饭，吃饭的时候要关上门，不能说话。吃完才可以开门，其他人不可以进来。清明节也杀猪杀牛，请朋友来吃饭，傣族、汉族、哈尼族的老庚、老表都来。其他佤族寨子的人不来，他们在自己寨子搞。我们不过泼水节，但会去傣族寨子玩。

访谈4.16：勐仑镇大卡村委会会计，阿克人，家住阿克新寨，男，35

岁，访谈时间：2012年5月6日。

　　景洪市和勐腊县的阿克人成立了阿克人委员会。我们和勐罕镇的阿克人存在血缘关系，是从勐罕那边搬迁过来的。因为以前我们实行刀耕火种，在这个地方砍砍树木种几年，土地不肥了，再换个地方砍树种地。我们阿克人过窝托节和小年（汤圆节也叫"耶列节"）。我们阿克人寨子是每年轮流举办窝托节，景洪市有三个阿克人寨子不参加我们这个（委员会）活动。去年是在景洪市勐罕镇曼么村委会光罕大寨举行的。活动一般搞一天，每个寨子出两个节目。承办这个活动的寨子就当天过。其他寨子不一定是同一天搞。但都会在12月15号之前搞完。寨子里自己过，至少要搞三天。第一天去找包粑粑的芭蕉叶，下午杀牛。第二天就正式了，杀猪、舂粑粑，请客。只有全家人都在的情况下才能做粑粑。如果家里有在外边上学的或出去打工的，家里就不能做粑粑，只能去亲戚邻居家拿。第三天在寨子里串亲戚朋友。第四天才可以做活计。祭祀活动主要由老人来做。首先粑粑必须要有，杀猪的那些肉，剁生、包烧、烤肉，还有水果，用竹篾桌供到祖宗在的那个位置。祖宗神位一般是在老人住的那间房里。如果家里有老人刚去世，老人的长子和亲友，要带着祭品到新坟去祭拜。

　　汤圆节前一天就把菜做好，当天是不出血的，不杀生。以前不收枪，我们前一天去山上打猎，主要还是抓鱼。当天主要做汤圆，也要煮鸡蛋。汤圆是用糯米做的。先吃汤圆和鸡蛋，每个人必须尝一口鸡蛋，然后才吃其他的饭菜。原本主要吃水里边的动物，不吃其他肉，现在其他肉也吃了。第二天，大家就是坐在一起聊天，不出去做活计。第三天就可以做活计了。以前，我们刀耕火种，不过汤圆节不去砍地。传说，不过汤圆节就去砍地，那些树屑会崩到眼睛里。

　　老人去世，有亲戚的（阿克人）寨子都要通知到。要通知到这个寨子亲戚中辈分最高的那一家，再由他家通知其他人家。我们说的亲戚就是本家族的人家，就是同一个姓的。我们阿克人实行父子连名制，但每个家族都有自己的姓。老人会告诉我们哪个寨子，哪家是我们同一姓的。我们同一姓是永远不通婚的。如果其他民族、其他姓的人要来参加葬礼，必须有本姓的人带着过来。因为只有本姓的人才能去祭祀死者。其他姓的、其他民族的必须由本姓的人代替祭祀。

勐海县勐满镇班倒村委会列车村小组的哈尼族是从普洱市澜沧县搬迁来的，以前只过春节。西双版纳傣族自治州将"嘎汤帕"定为全州哈尼族的传统节日。现在这些哈尼族不仅过春节，也开始过"嘎汤帕"节。这不仅是一种文化的传播与学习，更是民族意识的觉醒与强化。"政府对弱小、后进民族有某些优惠照顾的政策性倾斜，也会在一定程度上刺激弱小、后进民族自我意识的觉醒、加强和稳固，从而反作用于民族融合的过程。"[①] 当准群体的成员形成共同的利益意识，组织起来为共同利益统一行动，弥散型的准群体就转变为现实的利益群体。

访谈 4.17：勐海县勐满镇班倒村委会列车村小组组长，哈尼族，男，35 岁，访谈时间：2011 年 4 月 16 日。

我们寨子全是哈尼族，有 53 户，192 人。我们是从澜沧搬过来的，在这里有二三百年的历史了。我们说话和他们爱伲人（哈尼族雅尼支系）不一样，但也能听懂。现在傣族过泼水节，我们也去赶街。我们的主要节日是春节，现在也过小年，就是嘎汤帕节。以前我们不过嘎汤帕节，只是这一两年才开始过。现在政府会组织我们哈尼族过嘎汤帕节。

四 经济交往带动文化交流

两种文化并不存在孰优孰劣，只是在社会大环境的衬托下才显示某种文化相对强势。比如在西双版纳的文化氛围中，傣族、哈尼族、基诺族等民族文化更能代表西双版纳的特色。就西双版纳而言，少数民族在特色文化方面是优势群体，成为"大传统"，而汉族的民俗文化在此没有太多发言权，沦为"小传统"；汉族在市场竞争方面把持话语权，而

[①] 参见郑杭生《民族社会学概论》，中国人民大学出版社 2005 年版，第 52 页。

少数民族则屈居"小传统"座席。在日常交往中，汉族了解、体验当地民族文化；而少数民族也逐步提高了经济意识。汉族商人在进行商品交易的同时，无形中把先进的科学技术和管理经验在边疆地区传播开来。一些内地学者或有识之士对挖掘边疆民族文化起到积极作用。比如橄榄坝傣族园将傣族的泼水节、放高升、赞哈、贝叶经、干栏式建筑、舞蹈、服饰、手工艺等集中起来，组建成一个文化生态博物馆。既保护了民族文化，又便于向世人展示，带动旅游业发展。当地社会进步带动了民族之间物质文化交流的新变化。以前，傣族和山地各民族都住茅草房，山地民族用茅草换傣族的土布、辣椒等。后来傣族学会烧制土瓦，山地民族向傣族用木材交换或直接购买土瓦。现在傣族和山地民族都购买汉族烧制的彩釉瓦。

访谈 4.18：基诺山乡政府退休干部，基诺族三大长老之一，男，63岁，访谈时间：2010年12月17日。

我们巴亚村委会和勐养镇的傣族接触多。而巴卡、巴来村委会和橄榄坝、勐仑的傣族接触多，来往更密切，说话都和他们接近。我们有时就听不懂他们在讲什么。话是基诺话，内容是傣族的，比如傣族叫香茅草"萨凯"，那边的基诺族就叫"萨卡"，音变了；还有傣族把过年叫"勒逼"，我们叫"热比"。因为傣族统治过我们，又和我们接触得多，很多称呼和叫法都和傣族一样。现在很多基诺族出去打工，尤其是小姑娘，去餐厅酒吧里边打工，也有做生意的。他们跟着汉族学习做生意，和汉族打交道，都会说汉话。

访谈 4.19：到清真寺做礼拜的缅甸穆斯林，男，20多岁，访谈时间：2010年10月31日。

现在我妻子和3个孩子还在缅甸，我妈妈回国帮我照顾孩子，因为他们要在那边上学。我哥哥的老婆是上海的，有两个儿子。清真寺里的这些孩子都是我老乡的，他们的爸爸妈妈都在这里做生意。那个女孩的爸爸是我们缅甸人，妈妈是中国人。还有两三个孩子是这种情况（跨国婚姻）。

这些孩子都会说中国话，大点的说得更好。

五 民族通婚促进了文化交融

民族通婚促进了不同文化的相互了解、共存、融合。夫妻二人持守不同文化，朝夕相处，彼此交流和理解。各自联系的父母扩展家庭也会因亲情和血缘关系，进行亲密的人际往来，产生文化碰撞和共存。婚姻的结晶——孩子不仅是两个民族体质遗传基因的结合，更是两种文化的融合。家庭是社会的细胞，也是血缘、亲缘、业缘等社会资本的原发地。各种社会关系以家庭为中心向四周扩展。民族通婚所形成的文化融合、共存、交流、理解，就以孩子、夫妻、亲戚、朋友、同事等社会关系的"差序格局"由里向外，由强到弱，环环扩散。因母亲更多时间担负起陪伴、抚养、教育孩子的责任，使孩子更多受母亲信守文化的影响。但这只是一种合乎逻辑的推理，并不完全符合实践的检验。究其原因，由于文化更有力的维持者既不是家庭，也不是个人，而是社区。社区文化维系力成为影响文化代际传承的基础因素。"宗教不是起源于个体感情，而是起源于集体的心智状态。"笔者的三位学生生活在同一个傣族寨子。其中一位学生的父亲是湖南人，上门到傣族寨子。这位学生和其他两位一样，都是傣族名字，说傣话。同学们戏称他们三位为"三个小傣族"。所有人没有感觉他们有什么区别。笔者曾到他们寨子做调查，这位学生的姐姐穿傣服，讲傣话，跟随他妈妈去寺院拜佛，滴水。这姐弟二人出生在傣族文化的社区，从小受到傣族文化的熏陶，完全沿袭了傣族文化。西双版纳农场职工来自五湖四海，有汉族、傣族、哈尼族、彝族等，组成文化异质性社区。各种文化的维系力都不强，人们的文化选择较为自由。这种社区实际上成为汉文化主导的社区。因为整个西双版纳的文化大环境正受汉文化的浸染，而最典型的就是这些文化异质性社区。

访谈 4.20：景洪市允景洪街道办事处曼各居委会曼斗村老太太 B，50 岁，傣族，老伴是拉祜族，访谈时间：2010 年 9 月 18 日。

傣历年、关门节、开门节是傣族三个最主要的节日。我们不过汉族的春节和清明节。我的汉族女婿过春节，在家里摆祖宗牌位，摆供品，烧香，磕头。他的儿子、女儿跟着拜，我们也不干涉。我们过节的时候，汉族或其他民族嫁过来也要跟着我们一起到寺院里拜佛，要适应我们这边的习俗。两边的风俗传统都不能丢。嫁到汉族的傣族，汉族过年她们也跟着一起过，汉族没有寺院，不能拜佛，但心里还有我们的菩萨。

第三节 西双版纳多元文化的发展与交融

多元文化的形成受多种因素影响。先前持守同一文化的群体，因战争、天灾等迁移、分散开来。因云南多大山河川，将一个文化群体分割成多个相互孤立的文化小天地，阻断了人员往来，断绝了文化交流，各自独立发展。在一个地区，地理生态、民族群体呈立体式分布，从平坝到山头分层次居住着不同文化群体，如平坝的傣族、半山腰的哈尼族、彝族，山头的瑶族、苗族。同一民族因地域区隔，断绝往来，就转向与本区域内其他文化群体交往，形成内交往圈。同一区域内，多个文化群体共处、交往，必然伴随着文化的容忍、交流、吸收、融合、变迁。文化流变既有群体自我发展的推动，也有与其他文化群体的交流引发，并且群体交流引发的文化变迁更为迅速。所以同一种文化因地域区隔，各自发展、流变，造成了同一文化的"源同流变"状态，进而形成了"十里不同天，百里不同俗"的多元文化共生的繁荣景象。

一 西双版纳和而不同的民族文化

中华文化历来主张"和而不同"。"'和而不同'的文化观依托于中华民族的多民族互动共处，又反过来推动中华民族形成多元一体格局。不因多种民族多样文化而四分五裂，也不因共同基础，统一国家而影响民族与文化的丰富多彩。"① 各民族之间的文化距离在内容上呈现出模糊性。西双版纳的壮族、布朗族、克木人（划归布朗族）等普遍使用傣族姓名，彼此能听懂或会说对方的语言。各少数民族在穿着、语言等方面日益向汉族靠近，除重大节日穿民族服装外，平常都穿汉装。在拜访基诺族长老时，笔者征询能否拍张照片，老人提醒，"别急！等我换上我们基诺族的衣服"。现在，民族服装成为一种文化身份的表征。少数民族的年轻人甚至四五十岁的中老年人都能听懂或会说普通话。一位傣族硕士研究生讲到自己在语言学习上的经历："初中以前，我们主要说傣语，用傣语思考问题。到了高中就存在一个翻译过程，先用傣语思考，再转换到汉语，所以就比较慢。上大学的时候就可以完全用汉语思考和讲话了。现在的孩子学习普通话更早，对普通话的掌握应该比我们这代更容易。"李竹村在《思普边情及治边意见》中提及应尊重沿边少数民族的宗教文化和培养国家认同感，"其（摆夷）原有之宗教文字，仍许其信仰学习，地方官但能因势利导，随其性而教之，灌输以常识，令其学习普通话汉文，使知汉人语文之利益而明了国家观念，不致为野心操纵鱼肉。摆夷婚姻自由，乐善好施，谦让和平，极应光大发扬，不可视为蛮风，一切破坏。予摆夷如回教在中国信教服食自由同等之地位"②。而李佛一在《南荒内外》中陈述边疆移民之利，"籍可沟通边民知识，消弭隔膜，与内地住民打成一片，休戚与共，杜外人之离间利用，永绝边患"③。

人口流动加快，加快了文化价值观和角色期待的不断调整。尤其是离开本民族社区的个体，进入一个全新的社区，导致参照群体发生变化。传统社区的文化认同和评价标准与新社区存在差异，当事人的价值观、思想

---

① 参见牟钟鉴《民族学和宗教学的分途与相遇——民族宗教学初探》，载于《宗教与民族（第四辑）》，宗教文化出版社2006年版，第14页。
② 参见李拂一《南荒内外》，复仁书屋2003年版，第66—67页。
③ 参见李拂一《南荒内外》，复仁书屋2003年版，第62页。

行为也会随之发生变化。两个不同社区的文化标准会造成当事人角色紧张。这种紧张更多是由"文化震惊"引起的。当"震惊"平复后，迁移者就适应了迁入社区的文化标准，产生新的文化认同感，形成社区归属感。迁移者在两个社区自由往来，从容应对不同的文化要求，不仅为两个社区接受和认同，又成为两个社区彼此了解、相互交往的信使。尤其是在当代，异质性社区不断增多，各种文化相互混杂、激荡、共存、融合。人们对异质文化的了解、容忍、认同、接受能力不断增强。虽然回傣和傣族信仰不同，但先前却有着浓厚的血缘联系，语言和服饰也一样，交往密切。比如回傣居住的曼赛回和傣族的曼赛龙实际上就是一个村寨，中间只隔一条街。两个民族、两种宗教共住一个村落，在日常生活中交往势必频繁。不同文化群体的人际流动，模糊了群体界限，彼此穿插，共荣同美。《淮南子·齐俗训》中讲"入其国者从其俗，入其家者避其讳，不犯禁而入，不忤逆而进，虽之夷狄徒倮之国，结轨乎远方之外，而无所困矣"。从而达到"四夷之礼不同，皆尊其主而爱其亲，敬其兄"。

访谈 4.21：曼允教堂牧师，州基督教协会会长，傣族，男，访谈时间：2011 年 6 月 5 日。

我们是傣族，虽然信仰基督教，但说傣话，穿傣服，跳傣舞，过泼水节。民族传统是不能丢的。但我们不过关门节和开门节。我们过圣诞节的时候，也会邀请其他不信基督教的傣族一起过节。我们会表演节目让他们来观看，一起庆祝，但不喝酒。我们做礼拜时，他们只是在一旁观看，都不参与。我们曼允村有 100 多人信仰基督教。很多都已经被"同化"了，像入党的、上学的就不信仰了。

访谈 4.22：景洪市清真寺阿訇，老家玉溪市通海县，男，35 岁左右，访谈时间：2010 年 10 月 31 日。

伊斯兰教传到中国，也受到中国传统文化的影响，发生了一些变化。比如我们穆斯林去世以后就会直接埋葬，也不用供养神灵。因为他本人生前所做的功课，已经为他死后的归属做好了准备，不需要他的亲人和朋友的供养。但来到中国，人去世了要在家里停放几天，还要一七二七地按周期祭拜，供养。清明节也要到坟前扫墓，而我们穆斯林只要思念自己的亲人，随时都可以去墓地祭拜。

访谈 4.23：易武小学老师，石屏李姓汉族，女，45 岁左右，访谈时间：2011 年 5 月 21 日。

因为彝族在（这边）有很多支系。高山、洒代是两个比较典型的彝族寨子，有自己的语言、服饰，包头，穿长尾服。三合社的彝族文化就很复杂。三合社顾名思义就是由三个寨子合并成的，有大竹林、黄家酒坊、老普寨。三个寨子都是彝族，黄家酒坊和老普寨受汉文化影响很大。大竹林是比较典型的彝族，有自己的服饰和语言，但合并以后，不讲自己的语言，不穿自己的服饰，和黄家酒坊、老普寨一样，都被汉化了。

二 西双版纳民族文化交流交融

基诺族虔诚崇拜神鼓，祭祀仪式中的大鼓舞已被列入国家非物质文化遗产名录。在傣族和布朗族的每个寺院中都有大鼓，在宗教活动中会时常响起。据基诺族长老讲，傣族的大鼓是从基诺族传过去的，是当年基诺族姑娘嫁给傣族"召片领"时的嫁妆。书中记载，"西双版纳傣族第九代召片领召坎勐娶了一位基诺族姑娘为王妃，所生下的儿子后来继承王位，成为第十代召片领"。[①] 勐腊县瑶区乡沙仁村委会沙仁壮族寨建有土地庙，过春节和关门节、开门节，不过泼水节。易武镇易武村委会松树林是从红河州搬迁来的瑶族，继续持守道教信仰。寨子里有人去世，要算日子下葬；男孩要进行度戒，有时也请当地的瑶族师父来主持度戒。一位哈尼族商贩经常与基诺族、傣族打交道，会说哈尼话、基诺话、傣话和普通话。哈尼族的传统节日主要有"嘎汤帕""合实阿培老""耶苦扎"和"尝新节"等，现在受汉文化影响开始过春节、中秋节和端午节。但这些节日并没有

[①] 参见于希谦《基诺族文化史》，云南民族出版社 2000 年版，第 26 页。

自己的习俗活动，成为休闲娱乐的契机。拉祜族主要过清明节、新米节、火把节（农历六月二十四日）、拉祜扩、小年（正月十五）等。大年初一早晨，杀鸡，摆供品，年轻人到水井抢新水，以讨得吉祥，然后相互拜年。现在拉祜族寨子已经没有村庙，但都会供奉两棵大神树。神树护卫着村寨的一切生灵，成为村寨凝聚力的象征。

西双版纳多个民族，如果遇到事情不顺、身体不好或不吉利的东西，就要拴线，驱除晦运。笔者通过多方调查，了解到西双版纳几乎所有少数民族都有拴线的传统，只是拴线方式和线的颜色不同罢了。傣族和布朗族拴白线；哈尼族雅尼支系拴白线或黑线；阿克人（划归哈尼族）拴黑红交织的线；基诺族拴红线（如果家里老人去世，儿子就要拴白线）；拉祜族拴白线；佤族拴白线。彝族把拴线称作"叫魂"，一般要凑足七种颜色，实在找不齐，也必须有白、红、蓝三种颜色。哈尼族拴线一般是家里的老人杀一只鸡，煮几个鸡蛋，拿一些米饭，用线把供在桌子上的米饭、鸡蛋、鸡肉连在一起，按一下，然后一边祈祷一边把线拴在当事者的手腕上。拴完线，祈祷也正好结束，然后当事人把这些米饭、鸡蛋和鸡肉一起吃下。外出打工、上学的回到家也要进行拴线，把从外边带回来的"不干净的东西"或附在人身上的"魂"驱除出去。笔者的一位哈尼族学生因被狗吓着了，在手上拴了一条黑线，而且不能随便把线弄断。笔者班里共有六名哈尼族学生，半年时间就有两位请假回家拴线。因为拴线时，全家人都要在场。以此可见，拴线祭祀在哈尼族还很盛行。

访谈 4.24：西双版纳职业技术学院学生，哈尼族，男，16 岁，访谈时间：2011 年 6 月 11 日。

我爸爸是墨江来的哈尼族，我妈是旱傣。我外婆家在易武镇曼腊村委会的勐野坝，是个旱傣寨子，有 20 多户。我外公瘫痪，就经常请他们来搞"迷信"，保平安。我外婆请苗族的来搞；我舅妈是彝族，就请彝族的来搞；我二舅大女儿的干爹是瑶族的"师公"，也来帮忙搞。瑶族做草剑和稻草人，围着人一边转，一边念，再拿两只鸡搞搞分给全家人吃。彝族也是围着人转，念经，就像唱歌一样。苗族是用鸡蛋，把鸡蛋放在碗里，再加水，还拿牛骨，用水油喷火。过年的时候，请我家老祖回来吃饭，我外婆会自己搞。我家住在勐远那边，以前也搞这些迷信。我家旁边有一家四川人，他家媳妇会搞。我家就请他媳妇搞。

访谈 4.25：西双版纳职业技术学院学生，家住勐海县勐满镇关双村委会关双老寨，布朗族，男，16 岁，访谈时间：2011 年 6 月 11 日。

听老人讲关双老寨和关双新寨都是佤族，信仰南传上座部佛教，建有寺院。我们已被划归布朗族，但与旁边吉良寨的布朗族在语言和宗教信仰上有区别。我们过的节日和傣族差不多，像关门节、开门节，还有泼水节。我们的鬼神信仰很浓厚，经常做驱鬼、叫魂、拴线的"迷信"活动。我们和傣族一样，都是拴白线，有时到寺院里让佛爷拴，有时在家里让老人拴。像在外边遇上什么"不干净的东西"、被吓着了、生病等就在家里由老人拴。过赕的时候，如果家里有老人去世，要做很多东西拿到寺院去供，还要用纸做高高的房子，再念三天经。有时还用孔明灯把祭品升上天，送给老人。我没有当过和尚。现在寨子里的男孩都不当和尚了。我们寨子说自己民族的语言，一般也都会说普通话。老人都会说傣语，因为他们全都当过和尚，要念傣族的佛经，所以都认识傣文，会说傣语。我们寺院有大鼓，也有象脚鼓。在过傣历年的时候，就会跳象脚舞。我们跳的象脚舞和傣族是一样的，唯一的差别就是我们的舞蹈更粗犷豪爽，傣族的更温柔轻盈。

访谈 4.26：勐海县勐遮镇曼弄村委会佤族新寨，佤族，男，34 岁，访谈时间：2012 年 8 月 9 日。

我们新寨是从老寨搬过来的，还有一个寨子也是从老寨分出来的。我们说佤族话，和布朗族话有点相同。我们能听懂傣话，也会说傣话，有些还会唱傣族歌。傣族说我们佤族话太难了，学不会。我们不需要学（傣话），跟那些傣族小孩在一起读书，一起玩就会了。我们的姓和傣族是一样的，男的姓岩，女的姓玉。我们佤族内部相互称呼，就叫佤族名字，他们傣族叫我们在前边再加上"岩""玉"。像我佤族名字叫"义",我们佤族就叫我义,傣族叫我岩义。我们身份证上也是岩义。我也有汉族名字,姓陈,但不经常用。小孩就在下边的勐棒小学上学。有三个老师,三个班,分一年级、三年级、五年级,每个年级上两年,一共上六年。我们佤族也拴线,和傣族一样两只手都要拴。哈尼族只拴一边。

访谈4.27:格朗和乡帕宫村委会帕宫下寨村民,山头汉族老户,男,64岁,访谈时间:2012年8月8日。

汉族有的火葬,有的土葬,要看怎么死的。像车祸、自杀、摔死等不正常死亡就要火葬,正常老死的就土葬。有人去世,全寨子的人都来帮忙。以前,要用纸扎纸马、纸象、童男童女。还要找一匹马打扮好,让死人的鬼魂骑着去坟地,叫作送阴马。人去世的第一天孝子要去选坟地,撒点米,然后扔鸡蛋,如果扔出去鸡蛋不破,说明去世的人不愿意在此安葬,就要重新扔,一直到鸡蛋破了,就可以挖坟。汉族家里是要供神的,我七八岁的时候每家都要供神,烧香,求神保佑。到了"文化大革命"才抬丢。汉族也拴线,六月二十四火把节要拴线、叫魂。七月半(七月十五,中元节)接老祖公、送老祖公,一年接回来一回。要烧大火把,找个高高的木杆做成火把,小伙子顶着火把,去追小姑娘撒火把,有时把头发都烧着了。那时候,小姑娘就专门抬着水,去别人家躲。这个风俗是把一年不好的东西,都用火赶走,驱邪。结婚、上新房也是杀猪杀牛,请客吃饭,各个民族玩得好,都要请。吃吃喝喝,侃侃玩玩,搞点迷信。除了人去世不同,其他的都差不多一样了。

南传上座部佛教信仰盛行于中南半岛。西双版纳处于整个南传上座部佛教文化圈的边缘地带。瑶族的道教信仰、回族的伊斯兰教信仰呈零星分布,淹没在浩瀚斑斓的信仰夜空中。基督教被移植到西双版纳信仰王国只有百年历史,在孕育万物的亚热带气候下茁壮成长,与本土"信仰植被"竞争阳光、水分和养料。景洪市信仰基督教的三个傣族村寨犹如汪洋大海中的三个孤岛。如景洪市城区基督教堂负责人所说,"要在传统傣族、哈尼族村寨建立一座教堂是非常困难的"。勐腊县基督教信仰比较盛行，主要是由墨江等地的哈尼族碧约支系携带而来的背囊文化。当地的哈尼族雅尼支系和阿克人（划归哈尼族）信仰基督教的寥寥无几。哈尼族、基诺族、彝族、拉祜族、景颇族、佤族、苗族、布朗族等民族的传统宗教信仰在现代世俗文化的冲击下和外来宗教文化的蚕食下已自顾不暇。所以，在西双版纳宗教信仰的热带雨林中并没有哪一种宗教成为傲视群雄的"望天树"，只能在这片异常拥挤的生命空间中各显其能、见缝插针地汲取资源养分。在祥和的祖国大家庭里，各种合法宗教都有生存和发展的权利和自由。在国家法制保障、政策监督下，宗教文化的竞争机制良性运行，没有哪家能成为垄断寡头，更没有哪家要听命于他人。大家既是竞争排斥的对手，又是合作共存的兄弟。

第四节 西双版纳多元文化融入中华民族文化体系

四大文明古国在经历时代演替的冲击后，多数只存留古迹和传说，供世人瞻仰和回忆。只有中华文化还坚韧倔强地扎根在东方黄土地之上。因为有一个庞大的群体一直在坚守着自己的文化价值观和道德标准。总体讲，文艺复兴后世界文化都经历了世俗化的洗礼。西方的基督教文化、东方的佛教文化无一幸免。如果说五四运动开始打破中国传统封建思想禁锢枷锁的话，那么"破四旧"就成了中华文化世俗化的推土机。目前，中国政治建制相对完备稳固，市场经济繁荣昌盛，人员往来频繁，而整个中华民族的文化认同又从何谈起呢？文化具有延续性和流变性，中华文化也不例外。回想春秋战国时期的百家争鸣，到秦朝以金戈铁马、严刑酷法统一帝国，再到汉朝初年与民休养生息的垂拱而治。历史顺延到了汉朝武帝时期，"文景之治"的经济积累有了"米盈仓、钱断绳"的基础；武帝以"推恩令"稳固了政权建制；在思想文化上汉武帝刘彻依然确定"独尊儒术"的国策。由此，中华文化承上启下，继往开来繁衍数千年。董仲舒的《天人三策》是在夏、商、周三朝文化积淀的基础上，经历了春秋战国的百家争鸣、秦朝的法家、汉朝初期的道家等文化洗礼后凝聚而成的，实际是杂糅了多家思想的精髓。后人对儒家经典的疏注以及儒释道相互借鉴、相互融通，都表明了中华文化的兼容并蓄，活力永葆。

社会文化有主文化、亚文化和反文化之分。主文化是"在社会上占主导地位的，为社会上多数人所接受的，对现存社会秩序起着维护、支持作用的文化。"① 主文化影响社会成员的思维方式、行为方式、世界观、价值观，是社会性格的主要标志，是培养社会认同性、增强社会凝聚力的主要纽带。亚文化指"仅为社会上一部分成员所接受的或为某一社会群体特有的文化"②，如民族、阶级、职业、宗教、性别、地域、年龄等不同群体所承载的特殊性文化。亚文化受主文化影响，很少与主文化对抗，同时表现出独特的利益、道德、规范和观念。多样的亚文化有利于活跃社会思想，使文化朝气蓬勃，推动社会进步。主文化是各种小传统、亚文化经历了历史实践的洗礼，历经冲洗、激荡、过滤、沉淀、提纯、升华而成。主文化源于亚文化，又高于、涵盖亚文化。主文化的社会功能发挥，首先要通过教育、宣传等社会化手段，回归、渗透到亚文化中，为亚文化群体所了解、认识、接受。反文化是"一种特殊的亚文化，是对现存秩序的背离和否定，是对现存主文化的抵制和对抗"③。从社会整合的角度来讲，反文化对抗现存社会秩序，容易造成社会的混乱和动荡，不利于社会的稳定和团结。当然从社会发展的角度讲，有些反文化就要另当别论。所以，对反文化要具体问题具体分析，不能一概否定，更不能放任自流。④ "主文化必须

---

① 参见郑杭生《关于指导思想和共同理想的几点思考——从社会学视角分析社会主义核心价值体系》，《学术研究》2006 年第 12 期。
② 参见郑杭生《关于指导思想和共同理想的几点思考——从社会学视角分析社会主义核心价值体系》，《学术研究》2006 年第 12 期。
③ 参见郑杭生《关于指导思想和共同理想的几点思考——从社会学视角分析社会主义核心价值体系》，《学术研究》2006 年第 12 期。
④ 参见郑杭生《社会学概论新修》，中国人民大学出版社 2002 年版，第 69—70 页。

旗帜鲜明,亚文化必须多种多样,反文化必须受到限制。"①

"我国当今社会的主文化,就是以马克思主义为指导的、吸取中华民族和世界优秀文化遗产的、为人民服务的、有中国特色的社会主义文化;这种主文化和主旋律是我们国家的根本价值观之所在,是我国社会的强大凝聚力之源泉。"②"大传统"作为主文化形态,"其构建往往必须涵括文化价值的两端——上至终极实在的深究,下至生活实践的反思。从其一端向另一端的伸展,可以展开一个序列性的结构系统",包括崇高性的终极实在、共享性的价值观念、导向性的制度秩序、合理性的生活行动四个层面。③"在今天,引导多元宗教的思想是人文的中国特色社会主义,其宗教观是温和的无神论。既坚持无神论,又尊重有神论,就是温和的无神论,它是新时期建设宗教多元通和生态的必要社会条件。"④ 它承认宗教存在的必然性和长期性,不反宗教而能加以包容、尊重,并发挥宗教的积极作用。"社会主义的核心价值强调以人为本、共同富裕、公平正义、互尊和谐,它是社会主义思想与中华文化的有机结合。在它的指导下,人文理性与科学理性是社会思潮的主流,社会文明得以日益提升,宗教理性也将不断加强,宗教关系才能走向和谐。"⑤

中华民族"多元一体"文化中的"多元"是指中国56个民族各自的独特文化;而对"一体"的界定却一直很模糊。傣族的南传上座部佛教、回族的伊斯兰教、瑶族的道教信仰以及各少数民族的原始宗教都不同程度地受到现代文化的影响。宗教世俗化势在必行。初入中国的基督新教,在未踏入我国国门之前,就在她的"娘家"完成了这种"蜕变",所以来到"婆家"后不论是教义的宣传方式、教务的管理模式,还是宗教活动的组

---

① 参见郑杭生《关于指导思想和共同理想的几点思考——从社会学视角分析社会主义核心价值体系》,《学术研究》2006年第12期。
② 参见郑杭生《关于当前文化发展模式的几点思考》,《人民日报》1994年第5期。
③ 参见郑杭生《论社会建设与"软实力"的培育———一种"大传统"和"小传统"的社会学视野》,《社会科学战线》2008年第10期。
④ 参见牟钟鉴《宗教生态论》,《世界宗教文化》2012年第1期。
⑤ 参见牟钟鉴《宗教生态论》,《世界宗教文化》2012年第1期。

织形式都比其他家庭成员显得更合潮流。但是她"嫁到"中国这个大家庭，毕竟要经历"入乡随俗"的"本土化"权变过程。宗教发挥自身的主观能动性，积极适应社会形势的发展，形成自身再生机制。宗教在保证其核心思想不改变的前提下，对某些非本质部分做策略性调整，以适应社会形势的变化。目前中国，所有宗教的文化重构在所难免。宗教思想具有一定的包容性。宗教文化对主流文化的比附和顺应是中国文化格局一贯形势，达到社会和谐与宗教和谐的双赢目标。

第五章　社区视域下传统社会西双版纳文化生态平衡研究

党和政府十分重视宗教关系，将宗教关系与政党关系、民族关系、阶层关系、海内外同胞关系放在同等高度，列为"当前政治和社会生活领域必须妥善处理的五个重大关系之一"[①]。为建构和谐的宗教关系，宗教管理部门和宗教研究学者积极探索和反思，形成了一系列宗教管理思路，包括一直盛行的宗教引导论，还包括新兴的宗教市场论、宗教生态平衡论、宗教兼容论和宗教实践论等。[②] 在反思基督教改革开放后迅猛发展的原因时，学者"把文化生态学的理论与方法运用到宗教文化的研究，提出并着力建设宗教生态学理论，研究在一个相对独立的信仰文化圈内，宗教诸种关系及其态势，包括宗教内部的关系，宗教之间的关系，宗教与生存环境（自然与社会）之间的关系，研究宗教多样性结构及其适应社会过程中的动态平衡、失衡、重建的规律，并涉及文化圈之间的关系"[③]。宗教生态论"重视自然环境与经济类型对宗教文化的影响"[④]，主

[①]　参见张志刚《当代中国宗教关系研究刍议——基于国内外研讨现状的理论与政策探讨》，《北京大学学报》2011年第2期。
[②]　参见张志刚《当代中国宗教关系研究刍议——基于国内外研讨现状的理论与政策探讨》，《北京大学学报》2011年第2期。
[③]　参见牟钟鉴《宗教生态论》，《世界宗教文化》2012年第1期。
[④]　参见牟钟鉴《宗教生态论》，《世界宗教文化》2012年第1期。

张社会中各种宗教"彼此间应该是互相制约达到一个平衡状态"①。这一理论对我国多宗教和谐共生的历史文化现象进行了概括,同时有助于总结历史经验教训,分析当前宗教发展失衡的原因,重建宗教生态多元通和模式。

西双版纳傣族自治州下辖景洪市、勐海和勐腊两县,地处祖国西南边陲,是亚洲大陆俯冲向东南亚半岛的过渡地带。西双版纳州境内,高山平坝交错纵横,从凉爽的高地到湿热的坝区,形成了一个个立体生态区间。在这片神圣的土地上生活着13个世居民族。在传统社会,民族群体之间为获得生存空间而相互竞争,并与生态环境发生互动,形成相应的民族体质、生产方式和组织形式。由此,"空间变成了人的空间,而人也成为这种空间之中的人"②。民族群体"必然会将自我的意志体现在外部空间上,占有空间成了他主体性的体现"③。为适应不同的空间环境,民族群体以规模不等的村寨形式繁衍生息,分层次生活在这种立体空间中,并形成特色鲜明的宗教文化空间。在西双版纳民族地区,宗教信仰的空间分布是"地域性与民族性紧密交织在一起"④的,以坝区傣族的南传上座部佛教信仰空间为中心基点,扩展到周围山腰区域哈尼族、布朗族、彝族等民族的信仰空间,再到山顶区域苗族、瑶族等民族的信仰空间,呈现出"条块式"鳞次栉比的排列格局。"立体的地理地貌形成了立体的气候、立体的植被、立体的农业分布、立体的民族和立体的宗教文化。"⑤ 自然环境与社会形态共同铸就了西双版纳"天人合一"的地理人文景象和多宗教和谐共处的人间天堂。

---

① 参见王超、高师宁《宗教管理模式论争的回顾与思考——从"宗教文化生态平衡论"说起》,《世界宗教研究》2012年第5期。
② 参见童强《空间哲学》,北京大学出版社2011年版,第8页。
③ 参见童强《空间哲学》,北京大学出版社2011年版,第8页。
④ 参见张桥贵《云南多宗教和谐相处的主要原因》,《世界宗教研究》2010年第2期。
⑤ 参见张桥贵《云南多宗教和谐相处的主要原因》,《世界宗教研究》2010年第2期。

第一节　西双版纳多元文化的集体特性

一　传统社会同质性文化的集体归属

涂尔干在《宗教生活的基本形式》中，开章明义以功能学派视角给宗教定义，主张"宗教是社会的"。"宗教是一种与既与众不同又不可冒犯的神圣事物有关的信仰与仪轨所组成的统一体系，这些信仰与仪轨将所有信奉它们的人结合在一个被称为'教会'的道德共同体之内。"① 更准确地说，在实在和形态的意义上，宗教就是社会。"事实上，社会意识所拥有的绝对权力，主要不是由于它在物质上所特有的无上的地位，而是由于它所赋有的道德权威。如果我们服从于社会的指令，那不仅是因为强大的社会足以战胜我们的反抗，而首先是因为社会是受到了尊崇的对象。"②

在图腾崇拜中，涂尔干以社会为第一性，个体归属于氏族、部落以及部落联盟。社会成员通过图腾崇拜和信仰仪式将自我委身于所属群体和社会。在传统社会，社会成员必须委身于生态环境、社会群体（社区），借助集体力量才能克服恶劣的生存状态。而地域性的生态环境、社区和依附于土地上的氏族群体高度凝结在一起。个体的宗教委身，实际还连带着对环境、生活方式和群体的归属。"在低级社会中，任何事物都是共同的，活动是定型的；每个人都在同样的环境中进行着同样的活动，而这种行为一致性也只不过是思想一致性的体现。每个心灵都被卷进了同样的旋涡，几乎所有的个体类型都是按照种族类型的模式得以确立的。当所有一切都统整起来的时候，一切也就都变得简单了。那里的神话丝毫没有变形，都

---

① 参见［法］爱弥尔·涂尔干《宗教生活的基本形式》，渠东、汲喆译，上海人民出版社1999年版，第54页。
② 参见［法］爱弥尔·涂尔干《宗教生活的基本形式》，渠东、汲喆译，上海人民出版社1999年版，第150页。

是不断重复着的单一的和同一的主题构成的,而仪式也是由再三重复的少数姿势组成的。"①

宗教给予个体以力量,"信仰本身能够'移山填海',能够支配自然力量"。个体在融入集体时,才能感觉到自己力量的强大,集体成了自我的自然扩展,成为自身能量的累加。在神圣与凡俗的对比中,个体与宗教(社会)的相辅相成关系体现得淋漓尽致。"在共同的激情的鼓舞下,我们在集会上变得易于冲动,情绪激昂,而这是仅凭个人的力量所难以维系的。等到集会解散,我们发现自己重又孑然一身,回落到平常的状态,我们就能体会出我们曾经在多大程度上超越自身了。"② 正是经历了这种宗教仪式中的"集体欢腾"激发出了"集体表象",从而成为个体神圣性的力量源泉。"即使当宗教似乎已经完全变成个体良知的时候,它还是要从社会中寻找滋养自身的生命之源。而只有当许多人都共同持有这种信仰时,这种信仰才能发挥作用。"③

二 群体维度的交叉促进文化多元

西双版纳是一个多民族、多宗教共处的地区。民族与宗教的关系十分密切,又相当复杂,就如一对"孪生兄弟"。笔者借鉴宫玉宽对民族与宗教关系的分类来分析西双版纳地区的民族、宗教关系。第一,同一民族信仰不同的宗教。傣族不仅多数信仰南传上座部佛教,也有部分信仰基督教的,并保留着浓厚的原始宗教信仰。布朗族信仰南传上座部佛教,也保留本民族的原始宗教信仰。哈尼族的"碧约"支系存在基督教信仰,"雅尼"

---

① 参见[法]爱弥尔·涂尔干《宗教生活的基本形式》,渠东、汲喆译,上海人民出版社1999年版,第21页。
② 参见[法]爱弥尔·涂尔干《宗教生活的基本形式》,渠东、汲喆译,上海人民出版社1999年版,第75页。
③ 参见[法]爱弥尔·涂尔干《宗教生活的基本形式》,渠东、汲喆译,上海人民出版社1999年版,第108页。

"卡多"等支系多数保持本民族原始宗教信仰。第二，同一种宗教有不同的民族共同信仰。西双版纳地区傣族和布朗族几乎全民信仰南传上座部佛教。第三，有些民族几乎全民信仰同一宗教，而有些民族只有部分成员信仰某一宗教。比如瑶族之于道教，拉祜族、基诺族之于各自的原始宗教，回族之于伊斯兰教，都是一个民族信仰同一种宗教；而傣族、汉族、哈尼族等之于基督教，傣族之于南传上座部佛教就是部分民族成员信仰某一宗教。[①] 第四，同一种宗教在若干民族中都有部分成员信仰。汉族、傣族、哈尼族、彝族、瑶族等13个民族的部分成员信仰基督教。由此而看，西双版纳的民族和宗教既重叠又交叉，关系密切并且复杂，进而造成了宗教问题与民族问题交织在一起，难解难分。从社会学的角度研究宗教问题就不能无视宗教与民族的互动关系，把宗教和民族问题放在整个社会问题的框架范围内进行研究，将其视为社会总体问题的有机组成部分，并与政治、经济、文化诸领域紧密联系起来。

第二节　西双版纳多元化格局的基础架构

一　立体生态造就民族村寨的立体分布

西双版纳地质上属于西南槽褶皱区中的三江（怒江、澜沧江、金沙江）印支褶皱的南段，澜沧江深断裂南北纵贯于本区域中部，形成了景洪断裂、勐海隆起、勐腊凹陷的"马蹄形"地貌特征。西部、北部、东北部有天然寒流屏障无量山、哀牢山及其怒山余脉，中部为澜沧江及其支流侵蚀冲刷形成的阶梯式盆地，西南、东南紧邻孟加拉湾和北部湾。州内坡度在8°以下、面积大于1平方千米的坝子共49个，万亩以上的坝子有23个。这些平坝大多数都处在河谷盆地，与周围的丘陵高山交错分布，地势上的立体差别造就了自然生态的立体分布，更从总体上深远地影响着州内各民

---

① 傣族不仅有部分成员信仰基督教，也有被称为"花腰傣"的"傣雅"支系信仰原始宗教。

族的居住态势。①

西双版纳 13 个世居民族在长期的生存历练中形成了固定的居住格局。傣族在西双版纳两县一市均匀分布，几乎占据了所有平坝。勐腊县的三个壮族村寨和勐海县的两个回傣村寨也"镶嵌"在平坝的傣族村寨中间。其他少数民族可统称为山地民族，居住在围绕平坝盆地的山区和半山区。早期来此的汉族因不适应平坝的湿热气候，避居于勐海、勐腊等地山区，以经商、务农为主，被称为"山头汉族"。总体来讲，傣族在西双版纳境内人数最多，却被大山分隔在大小不一的坝区内，力量不便于集中；山地民族也被平坝盆地所割裂，只能占据各个孤立的山头。虽然各民族都有聚族而居的特点，却没有形成联合成片的单一民族群体。民族是群体划分的一个参数，但真正具有实际意义和社会影响的是以村寨为依托而形成的民族社区群体。各个民族都聚族而居，形成一个个零星分布的村寨。在平坝到山地的立体生态空间中，民族社会呈现出层次鲜明的交错居住格局。

关于各民族的立体分布格局前人已做过深入研究，并形成一定的共识。第一，民族之间关系状况决定了民族居住格局。各民族在争夺优良生活空间的过程中进行了残酷的冲突甚至战争，最终具有较强力量的民族占据了条件较好的土地，并将其他弱小民族驱赶、排斥到山腰、山头甚至偏远山地。② 在历史沿革中，各民族为了争夺生存空间，扩展自己的势力范围，彼此之间经常发生战争和民族迁移。南诏时期，彝族控制着云南大部分地区。到南诏晚期（唐咸通年间，860—874 年），逐渐强大起来的西双版纳傣族北上，攻陷银生府（现景东地区），占据蒙乐山区。伴随傣族群体的北进，彝族群体被迫退守北方，重心转移到楚雄。受此影响聚居在蒙乐山区的哈尼族多数向东移居哀牢山区。后白族段思平在滇东曲靖集结三十七部，举兵西向，进入洱海。由此，白族在苍山

---

① 参见《西双版纳傣族自治州志·上册》，新华出版社 2001 年版，第 1、159 页。
② 参见郑杭生《民族社会学概论》，中国人民大学出版社 2011 年版，第 60 页。

洱海间繁衍生息。①宋淳熙七年（1180年），傣族首领帕雅真通过征战统一勐泐，建立景陇王国，成为西双版纳的统治民族，占据了所有坝区。其他民族主要争夺山林的占据权。如"百濮"支系的布朗族原先居住在哀牢山地区，由于民族争斗或民族压迫，不断由北向南迁徙，最后到达中缅边境的布朗山。在其迁移路途中也留下了生生不息的"遗迹"。现在由哈尼族居住的南糯山、格朗和等地的老茶树，就是由布朗族当年栽种的。

第二，民族居住格局反过来影响民族经济社会发展。在对周围生态环境的适应中，"各民族对气候、地貌、土质乃至经济类型经历着从适应到依赖的历史过程，形成一种居住和分布定势"②。如氐羌支系的哈尼族、拉祜族和彝族等多数居住在海拔较高的凉爽山区，从事刀耕火种的粗放型种植业；而百越支系的傣族、壮族在河谷地带的长期生活中逐步适应了湿热气候，主要进行水田稻谷种植。西双版纳处于亚热带地区，干季和雨季分明。在干季，山地民族会到坝区做短工或是为土司服劳役，外地商人也会进入坝区赶街串寨，买卖商品。但在雨季，整天阴雨连连，气候湿热，容易得疟疾（俗称"黑尿病"）。汉族和其他山地民族在雨季来临之前就早早收拾行囊离开坝区，返回本土。③傣族长期生活在低热的河谷地带，体质、饮食上已经适应了这种气候，并发展出相应的医药文化。各民族在迁移过程中倾向于寻找适宜的生存环境，特别是与自己的生产生活方式相适应的地理生态环境。④傣族寻找适于水稻种植的河谷盆地，山地民族寻找凉爽的山地，从而形成了民族群体的立体分布。各民族适应各自的生态环境，形成独具特色的生产生活方式，安守各自的生存空间，和平相处。自然生态与民族关系共同影响了民族群体的居住选择，又客观上造就了多民族群体的立体分布。

---

① 参见《哈尼族简史》编写组《哈尼族简史》（修订本），民族出版社2008年版，第26页。
② 参见赵世林、伍琼华《傣族文化志》，云南民族出版社1997年版，第5页。
③ 参见江应樑《摆夷的经济文化生活》，云南人民出版社2008年版，第63页。
④ 参见赵世林、伍琼华《傣族文化志》，云南民族出版社1997年版，第6页。

二 土司制度巩固了民族分布格局

西双版纳地区的傣族土司政治制度进一步巩固了民族分布格局。12世纪傣族头领叭真征服各部建立"景龙金殿国",归属大理政权管辖。蒙古政权征服云南后,对澜沧江以西的"僰"实行"委土人酋长为首领,不变其原有制度,使世袭统治之"的土司制度。明清王朝对西双版纳地区的统治沿袭了土司制度。民国时期,代表中央在西双版纳主政的柯树勋呈报《治边十二陈》,提出"设流不改土"的政治改革主张,获得批准。1945年2月,云南省政府主席龙云册封刀世勋为"车里宣慰使"。1956年12月19日,通过土地改革,彻底结束了约800年的土司制度。

土司制度在西双版纳地区形成一套完备的行政管理体系。中央一级政权以召片领为首,下面设有"召童叭萨""召景哈""怀朗曼凹""召童叭竜办"四大部门,分别负责政治、经济、军事等事务。地方一级的各勐土司是整个政权的中坚力量,也真正掌握着经济、军事的实际权力。由"召贯"和"叭浩"辅助各勐土司治理地方事务,并负责与中央政权联系。傣族民众分为"召庄"(自由民)、"傣勐""滚很召"(仆人)等级别,勐内相同级别的村寨组成一个"召火西",共同承担劳役和其他义务。居住于坝区的壮族(当时被识别为傣族)和回族同样被纳入这种"火西"管理体系内。村寨头人被委任为"叭""鲊""老先",负责村寨管理。每个村寨一般由几个家族组成。家族被称作"景哈翁沙",有自己的家族田和鱼塘等,由头人负责土地的分配和内部管理。由此可见,村寨一级的管理(包括家族内部管理)属于农村公社和家族公社制度的范畴,是一种自治形式;召片领、召勐、召火西的管理模式属于政权组织范畴,很少直接插手村寨事务。村寨成为土司制度的基本组织单位。

傣族土司将本区域内的其他少数民族划分为十二个区域,设立"卡西双火圈",通过"火圈"的行政组织形式把山地民族置于统治范围内。傣族最高统治者"召片领"在每个"火圈"封该民族的头人为"叭苰",封傣族官员为这些"火圈"的"波朗",形成一个自上而下的交叉统治模式。各级土司对山地民族的统治以征收贡纳和劳役为主要目的,并不直接干预各民族的内部管理事务,不改变他们的社会组织形态。山地民族的社会形态多数处于农村公社和氏族公社阶段,以血缘、地缘和宗教为纽带维持氏族、家支和村寨的凝聚力,并在征服自然、争夺资源的过程中形成群体之间的边界。村寨成为血缘和地缘交结的凝聚点,成为民族成员寻求归属的依托和进行自治的基本单位。历代王朝对西双版纳没有实现中央集权统治;而当地傣族土司也没有将其他少数民族置于直接统治之下。在西双版纳,不论是作为统治民族的傣族,还是其他少数民族都拥有自由发展的空间。[①]

三 土地所有制支撑各民族的生存空间

西双版纳属于封建领主经济,接受中央王朝册封的召片领在名义上拥有所有土地。召勐实际控制着各勐的平坝土地以及周围山林。普通民众以村寨、家族、氏族的形式占有土地。陈翰笙和江应樑将西双版纳傣族占据的土地分为四类。陈翰笙分为:全村的公共土地——"纳曼"、官员的俸禄土地——"纳召"、庙地——"纳洼"以及租借村寨的荒地——"纳贝"。[②] 江应樑分为村民共有土地、土司的庄园、头人酬劳田和特种需用田地。两者的分类可谓大同小异。现以陈翰笙的分类为主线,综合江应樑的相关内容进行具体分析。第一类为村民的共有土地——"纳曼":村寨里

[①] 拉铁摩尔(2005)主张中国北方的农耕民族与游牧民族存在生产生活方式的天然区隔,长城一线成为农耕文化与游牧文明的分水岭。而在云南境内,立体的生态环境也造就山顶、山腰与平坝各民族立体分布的文化生态。在传统社会,这种立体文化生态成为民族分布的天然屏障。不论在傣族占据统治地位的西双版纳、德宏地区,还是彝族、白族和汉族占据统治地位的滇中地区(元江、新平、景谷以及金沙江流域),傣族居住坝区,彝族居住山区。在西双版纳,彝族向傣族土司纳贡服役;而元江甘庄坝上寨的傣族却租种彝族土司的土地。

[②] 参见陈翰笙《解放前西双版纳的土地制度》,中国社会科学出版社1984年版,第17页。

的每个家庭都可以领得一份，可以传给子孙，但不能转卖他人；如果搬离本寨土地也要无条件收回；新迁入本寨的家庭可领得一块土地；非本村住户不能耕种本村寨的土地。① 第二类为官员的俸禄土地——"纳召"。这些土地都是由村民以劳役的形式为官员（头人）耕种，并把所得收成进贡给占有这份土地的官员。第三类为庙地——"纳洼"，主要用于村寨所有共同承担的费用，如赕佛、官员招待费等。第四类为"纳贝"，是住户获取村寨的荒地耕种，前五年不收取地租，五年后向头人交少量地租（归为村寨的集体收入）。"纳贝"不划入村寨土地分配范围，而租种"纳贝"的住户并没有土地所有权，只有永久租佃权。② 此外，还存在大量的家族田——"纳哈滚"，由家族集体占有。由此可见，西双版纳傣族倾向于以村寨为单位占有和耕种土地，并集体承担相应的赋税义务，是一个紧密的利益集体。

哈尼族、布朗族、基诺族、拉祜族、苗族、瑶族、佤族、彝族等居住在山区，多数是以村寨和氏族的形式占有土地，并按"氏族""大房子"等分配给各个家庭。虽然"山头汉族"已经发展到了土地家庭私有制阶段，甚至在勐腊县的易武、依邦形成了颇具规模的小集镇。但因聚族而居的民族格局，汉族占有的土地也是以村寨界限与其他民族区分开来。村民耕种村寨、氏族的土地是以村寨为范围，某户外迁就要把土地归还村寨或氏族，不能私自出卖。这些民族"村民的结合虽然是以地缘为基础，然而仍然具有浓厚的血缘残余。这表现在每个地缘村寨中事实上还普遍存在着以血缘为纽带的氏族，大多数村寨都是由若干个氏族组成，一个村寨为一个氏族的例子极少。土地为村寨公有、氏族公有、家庭私有，氏族公有是最主要的形式"③。村寨作为以地缘为基础的组织形式，成为维护集体土地财产的主要力量。比如布朗族在与其他村寨涉及土

---

① 参见江应樑《摆夷的经济文化生活》，云南人民出版社 2008 年版，第 29 页。
② 参见陈翰笙《解放前西双版纳的土地制度》，中国社会科学出版社 1984 年版，第 25 页。
③ 参见尹绍亭《一个充满争议的文化生态体系——云南刀耕火种研究》，云南人民出版社 1991 年版，第 154 页。

地租借或纠纷时,都需要全寨成员民主决议,统一行动,并由代表村寨的头人出面解决。[1] 基诺族各村寨之间有着严格的地界,并做界标。在界标上钉木刀、木枪表示禁止侵占本寨土地,绑有"达了"用来辟邪驱鬼。每年"洛嫫洛"节祭祀祖先时,村寨长老都要带人巡视边界,维修界标。[2] 基诺族通过神圣和世俗两种方式保护着村寨土地免受侵犯。由此可见,虽然山地民族主要以氏族的形式占用和使用土地,但是氏族归属村寨,并与村寨内的各氏族形成一个稳固的地域利益集团。所以,村寨集体是山地民族从事农业生产的主要依托。

一个群体占据特定的社会空间,受制于所处自然生态的供给能力以及与其他群体的力量对比。"无论什么时候,一个群体都是依赖于它对自然中一个小生态环境的利用,这暗示了相对于那个小生态环境的承载力,它所能达到的规模的最上限;任何一种稳定的适应必须包括人口规模的控制。另一方面,如果两个人群在生态上相互依赖,正如两个族群有共生关系,这表明其中一个在规模上的任何变化定会对另一个产生重要影响",在互动的时间维度中逐渐找到比例上的平衡。[3] "因为,在本质上一个群体对一个小生态环境的适应受其'绝对'规模影响,而一个由其他族群构成的一个群体对一个小生态环境的适应却受其'相对'规模影响。"[4]

在村落规模上,傣族占据的坝区河谷地带,土地肥沃,单位面积产出高,适于定居生活,所以傣族人口比较集中,村寨规模相对较大。山地民族的土地相对贫瘠,单位面积产出低,而且随着土地肥力的逐年减少必须经常轮歇,耕作的流动性比较大,由此山地民族的村寨规模普遍较小。居住在山区的民族普遍采用刀耕火种的耕作方式。根据尹绍亭的分类,刀耕

---

[1] 参见赵瑛《布朗族文化史》,云南民族出版社2001年版,第51页。
[2] 参见于希谦《基诺族文化史》,云南民族出版社2000年版,第60页。
[3] 参见[挪威]弗里德里克·巴斯《族群与边界》,高崇译,《广西民族大学学报》1999年第1期。
[4] 参见[挪威]弗里德里克·巴斯《族群与边界》,高崇译,《广西民族大学学报》1999年第1期。

火种可分为定耕刀耕火种和游耕刀耕火种。定耕刀耕火种是住所和土地都已经固定下来的刀耕火种。比如布朗族、基诺族、部分拉祜族和部分哈尼族就采用此种刀耕火种方式。游耕刀耕火种是住所和土地均不固定的刀耕火种。在西双版纳，苗族、瑶族、克木人、部分哈尼族和部分拉祜族都采用游耕刀耕火种。[①] 实行定耕刀耕火种的民族随着人口增长，寨子规模扩大，周围的土地不足以养活如此众多的人口，就要进行分寨；将村寨的部分人口搬迁到属于本村寨较远的土地上，开垦土地，建立新寨。父寨、母寨分出子寨，老寨分出新寨。一个寨子最后分出几个寨子，但每个寨子的人口都控制在一定的规模。实行游耕刀耕火种方式的民族为寻找更适合耕种的土地经常迁移，"连收三四熟，地瘦则弃置之，另择他所"，"数易其土，以养地力"。在频繁的迁徙中，这些民族的村寨规模必定不会太大，才能保证流动的灵活性，更容易找到养活村寨人口的适量土地。总之，"坝区的村寨要比山地的村寨规模大些。除集镇外，坝区少数民族的村寨一般在千户以内；山区一般在300户以内，多为几十户，甚至还有'独户村'。不仅分散，而且规模为中小型，鲜有大的村落"[②]。

总体而言，西双版纳土地占有以封建领主制、农村公社制、家族公社制三种形式并存为主，形成以家庭—家族—村寨—勐—召片领等多层级所有制形式。这种土地所有制是以地缘为基础，延续了血缘传统，并加以政权控制。各世居民族以村落聚居为基础，形成了坝区民族（主要指傣族）与山地民族立体式交错分布格局。各民族聚族而居，但从未形成连接成片的单一民族大同盟。

第三节　民族社会生活空间与文化空间相互建构

在传统社会，社会生产力低下，个人面对强大的自然界，势单力薄。

[①] 参见尹绍亭《一个充满争议的文化生态体系——云南刀耕火种研究》，云南人民出版社1991年版，第137页。

[②] 参见赵世林、伍琼华《傣族文化志》，云南民族出版社1997年版，第7页。

只有人与人之间团结互助，才能在残酷的自然环境下求得安身立命。村寨作为一定区域性群体组织，保证了成员间相互依赖与合作，形成村寨意识，并凝聚成宗教信仰。个人只有在村寨内才能求得衣食之需、人身安全、种的延续和身份认同。"一个人或一个家庭要是得不到村寨的合作协助，其生活便立刻会发生问题的。"① 在西双版纳地区，各少数民族村寨都是团结互助的集体。不论是婚丧嫁娶、搬迁建房时亲戚邻里的相互扶持，还是劳役贡赋的共同承担、公共财富的平均分配都普遍存在于民族村寨。宗教"起源于社区生活，为人们提供了一个共享的道德价值体系和'终极参照框架'，从这个意义上说，它是功能性的。这就衍生出了对超自然实体的集体信仰及其对外在表现形式"②。宗教作为上层建筑受经济基础决定，又为经济基础服务。西双版纳的各少数民族原始宗教和制度性宗教都诞生并成长于农业社会，为村社制度服务，保证村寨的团结和凝聚力，维护村寨利益统一体。

傣族的信仰体系复杂多样。在原始宗教的神灵体系中，从家神"丢瓦拉很"、寨神"丢瓦拉曼"到勐神"丢瓦拉勐"，构筑起一个有序的信仰空间。每个层次的保护神都有各自的空间权限。凡家中有人外出远行、离家归来或留宿外人，男主人要首先告知家神，持香跪拜，求得家神的许可和保护。村寨有家庭搬出或迁入时，由"召曼"祭祀寨神"丢瓦拉曼"、寨鬼"丢瓦拉棒"，告知当事者的名字，至此搬出者成为"外人"，而迁入者获得村寨成员资格，死后可以葬入坟山。勐神的祭祀由祭师"莫勐"主持，土司向"莫勐"传达祭祀的请求，为全勐群众祈福。在祭勐神、寨神时，禁止外人进入，在各路口或村寨四周悬挂"达了"，并派人把守看护。

傣族的寨神是建寨氏族的氏族神。当氏族公社演变为封建领主制，以

---

① 参见江应樑《摆夷的经济文化生活》，云南人民出版社2008年版，第50页。
② 参见[英]斯蒂芬·亨特《宗教与日常生活》，黄剑波等译，中央编译出版社2010年版，第36页。

血缘为纽带的氏族神也变成了区域性的社神，成为全寨所有家族共同崇拜、祭祀的对象。寨神处在寨子的中心，又称为寨心神，是寨子生命和灵魂的象征，保佑村寨能粮谷丰裕、人丁兴旺。通常每年二三月祭祀一次。本寨有成员外迁或有人迁入也要祭祀寨神，征得寨神和村寨成员的同意。届时，要重修寨门，并封闭寨门和路口，拒绝外人进入，也禁止村民外出。全寨人员聚集在寨心，由年长者主持仪式，并请佛爷念经。祭毕，全村人聚在寨心，吃"百家饭"，警示在寨神的佑护下全寨人只有亲如一家才能衣食无忧。祭祀寨神使全寨成员确认自己的群体身份，有助于培养成员的认同感，增强了凝聚力。傣族由寨神祭祀又发展出勐神祭祀，也就由一个村寨的凝聚扩展到整个部落联盟或勐的团结。

在佛教传入以后，几乎每个傣族村寨都建有佛寺，成为村寨的另一个守护神。在以"陇"或"播"的行政区划内设有一个中心佛寺，每月十五和三十，各佛寺主持集中到中心佛寺，汇报本寺情况，听中心佛寺的祜巴讲经。中心佛寺的主持又要定期向大佛寺"洼龙勐"汇报情况，交流佛学。最大的佛寺建在宣慰街，寺院主持由召片领出家的直系亲属担任。所有佛寺都听从召片领，尊称其"松溜帕真召"（意为"至尊佛祖"）。在泼水节等重要节日，召片领为各勐土司和普通百姓摸顶祝福，显示其拥有的崇高神圣性。傣族原始宗教已经形成凝聚家庭、村寨和勐的神灵体系，却缺乏涵括整个傣族的至圣神。佛教在融合原始宗教信仰的基础上，从村寨到地方，再到整个西双版纳傣族，建构出完整的信仰空间。其中，信仰的地域性特点最为突出。这与农业社会以土地为基础形成的社会结构相适应。

西双版纳地区的哈尼族主要信仰万物有灵和祖先崇拜，"对于强有力的天神、地神、龙神及具有保护神性质的寨神'米桑罗'和家神'张米麻'（即祖先，以一篾片为祖灵供于屋内）"定期祭祀。[①] 哈尼族视寨门（哈尼语称"竜巴门"）是神圣不可侵犯的，建新寨都要在进出村寨的路口立寨门，一般每个寨子有正门一道，侧门两道，作为人鬼分界线。哈尼族

---

① 参见《哈尼族简史》编写组《哈尼族简史》（修订本），民族出版社2008年版，第108页。

认为住在寨门内,可以得到寨神的庇护和寨内群众的帮助,走出了寨门也就离开了神和集体。① 瑶族的原始宗教融合了道教信仰,丰富了本民族的神灵体系。每年举行打斋,祈求"盘王""玉皇"诸神保佑村寨平安兴旺;同时进行"扫寨",驱除妖魔鬼怪。② 瑶族村寨保留着古老的"寨老制",以解决村寨内部事务,对抗外部群体的骚扰和攻击。③ "度戒"被视为瑶族男子进行社会化的一个重要途径,保证了瑶族社会群体的神圣性和庄严感,培养了民族、村寨的认同感,促进了群体的团结。布朗族的寨神是由男女氏族神"代袜么""代袜那"演化来的。寨神作为村寨的保护神,主宰着每个成员的祸福吉凶。村寨里有婚丧、建房、生病或迁入新户都要由召曼(头人)祭祀祷告。当南传上座部佛教传入布朗族地区,布朗族寨子普遍建起佛寺,成为全寨人员举行宗教活动的场所。在"泼水节"、关门节、开门节和赕佛日,全村人都要聚集在寺院举行佛事活动。基诺族尊称寨神为"左米思巴",并有盛大的"洛嫫洛"祭祖节。其间,村民巡查村寨的土地边界,子寨拜望父寨,子女拜父母,弟弟拜哥哥,村民拜寨父、寨母(即卓生卓巴,是寨神的代表)等礼仪。④ 在神圣的宗教仪式中,基诺族再现了村寨界限,加强了村寨间的联系,融洽了村民关系,强化了村寨的凝聚力。

西双版纳所有民族的宗教信仰含有原始宗教的成分,而且多数正处于原始宗教阶段。宗教信仰依附于民族群体之上。各民族虽都存在自然崇拜、祖先崇拜和社神崇拜,但各自崇拜的内容和祭祀活动却有差异。自然崇拜是人们渴望认识、控制自然环境的反映。祖先崇拜是对血缘群体的依附和眷恋。社神崇拜是不同血缘群体共同生活在一个区域内,在日常生活中超越了血缘界限,形成了集体性地域认同,将某个祖先神或英雄神提升为地域性社神。汉族信仰汉传佛教,傣族和布朗族信仰南传上座部佛教,瑶族信仰道教,回族信仰伊斯兰教。这些民族的制度性宗教融合了原始宗

---

① 参见《哈尼族简史》编写组《哈尼族简史》(修订本),民族出版社2008年版,第108页。
② 参见徐祖祥《瑶族文化史》,云南民族出版社2001年版,第115页。
③ 参见徐祖祥《瑶族文化史》,云南民族出版社2001年版,第188页。
④ 参见于希谦《基诺族文化史》,云南民族出版社2000年版,第156页。

教或者掺杂了鬼神观念，从而使制度性宗教带有了强烈的民族特色。民族群体因生态差异被区隔在不同区域内，在同一区域内的几个民族持有相同的生产生活方式，但因资源争夺和不同的迁移历史保持着明显的社会距离。不同民族以村寨为单位掺杂居住，并彼此保持适当社会距离。反映在总体信仰关系上，家庭、家族、氏族、村寨、民族内部的同一性和凝聚力，与群体外部的区隔性和排斥力，交织成张弛有度的信仰网络。

第四节 建构村寨边界是西双版纳文化多样性的动力

不论是在"地理隔绝"和"社会隔绝"的民族关系下，还是发生"社会互动"和"社会接纳"的情景下，每个民族群体的延续都依赖于民族"边界和界限的维持"[①]。民族与宗教相互纠葛，宗教关系成为民族关系的侧面写照。在传统社会，村寨是民族群体的现实承载体，是构筑西双版纳宗教生态平衡的力量源泉。民族关系和宗教关系投射在村寨社区上，具体化为村寨边界的维持。土地的村寨占有制和村寨生活的人神共建，铸就了村寨的集体凝聚力和信仰文化的同一性，进而形成村寨边界的维持力。"在低级社会中，任何事物都是共同的，活动是定型的；每个人都在同样的环境中进行着同样的活动，而这种行为一致性也只不过是思想一致性的体现。每个心灵都被卷进了同样的旋涡，几乎所有的个体类型都是按照种族类型的模式得以确立的。"[②] 同质性的生态环境、生产方式和生活方式，与同质性的思维方式和信仰文化相映照。宗教文化通过合理性论证、神圣性监督、集体性惩罚维系了村寨生活秩序。"能够振奋我们精神力量的唯一生命之源，就是由我们的同类构成的社会；能够维持和增加我们自身力量的精神力量，只能是从他人获得的。而只有当许多人都共同持有这种信

[①] 参见［挪威］弗里德里克·巴斯《族群与边界》，高崇译，《广西民族大学学报》1999年第1期。

[②] 参见［法］爱弥尔·涂尔干《宗教生活的基本形式》，渠东、汲喆译，上海人民出版社1999年版，第21页。

仰时，这种信仰才能发挥作用。"① 而传统村寨也通过一种持续的信任评价结构强化机制，维持了社区成员的宗教参与热情和忠诚度。这是因为，"宗教社会化不仅通过一代代的人进行传递，还在空间上通过不断强化居住在某个地点的人面对面的日常互动得以实现"②。

  傣族社会存在"女子守家，男子上门"的婚配习俗，并保留着慢轮制陶技艺。而慢轮制陶属于新石器时代的技艺，所以可以推断傣族社会还部分保有母系社会的残余。根据西双版纳各民族的迁移说，傣族先民先行迁入西双版纳，其后是哈尼族进入。哈尼族是一个鲜明的父系社会，与迁出地滇中地区的白族和彝族的社会形态相近。由于傣族已经占据平坝或者因为不适应平坝地区的湿热气候，哈尼族只能占据山腰，生产方式采用刀耕火种的游耕形式。傣族虽然处于母系向父系社会的过渡期，但由于占据平坝，土地精耕程度高，可以聚集大量人口，形成部落，并有南传上座部佛教和统一的政权统治作为整合力量。哈尼族因后期迁入，在经过抢夺土地战争的尝试后，被迫上山，进行游耕生活，形成氏族组织，没有聚集成规模更大的部落。目前，民间还流传着傣族和哈尼族曾经打过仗的传说。两个民族存在不准通婚的禁忌。赵世林将两个民族禁止通婚的原因归结为山地与平坝生活方式的差异所致。这可能是现时代的即时观察所得出的敏锐结论。布朗族不论是现在生活的布朗山地区，还是在其迁移的路线上都栽培了驰名中外的普洱茶。如南糯山上那棵六百多年的古茶树以及格朗和帕宫村委会的古茶树，据当地人说，都是由布朗族先民栽种的。由此可见，布朗族很早就掌握了茶树栽培技术，在迁移过程中选择适宜种植茶树的山区生活，已经由被迫适应山区生活到依赖这种生态环境。傣族由寨神信仰到勐神信仰，再到全民信仰南传上座部佛教，从而由宗教信仰黏合着傣族强大的政治组织。山地民族的寨神信仰维持的是氏族组织，并没有形成部落或部落联盟。寨神信

---

① 参见［法］爱弥尔·涂尔干《宗教生活的基本形式》，渠东、汲喆译，上海人民出版社1999年版，第270页。
② 参见［英］斯蒂芬·亨特《宗教与日常生活》，黄剑波等译，中央编译出版社2010年版，第92页。

仰是为了寻求人之生活的安全性。这种群体安全性也塑造了民族群体的立体分布,以致生产方式、生活方式、文化的立体分布。

村寨边界不仅保证了村寨内宗教文化的同质性,也维持了不同民族村寨间宗教文化的差异性。在西双版纳,壮族、回族与傣族共居坝区,地理位置毗邻,而且长期与傣族保持通婚,深受傣族文化的影响。勐海县曼短村委会曼赛、曼峦是两个回族村寨,秉承伊斯兰教信仰,建有清真寺。村民多住傣族干栏式建筑,穿傣族服装,用傣语交流,在日常生活和某些观念中也流露着傣族文化的痕迹,被称为"回傣",自称"帕西傣"。"帕西傣"在信奉伊斯兰教义的基础上,也受到傣族宗教观念的影响,比如相信鬼的存在。村民相信意外受伤、病痛和家庭不顺是因有鬼作祟,要请人打卦,用芭蕉叶将糯米饭、香蕉、盐包成小包,放到寨门外路边"赕鬼",以求消灾。按穆斯林丧葬传统,要用清真寺的"经匣"抬"默伊特"(死者)去墓地下葬,然后再将"经匣"抬回清真寺。而"回傣"是由丧家自制"木盒"送葬,下葬后将"木盒子拆开倒扣在坟堆上";还须"把亡人用过的东西,弃在坟边,怕把死人的东西带回寨子,会有鬼魂跟随而来,作祟于人"[①]。勐腊县勐伴镇勐伴村委会曼里村的壮族是明末清初跟随抗清将领李定国从广西柳州转战至此,李定国病逝,部属与当地傣族通婚,融入当地社会。曼里壮族保持浓厚的祖先崇拜;并将李定国将军奉为神,建庙供奉;吸收了傣族的寨心信仰;借用傣族关门节和开门节的日期,在关门节祭天求风调雨顺,在开门节吃新米,祭祀祖先。

宗教文化具有扩展性和共享性。信徒可以借鉴几种宗教文化元素,融会贯通,成为"二教或三教共信的信仰混血儿"。在傣族文化环境中成长的姑娘嫁到回族或壮族村寨后,在日常生活中习得另一种生活习俗和宗教文化,将两种信仰融为一体,并在育儿教子过程中传递下去。这种深层次的交往带来宗教适应和文化融合,却没有抹平村寨之间宗教文化的差异。因为文化适应是以村寨为单位进行的,保持了村寨内宗教文化的同一性和

---

① 参见马荣祖《令人神往的西双版纳与傣族穆斯林》,《西北民族研究》1997年第2期。

民族村寨之间的差异性。"一套有限的文化特征保持了族群界限。因而，这种单位的维持取决于这些文化特殊性的维持，然而大多数与人类群体联系在一起的文化实体任何时候都是不受这种界限束缚的。它可以变异，可以被学习，可以变化。但这个群体同边界（成员资格的标准）有着连续的组织化的联系，这就划出了一个连续单位的范围。"[1] 宗教文化将不同的民族村寨区别开来，既有民族认同又有宗教认同的成分。宗教文化在村寨之间实现了共享，但是以村寨为基础的群体界限却依然泾渭分明，构成了西双版纳宗教文化"通和性与多样性并存"的良好态势。

一方面，西双版纳地区以多样性立体生态为不同民族提供了适宜的生存空间。不同民族之间相互分割成多个"环状"或"块状"民族小群，交错分布，形成相互制约的动态平衡关系。这也为不同民族的宗教文化赢得了生存空间，保护了宗教文化的多样性。民族与宗教相互纠葛，宗教关系成为民族关系的侧面写照。宏观上，不同民族交叉分割，各类宗教相互制约，平衡发展。具体到微观层面，村寨成为民族生产生活的基本组织形式和依托，也成为民族宗教生存的基本单元。村寨边界的维持力来源于成员的村寨归属感和村寨的集体排他性，保护了村寨内部宗教文化统一，维持了村寨间宗教文化差异性，成为宗教生态平衡的动力源。另一方面，"宗教既可以作为民族文化的一种组成要素体现在社区生活之中，也可以作为社区的组织和构建的主导发挥作用"[2]。维持民族村寨的边界，就是维持民族群体的主体性。宗教文化以"对内"团结和"对外"排斥的机制维持村寨边界，并由点扩展到面，由民族村寨扩展到整个民族，将宗教文化的村寨边界维持升华为民族边界的维持。从宏观到微观，宗教与民族互为主体，互为对象，通过村寨社区的凝聚，共同构筑了西双版纳传统社会"多元通和"的宗教生态平衡。

---

[1] 参见［挪威］弗里德里克·巴斯《族群与边界》，高崇译，《广西民族大学学报》1999年第1期。

[2] 参见高永久、朱军《试析民族社区的内涵》，《北方民族大学学报》（哲学社会科学版）2010年第1期。

第六章　南传上座部佛教融入西双版纳傣族社会研究

"宗教是一种对超自然、超人间的力量或神灵之信仰与崇拜为核心的社会意识，是通过特定的组织制度和行为活动来体现这种意识的社会体系。"[1] 由此，可以归纳宗教的特征，它是一种群体现象，具有一套信仰体系，有一套特定的实践活动，具有特定的感情与体验，是一种文化现象。此外，吕大吉主张宗教具备宗教观念、宗教体验、宗教行为、宗教制度等"四要素"[2]；牟钟鉴提出宗教具有宗教信仰、宗教理论、宗教实体、宗教文化等"四层次"[3]。宗教特征的多指向性会使专注于宗教现象的实证研究陷入"寻找切入点"的困境。所以，选择单一的宗教特征作为研究对象是必要的。本书主要以宗教社会学的视角分析多宗教和谐共处的社会原因。美国宗教社会学家罗伯特·贝拉（Robert N. Bellah）将宗教社会学的研究范围归纳为三个方面：第一是将宗教作为人的社会行为之核心进行理论研究；第二是研究宗教与社会其他领域（如经济、政治、阶层等）之间的关系；第三是研究宗教的社会功能、组织结构、宗教运动和思潮等。[4]

南传上座部佛教传入之前，西双版纳傣族持守本民族的原生性宗教，

---

[1] 参见戴康生、彭耀《宗教社会学》，社会科学文献出版社2007年版，第36页。
[2] 参见吕大吉《宗教学通论新编》，中国社会科学出版社1998年版，第74—79页。
[3] 参见牟钟鉴《中国宗教学30年》，http://www.douban.com/group/topic/6140272/。
[4] 参见戴康生、彭耀《宗教社会学》，社会科学文献出版社2007年版，第4页。

敬拜水神、猎神、谷神、家神、寨神、勐神、寨心、勐心等，囊括了自然崇拜、祖先崇拜和社神崇拜。原生性宗教与傣族农耕文化、村社组织和以"勐"为主体的政治制度相互催生，彼此契合，形成了完整的傣族社会系统。南传上座部佛教传入西双版纳傣族社会之后，经历了漫长的本土化过程，与傣族社会组织和文化紧密融合，却没有完全排斥或融合原生性宗教，而是实现了两种宗教交叉叠加，达到并行不悖的状态。

第一节　南传上座部佛教适应西双版纳傣族社会设置

12世纪傣族头领叭真征服各部建立"景龙金殿国"。元朝政权对澜沧江以西的"僰"实行"委土人酋长为首领，不变其原有制度，使世袭统治之"的土司制度。直至1956年，通过土地改革，西双版纳彻底结束了约800年的土司制度。土司制度在西双版纳地区形成一套完备的行政管理体系。召片领名义上拥有所有土地，而召勐实际控制着各勐的土地。普通民众以村寨、家族、氏族的形式占有土地。土地占有以封建领主制、农村公社制、家族公社制三种形式并存为主，形成以家庭—村寨—勐—召片领等多层级所有制形式。这种土地所有制是以地缘为基础，延续了血缘传统，并加以政权控制。成员离开村寨都要将分得的寨公田交回村寨。如果是从一个勐迁移到另一个勐，还需要召勐的同意，重新进行土地和义务的分配。

在傣族原生性宗教的神灵体系中，从家神"丢瓦拉很"、寨神"丢瓦拉曼"到勐神"丢瓦拉勐"，构筑起一个有序的信仰空间。傣族原生性宗教适应封闭排外、自给自足的农耕社会组织，具有浓厚的农耕文化特色。不论土地崇拜的寨心、勐心，还是由祖先崇拜发展为社神崇拜的寨神、勐神都具有强烈的地域，对内具有凝聚力，对外进行排斥区隔。傣族原生性宗教已经形成凝聚家庭、村寨和勐的神灵体系，却缺乏涵括整个傣族的民族神。原生性宗教的祭司与神的关系很微妙，一个波莫（祭司）负责供奉、祭司固定的神，自古不变；祭司们各奉其神，即使是勐神祭司与寨神祭司之间，相互之间也没有隶属关系。① 傣族原生性宗教的神灵体系与封建领主制度存在一定的间隙。

佛教传入以后，以其制度性宗教的神灵体系，适应傣族等级鲜明的社会组织，从村寨到勐，再到整个西双版纳，建构出完整的信仰空间。一般而言，西双版纳傣族佛寺组织体系分为四个层级。最高一级是建在宣慰街的总佛寺；第二级是建在各勐土司所在地的勐总寺；第三级是在以"陇"或"播"的行政区划内设有一个中心佛寺；第四级是几乎每个村都建有的村寨佛寺。西双版纳傣族社会组织制度与南传上座部佛教的组织体系相互依托。傣族社会组织，尤其是各级头领通过参加宗教仪式、经济支持和遵从佛教道德规范等方式维持佛教的神圣性；而南传上座部佛教以神圣的仪式化和等级性烘托出傣族社会组织制度的神圣合法性和认同感。② 南传上座部佛教与傣族社会组织存在人员交集和角色交织现象。宣威街总佛寺的住持要由召片领直系亲属来担任。各勐土司也被分别赋予"召敦帕布塔捧玛翁萨""召敦帕捧玛翁萨""召敦帕拉扎翁萨""召敦帕迭巴翁萨""召敦帕比扎翁萨""召敦帕宰雅翁萨""召敦帕南玛翁萨"等不同级别的佛教尊称。③ 在西双版纳南传上座部佛教管理体系中有一个特殊的角色"波章"，是从还俗的佛爷中推选产生，负责寺院的修建、经济管理和主持佛事活动等，成为佛教与傣族社会融合的交接点。④ 佛教适应并服务于傣族社会等级体系，将整个傣族社会统一在佛陀信仰之下。但是，佛教组织制度并没有超越傣族以地域性和排他性为特点的农业社会结构。比如在泼水

---

① 参见朱德普《景洪傣族祭神情况调查》，载《傣族社会历史调查（西双版纳之九）》，云南民族出版社1988年版，第252页。
② 参见郑筱筠《历史上中国南传上座部佛教的组织制度与社会组织制度之互动——以云南西双版纳傣族地区为例》，《世界宗教研究》2007年第4期。
③ 参见刘强《西双版纳傣族传统政治形态中政治结构和过程探索》，《云南行政学院学报》2005年第3期。
④ 参见郑筱筠《人类学视域下南传上座部佛教的中国阈限理论分析——以南传上座部佛教管理体系中的安章现象为例》，《思想战线》2010年第2期。

节等傣族传统节日时，村民只能在本村寨寺庙赕佛，献饭，而不能到其他村寨的寺庙进行佛事活动；各勐之间的寺院也不存在隶属关系。

第二节　南传上部佛教融入西双版纳傣族文化

宗教不是单纯的信仰体系，也代表着所在社会的文明。南传上座部佛教传入西双版纳傣族社会，既携带着印度文化，也有中南半岛文化的因子。佛教文化与傣族原初文化经历了冲突、妥协、吸收，最终实现融合，对傣族社会文明产生深远影响。佛教进一步强化傣族原生性宗教的集体主义伦理，并以劝人为善的思想和宗教戒律塑造了傣族民众的道德观念。南传上座部佛教节日与傣族传统节日相互借鉴、彼此融合，形成具有傣族特色的节日文化。关门节、开门节等佛教节日融入了傣族节日文化。体现傣族农耕祭祀的泼水节，将生殖崇拜、祖先崇拜与佛教信仰很好地囊括在一起。"纵观傣族节日文化演变过程，从盛大的泼水节来看，大体上是从农业祭祀节日过渡到佛教历法节日，再逐渐演化为具有综合功能的复合型节日。"[1] 傣族先进的天文历法是在原有文化基础上，借鉴、融合了外来历法知识，特别是佛教携带而来的古印度历法。[2] 南传上座部佛教从中南半岛传入中国傣族地区，也将以泰缅文书写的佛经一同传入。"傣族乃模仿缅文造成本民族的文字以书写佛经"，创造了保留至今的"老傣文"[3]。文字的创制也把先前傣族以传说、神话、诗歌等口传文学逐步发展为书写文学。佛经题材也丰富了傣族文学艺术内容，使傣族文学日益繁荣。[4] 傣族文身习俗属于原始图腾崇拜的遗物。佛教传入之后在所文的内容中增加了

---

[1]　参见赵世林、陆生《从节日习俗看傣族宗教文化的变迁》，载《傣族文化论》，云南民族出版社2000年版，第335页。
[2]　参见吴之清《试论南传上座部佛教对傣族天文历法的影响》，《宗教学研究》2014年第3期。
[3]　参见尤中《云南民族史》，云南大学西南边疆民族历史研究所编印1985年版，第395页。
[4]　参见赵燕《南传上座部佛教影响下的傣族社会文明格局》，《贵州民族研究》2014年第9期。

佛教经句和图案。① 佛教融入傣族社会之后，建立了完善的寺院教育体系。傣族男性六七岁就要"升和尚"，进入寺院接受佛经教育。这提升了傣族民众的整体文化水平，为傣族社会的发展奠定了文化基础。

南传上座部佛教传入傣族地区后，与傣族原生性宗教碰撞、冲突、并存、彼此吸纳，两者在神灵体系和观念上出现了部分交叉。傣族神话《谷魂奶奶的故事》（"雅欢毫"）中，叙述了佛教的佛祖和原生性宗教的谷魂进行较量。谷魂不向佛祖跪拜而愤然离去，招致天下饥荒遍野。最后佛祖只能低头认错，亲自将谷魂背回来，将其纳入寺庙的神灵序列。佛祖与景洪最大勐神"阿腊娃嘎梭纳"经过几次斗法，打败勐神，使其悔罪三月，皈依佛门。在佛寺的神圣空间中也接纳了傣族原生性宗教的神宫，两种神圣空间交错镶嵌。在佛寺正殿外一侧，设有一个龛洞，是供奉佛寺保护神"丢瓦拉洼"的神宫；在另一侧又有五个龛洞，供奉着方位神"霍西利"②。在赕佛、赕塔、升和尚等盛大佛事活动时，务必在佛寺正殿或佛塔一侧搭建一座"干栏"式神宫，恭迎勐神寨神等诸神来享用祭品。

宗教祭祀上，南传上座部佛教的僧人也常常参加原始宗教的活动。比如傣族民众相信恶鬼的存在，为防范其害人或糟蹋庄稼，要请巫师用竹片和草绳编制"达了"，再念防鬼经，使其具有神圣的功效。后来，寺院僧人也制作"达了"，并念佛经，同样具有效力。在祭祀活动中，巫师和佛爷同时出现，参与同一个神祇的祭拜。寨心，傣语称"宰曼"，被傣族民众视为村寨的命脉，属于原始宗教土地崇拜。传统上，不论迁寨立寨心，还是平常祭寨心，均由巫师主持。佛教传入之后，佛爷也参与到这一祭祀场域中。祭寨心活动中，先由巫师向寨心祝告，驱邪迎福；然后，巫师退出，佛爷进入祭坛，在经棚中诵经祈福，彻夜不止；第二天，佛爷离去，巫师再来主持仪式，率乡民用棉线围寨，连接各家傣楼，象征全寨永结同

---

① 参见张公瑾《傣族的农业祭祀与村社文化》，《广西民族研究》1991年第3期。
② 参见邱宣充《西双版纳景洪县傣族佛寺建筑》，载《云南民族民俗和宗教调查》，云南民族出版社1985年版，第146页。

心，固若磐石。傣族最为看重的"赕"佛活动包含着浓厚的鬼神信仰和祖先崇拜的成分。在关门节期间"赕帕萨"和泼水节祭祖、"堆沙"等活动中，要将献给祖先的祭品放在寺院的门外或者院子内，由佛爷念诵佛经，请先人来享用。① 南传上座部佛教吸纳了傣族原生性宗教的神祇和神灵观念，并浸入其信仰系统和祭祀仪式。两者的互渗和共享促进了南传上座部佛教成功融入以祖先崇拜、社神崇拜为代表，以血缘、地域为纽带的农耕文化。

第三节 南传上座部佛教与傣族原生性宗教交融发展

南传上座部佛教与傣族社会组织、文化实现了高度融合，相互依托，实现了傣族社会文化的强盛稳固。但是南传上座部佛教与傣族原生性宗教不论在神灵体系还是祭祀组织上都始终存在明显界线。虽然谷神被纳入佛堂，景洪勐神皈依佛门，但家神、寨神、勐神、水神等傣族原生性宗教神灵还保持其独立性。它们的神坛与佛祖保持着相当的"距离"，在祭祀仪式中也拒绝僧人参与。在寺院每年的佛事活动中，要进行各种"赕"，同时也会敬献原生性宗教的神祇。但这些神的神宫却只能搭建在寺院正殿的一侧。② 寺院保护神"丢瓦拉洼"被看作南传上座部佛教和傣族原生性宗教相互融合的产物，但其神宫也是建在寺院正殿的侧面。在泼水节、关门节和开门节等傣族三大节日中，村民都要到寺院祭祀去世的亲人，但只能在寺院门外或者寺院侧殿外敬献，其后再进入正殿礼佛念经。即使僧人和巫师共同参与源自土地崇拜的勐心、寨心祭祀，却通过"在场"的先后顺序进行区隔，没有同时出现在祭坛之上。在西双版纳州勐海县勐混镇的"赕塔"活动中，僧人和可以让"谷魂奶奶"附体的女巫"咪地喃"共同

---

① 非正常死亡的只能在寺庙大门外献供品，正常死亡的在寺庙的院子里献，由僧人念去世亲人的名字，来享用供品。

② 参见朱德普《景洪傣族祭神情况调查》，载《傣族社会历史调查（西双版纳之九）》，云南民族出版社1988年版，第249页。

出现在祭祀的同一场域,双方却通过空间隔离和职责分工而保持距离。① 僧人和巫师虽然共同祭祀同一个神灵,双方却通过时间和空间距离维护自我主体地位。

"融合"有两层含义。首先,宋陈亮《书赵永丰训之行录后》中,"天人报应,尚堕渺茫;上下融合,实关激劝","融合"指两者的关系调和、融洽之意。南传上座部佛教与傣族社会组织和文化体系彼此对应,相互促进,保持着融洽的互动关系;与傣族原生性宗教发生过斗争、妥协、互渗、并存,达到了调和状态。其次,晋常璩《华阳国志·汉中志·涪县》有"孱水出孱山,其源出金银矿,洗,取火融合之,为金银",其中"融合"可以解释为熔解、熔化,将不同物体"合成为一体"。南传上座部佛教在本土化过程中,与傣族社会组织和文化已经融为一体,不分彼此,实现了更高层次的融合。但佛教与傣族原生性宗教"仍然保持着各自的文化特质及相对独立性",存在明显界线和距离。② Edwin Zehner 认为外来宗教在本土化过程中并不一定要与本土宗教融合(Syncretism),而是通过跨文化共享和扩大跨越信仰边界的共同属性等方式实现两种宗教的混杂(Hybridity)。③ 南传上座部佛教在傣族社会的本土化过程中,与傣族原生性宗教各自保持主体性前提下,发生部分重叠和文化共享,"一方面是在互相让步、互相渗透,再方面又是在相互排斥中共存"④,成就了"傣族的二元化信仰"⑤。

南传上座部佛教在融入西双版纳傣族社会的过程中,适应傣族社会组

---

① 参见杨清媚《从"双重宗教"看西双版纳傣族社会的双重性——一项基于神话与仪式的宗教人类学考察》,《云南民族大学学报》(哲学社会科学版)2012年第4期。
② 参见梁晓芬《南传上座部佛教与傣族原生性宗教的调适与互动——试析上座部佛教在云南的本土化路径》,载于《"东南亚宗教与区域社会发展"学术研讨会论文集》,中国社会科学出版社2013年版,第79页。
③ 参见 Edwin Zehner, "Orthodox Hybridities: Anti-Syncretism and Localization in the Evangelical Christianity of Thailand", *Anthropological Quarterly*, Vol. 78, No. 3, Summer, 2005, pp. 585–617。
④ 参见朱德普《傣族佛教和原始宗教的关系试析——兼析两者长期共存的原因》,《思想战线》1992年第3期。
⑤ 参见张公瑾《傣族的农业祭祀与村社文化》,《广西民族研究》1991年第3期。

织制度，形成了层级鲜明、具有地域性和排他性的组织模式。虽然佛教以其制度性宗教的神祇在信仰上将整个傣族社会统摄在一起，却丧失了制度性宗教超越地域、政权、民族界限的自主性。南传上座部佛教自身的道德礼仪和文化体系，还有携带而来的外来文明，相对于傣族原生性文化更为先进，在提升和完善傣族文化的过程中成功实现本土化。佛教与傣族原生性宗教在神灵体系和祭祀仪式等方面的互渗只拘泥于血缘性的祖先崇拜、地域性的土地崇拜，说明佛教与傣族社会的融合受制于农耕文明。总体而言，南传上座部佛教与傣族社会实现了高度融合，与傣族社会原生性宗教形成一种交错叠加关系，存在交集和文化共享，同时保持了各自的主体性。南传上座部佛教既没有完全容纳傣族原生性宗教，也没有完全排除原生性宗教，形成单一信仰体系。究其原因，首先，佛教相对比较包容，尤其是西双版纳佛教属于"摆润"派，教义教规更为宽和，能够容纳祖先、谷魂、地方神等神灵。[1] 其次，两种宗教都适应了傣族封建领主经济，有助于巩固和维护封建领主制度。"封闭性的自给自足封建领主社会经济，是两者共存的温床，对两者兼爱难舍的则是封建领主统治者。"[2] 正因为南传上座部佛教与傣族封建领主制社会融为一体，在现代社会转型中不可避免会遭遇挑战，从而开启新的适应过程。

---

[1] 中国南传上座部佛教分摆润、摆庄、多列、左抵四派，其中多列和左抵持戒最严，排斥一切神灵崇拜，而摆润相对比较宽容。

[2] 参见朱德普《傣族佛教和原始宗教的关系试析——兼析两者长期共存的原因》，《思想战线》1992 年第 3 期。

第七章　移民社会融合过程中的文化适应研究

第一节　社会融合过程中的文化适应

根据社会学的实证研究视角，可以将社会融合（Social Integration）定义为"某一个社会单元中个体或集体行动者的社会联系和互动的范围（广度）、频率（强度）和效果（质量，如认同感等）"①。依据研究对象和研究角度的需要，社会融合可以应用于个体、群体和社会等三个层次的社会单位。由于社会融合概念的模糊性、研究的多层次性以及理论缺乏一贯性，造成其研究内容的多维度、多参数状态。帕克秉持同化论的立场，将社会融合区分为经济竞争、政治冲突、社会调节和文化融合等4个方面的过程和内容。戈登在此基础上将社会融合细分为7个维度；② 杨菊华将社会融合分为：政治治理、经济整合、文化接纳、行为适应和身份认同

---

① 参见悦中山《当代西方社会融合研究的概念、理论及应用》，《公共管理学报》2009年第2期。
② 戈登在他1964年出版的《美国人生活中的同化》（Assimilation in American Life）书中，建构了衡量民族融合状况的7个变量：文化或行为的适应（包括语言、宗教和风俗习惯）、社会结构（比较亲密的私人接触）、婚姻（族际通婚）、身份认同（民族意识）、意识中的民族偏见、行为中的民族歧视、公共事务（价值观和权力分配）。参见马戎《民族社会学：社会学的族群关系研究》，北京出版社2004年版，第202—212页。

等方面；王明珂以"族群边缘理论"探讨民族之间因资源的共享与竞争，"不断地凝结新的集体记忆与结构性失忆"，建构出"一个模糊而不断变化、漂移"的边界，造成民族群体的不断"结合与分裂"，突出了社会融合的"文化建构"倾向。[1] 总体而言，社会融合涵盖了政治、经济、社会（民间组织）和文化四个方面。社会融合的理论模式，以同化论（Assimilation）和多元论（Pluralism）两种相互对立的理论为两端极限，其他流派各有偏倚。

宗教适应属于思想文化方面的融合现象。国外学术界对跨国移民的宗教适应研究成果颇丰，提出了区域聚合模型（Regional Converge Model）、变位模式（Dislocation Model）、适应模式（Adaptation Model）等成果。[2] 杨凤岗在对美国华人基督教徒的研究中提出宗教、政治和文化三种身份认同的交叉叠合模式。中国对宗教适应的研究可分为两方面，一是对进城少数民族流动人口宗教适应问题的研究，主张宗教适应"不是各宗教的信仰体系这一核心观念的变化，而只是在信仰表达的外在形式或者与国家方针有共享边界的宗教伦理和道德资源等方面的适应"[3]。二是分析传统社会，自然崇拜、祖先崇拜、道教等原生性宗教和佛教、基督教、伊斯兰教等外来宗教都必须适应中国的农业经济、君主专制政权和儒学文化方能得以发展，表现出宗法性、政主教从、会通儒学的特点，形成多元通和的宗教文化生态模式。

西班牙心理学家纳瓦斯（Navas）指出，尽管一些研究者已经意识到不同领域的社会融合存在差异，却很少对某一具体领域进行专门研究。研究移民社会融合时不能只"注重从群体之外来设定成员关系的属性，诸如从种族的、地域的、经济的、文化的、审美的或语言的等

---

[1] 参见王明珂《华夏边缘：历史记忆与族群认同》，社会科学出版社2006年版，第54页。
[2] 参见薛熙明《国外跨国移民宗教研究进展》，《世界宗教文化》2012年第2期。
[3] 参见周传斌《城市化进程中少数民族的宗教适应机制探讨：以中国都市回族伊斯兰教为例》，《西北第二民族学院学报》（哲学社会科学版）2008年第2期。

方面"进行分析，① 更应关注其实质的主观特性，即宗教信仰的自我调适、历史的集体记忆和群体的社会归属感。宗教往往成为少数民族群体在社会融合过程中维持认同意识的核心，对于群体边界的确定具有重要意义。宗教适应是移民在保持自我主体性的前提下，与迁入地的原住民以及生态环境的互动过程中进行宗教元素及其结构的重组，提升自身的社会融合能力，延续自己的文化血脉。目前，学术界对宗教适应还没有一个清晰的概念界定。根据研究对象、视角和范围的不同，可以宽泛地将宗教适应分为社会、群体和个体三个层面。在社会层次上，宗教适应主要指宗教文化之间的抵制、接触、调试、融合等，如中国传统社会佛教和道教适应作为主流文化的儒教，达成儒释道三教合一的融通。在群体层面上，具有不同宗教信仰的两个群体之间，在直接的、持续的接触、互动中，导致一方或双方做出宗教信仰方面的调适。在个体层面上，个体在宗教接触中发生崇拜对象、宗教行为、信仰观念和认同等方面的变化，如皈信、改教、信仰多元化、简化礼拜仪式等现象。

西双版纳傣族自治州勐腊县勐伴镇勐伴村委会曼里壮族寨是明末清初从广西柳州迁到此地，与傣族相邻而居。这部分壮族在350多年的生活中与当地社会融为一体，一直被认定为傣族，在1982年第三次人口普查进行民族识别时才改为壮族。曼里壮族在漫长的社会融合中表现出策略性的宗教适应模式。这既是壮族社会融合历程的见证，又成为在民族识别中重新确认壮族身份的"坐标"。本书摒弃同化论和多元论的固有模式，坚持辩证唯物主义实践观点以曼里壮族寨为个案，分析移民群体在信仰体系、祭祀仪式、象征意义三个方面的宗教适应状况，从而得出，在充满矛盾的社会融合过程中移民群体始终保持主体能动性，保证了宗教适应的生命力。

---

① 参见马健雄《社区认同的塑造：以勐海"帕西傣"社区为例》，《云南民族学院学报》2001年第6期。

第二节　曼里壮族村寨的社会融合[①]

李定国是张献忠农民起义军的重要将领，在张献忠战死后与孙可望等以云南为根据地，坚持抗清斗争。顺治十年（1653年）李定国转战广西柳州。"梧州壮人韦镜5000人攻昭平，牵制了清军，减轻了定国军的压力。定国还派人到平乐一带联络了不少壮瑶义民，壮大了自己的部队。"[②] 李定国部队得到当地少数民族的支持，招收了部分壮族士兵。随着战事变化，李定国败退到西双版纳州勐腊县。《清史编年》记载，康熙元年六月二十七戊辰李定国"南下车里之猛腊，染病不起，不久闻永历帝（即永明王）凶讯，病加重，乃于本日逝世，终年四十三岁"。又有《清史稿·吴三桂列传》云，"定国走死猛腊"。《勐腊县志》记载，"康熙元年，大西军农民起义将领李定国率部抗清转战至西双版纳勐腊境内病逝后，其部属部分与当地妇女结婚成家，其后逐步被同化为傣族"。[③] 曼里壮族在1982年民族识别之前一直被认定为傣族。曼里村寨简史记载，"1817年帕雅董老七从勐腊带了四姓（李、王、董和杨姓）人们迁到勐乌旧寨（现在的曼里村）"。之前，在勐乌旧寨的地址是一个傣族村寨，因为当地土地质量差就搬迁到老挝去了。随后，曼里壮族迁入，占据了这片土地。之前，他们已经在勐腊南腊河附近漂泊150多年。

[①] 西双版纳共有三个壮族村寨，其中勐伴镇勐伴村委会曼里寨与瑶区乡沙仁村委会沙仁寨是李定国部属的后人。据两个寨子的老人讲，曼里和沙仁寨的壮族是两兄弟，后来沙仁寨从曼里寨分出来。目前两个村寨都建有不同于傣族佛寺的"将军庙"，宗教习俗相似。另一个壮族村寨是勐伴镇曼燕村委会曼蚌寨，据说是从老挝搬迁过来的，宗教习俗与前两个村寨差异较大。笔者曾于2010年11月在沙仁寨走访，2013年1月、2013年8月在曼里走访，本文所用访谈资料均来自后两次调查所得。

[②] 参见李增夫《西南少数民族在李定国抗清斗争中的贡献》，《贵州民族研究》（季刊）1988年第4期。

[③] 李定国去世不久，"其次子嗣兴及蜀王刘文秀子震并诸将之眷属共万三千余丁口（一作数万人）悉被拘之入会城（他书均作嗣兴、震等率部降）"，西南抗清运动遂以失败而告终。参见郭影秋《李定国纪年》，中国人民大学出版社2005年版，第176页。

曼里壮族主要融入当地傣族社会。首先，因为壮族属于百越支系，以种植水稻和渔猎为主，习惯居住在滨水潮湿的坝区。在迁移过程中倾向于寻找平坝作为落脚之地。① 这与壮族长期生活在河谷地区形成的特殊体质和生产生活方式有直接关系。曼里壮族居住坝区，与周围的傣族处于同样的生态环境，存在人际交往和文化适应的客观必然性。其次，壮族移民能在西双版纳这块陌生的土地上休养生息，在迁入伊始就与傣族保持通婚。戈登主张循序渐进的线性融合模式，认为在社会融合达到一定程度才会出现民族通婚。有时民族通婚是一种无奈之举。曼里壮族以一种"突入性"的方式跨过民族间的层层壁垒首先进行民族通婚，然后再"逆向"进行语言、生活习惯、思维方式、宗教观念等方面的磨合和融通。其后的子孙已经将这种苦涩的婚姻选择转化为平常性的习惯、风俗。民族通婚是壮族移民融入当地社会不得不经历的过程，更成为推动社会融合的有效途径。曼里壮族已经忘却了壮语，以傣语作为日常交流的第一语言；穿傣族服装，住干栏式建筑，融合了更多西双版纳的地域文化风格。正如曼里壮族所说，"这些都是跟傣族学的"。

曼里壮族在节日喜庆等方面发生了明显的融合现象。他们坚持过春节和正月十五元宵节的习俗，同时珍藏着壮族正月三十过小年的历史记忆，体现了民族集体记忆的无穷生命力和倔强黏附性。传说宋朝时壮族男子跟随侬智高在外征战，正月二十八才回到家，没能赶上过大年。所以在正月三十补过小年。② 曼里村民讲起，"我们腊月三十过一次年，到了正月三十还要过一次年。听老人说，过年的时候男人出去打仗还没有回来，等他们回来再重新过一次"。曼里壮族选择在傣族佛教习俗的关门节和开门节过

---

① 这不同于汉族迁移的选择思维，传统社会迁居西双版纳的汉族都选择了凉爽的山头或山腰，形成了"山头汉族"的聚居模式。比如勐海县格朗和乡帕宫村委会帕宫寨和勐腊县易武乡的石屏汉族移民。也不同于瑶族和苗族以山地进行游耕的迁移倾向。

② 壮族将过小年称作"男人节"，或"喊魂节"。"每户都要用两只喊魂鸡，把全家老少的衣帽放在筛盘内，在大门口喊魂，意思是将在外征战赶不回来过大年的男子魂魄喊回家。"还有一种说法，1894 年壮族抗击法国侵略者，没能赶上过春节。参见杨宗亮《壮族文化史》，云南民族出版社 1999 年版，第 248 页。

自己的传统节日，在关门节举行祭天求雨的仪式，在开门节过"新米节"。当问到"曼里壮族为什么选择在傣族的节日里过本民族的节日"时，一位壮族老人给出这样的解释："我们原来没有文化，也不像傣族那样升和尚。我们要到傣族寨子找和尚问日期。这样我们就跟着傣族过节了，但是活动内容是我们壮族的。""记忆需要来自集体源泉的养料持续不断地滋养，并且是由社会和道德的支柱来维持的"，在现实处境下对历史事件进行选择性感知。[1] 当年这部分壮族迁移到西双版纳，由于离开以农历纪年为生活主轴的文化氛围，只能借助当地的傣历重新确定自己生活习俗的日期安排。[2] 壮族一般有过中秋节、端午节、清明节和重阳节的习俗，但曼里壮族由于不能确定这些节日的具体日期而只能作罢。曼里壮族在沿袭传统习俗的过程中，伴随着对傣族文化的抗拒、借用和融合，体现了移民群体文化心理的倔强性和生活技巧的变通性。

第三节 曼里壮族村寨的文化适应

广西壮族有自己浓厚的自然崇拜、动植物崇拜和祖先崇拜等原始宗教信仰，又受到佛教、道教和儒家思想的影响，形成一个多元的民间信仰体系。曼里壮族迁移到西双版纳平坝地区，与傣族经历了长期的社会融合过程，获得了"能够成功应付或融入特定社会文化或环境的与文化相契合的技能"[3]，也相应发生了宗教适应现象。对雷、雨、火、山、土地等自然物的崇拜以及对牛、青蛙和树木等动植物的崇拜体现了壮族人民与自然建立

---

[1] 参见［法］莫里斯·哈布瓦赫《论集体记忆》，毕然、郭金华译，上海人民出版社2002年版，第60页。

[2] 访谈中，所有被访者都是以傣历计算各种活动的日期。其中一位被访者以傣历年作为时间标志，回忆第二次祭寨心的日期。另一位年长的被访者更是娴熟地将农历节日换算为傣历日期，"我们过春节，是看傣历。今年的除夕按傣历就是四月的最后一天。大年初二是傣历的五月的第二天。"依靠傣历计算日期的方式已经成为壮族的思维方式，这正是社会融合过程中文化适应的一个鲜活例证。

[3] 参见 C. Ward, "The ABCs of Acculturation", *The Handbook of Culture and Psychology*, Oxford: Oxford University Press, 2001, pp. 411–445。

协调关系的愿望。曼里壮族沿用传统信仰仪式,借用傣族节日和信仰形式,给牛拴线,表达对天和牛的依赖和敬畏,是艰苦的社会融合历程的宗教体现。壮族的祖先崇拜按其产生前后、神格高低以及管辖范围分为始祖崇拜、远祖崇拜和家祖崇拜。始祖崇拜是对创世神或造人神的崇拜,如对姆六甲、布洛陀的崇拜。远祖崇拜是由血缘性的氏族神转化为地缘性的社神,往往将村寨中某个家族的祖先、传说中建立村寨的开拓者、历史上建有功绩或享有崇高声誉的人作为崇拜的远祖。家祖崇拜是对家族或宗族历代祖先的敬拜,一般追溯三代以内的祖先。曼里壮族对始祖的记忆已经淡漠;在新环境下调整远祖信仰仪式,创造新的崇拜偶像,维持着村寨的集体意识;家族崇拜在地域适应中创造性地维持着家庭界限。根据曼里壮族祭祀场所的不同分为以家庭为中心和以村寨为中心两个信仰序列进行叙述。

一 以家庭为中心的祭祀活动

(一)祭家祖

壮族相信"灵魂不灭",人活着时在体内只有一个灵魂,死后就变成三个灵魂,一魂上天寻仙,一魂被送到坟地,一魂留在家中神龛。曼里壮族村有四个姓氏,共用一个坟山,实行土葬。墓地划分与傣族习俗相仿,并不按家族、姓氏划分,而是根据死者的状况分为三个区域:一片埋葬正常死亡者(包括老死或病死)、一片埋葬夭折的孩子(十岁以下)、一片埋葬"凶死者"(非正常死亡)。曼里壮族不过清明节,不扫墓,逢年过节在房间里的神龛前,献上供品,进行祭祀。而嫁进来的妇女或者上门女婿在房屋外另建神龛,祭祀去世的父母。曼里壮族虽然接受了傣族"望门居"的婚俗,[①] 男子可以"入赘"女方家,但在祭家祖仪式中却传承了壮族家庭界限。曼里村一位上门女婿讲述了自己的事例,"我们壮族有这样一种

---

① 壮族有"不落夫家"的婚俗,结婚后仍住娘家,在怀孕临近生育的时候才正式进入夫家生活。

习惯。出嫁的妇女或者上门的男人，在父母去世以后要在房子旁边搭一座小房子，给他们献饭。比如我家弟兄两个，我大哥留在家里，我上门出来了。我爸爸去世后，大哥把我爸爸供奉在他屋里。而在我家，屋里供奉的是我岳父。我在房子旁边为我爸爸搭了神龛。我和我老婆先拜屋里的祖先，然后我自己再单独给我爸爸献饭"。屋内的祖先能保佑整个家庭的平安兴旺，接受全家人的祭拜。嫁入的妇女或上门的女婿单独祭拜屋外自己的祖先。房屋内的家祖可以上溯三代，而房外的神龛只是嫁入一方去世的父母，只上溯一代，神格序列存在差异。在曼里壮族男子娶傣族妇女组建家庭的历史背景下，形成祖先供奉的内外分界，是由家庭界限明确民族之别。在家庭祭祀中，祖先这种超自然力量起到界定家内家外的概念和关系的作用。[①] 这种划分是壮族丈夫和嫁入的傣族媳妇在信仰上进行斗争和妥协的产物，既维护了壮族家祖的主人地位，又为傣族媳妇提供了祭拜自己祖先的场所。在大年三十、正月十五和正月三十（小年），曼里壮族都要祭祀祖先。傣族过开门节的时候，曼里壮族过"新米节"，蒸红薯，用刚收获的新米煮饭（不染颜色），晚上在神龛前献水果、鸡（煮熟的）等祭品。

（二）祭天祈雨

傣族过"关门节"的当天，曼里壮族是以家庭为单位举行祭天求雨仪式，在干栏式建筑的二楼阳台上放一张桌子，铺上白布；放一个砧板，将杀好的鸡（生的）摆在砧板上，再插一把菜刀；摆上酒、糯米饭、香烟、茶水、筷子等；在阳台边插上一根"自柳树"（当地俗称）树枝；打一把伞；祭拜。还包括一个重要仪式，将糯米饭染成红、黄、绿、紫等各种颜色；用不同颜色的树叶煮水，再用这些水泡糯米，蒸熟；将不同颜色的米饭分别盛碗，献祭。以前用水牛耕种的时候，还要给牛拴线，用白线拴在牛角上。当天禁止下田干活，强调生产禁忌。是时，西双版纳已经插秧完毕，稻谷进入生产期；村民结束了之前繁重的耕地、插秧劳作，进入农闲

---

① 参见王铭铭《社会人类学与中国研究》，广西师范大学出版社 2005 年版，第 148 页。

期。在传统农业时期,畜力是家庭生产的主要依靠。村民向劳苦的水牛表示感谢,将其视为家庭的一员、亲密的伙伴,并祈求其健壮。曼里壮族只有少量水田,更多的是山坡旱地。在生产方式上,延续了传统的水田耕作,并掌握了山地的刀耕火种。当时,没有先进的水利设施,只能依赖雨水浇灌,纯粹是"靠天吃饭"。当地人认为,把祭品"献给老天,拜老天爷。求老天爷多多下雨,要保佑我们秧田里有水",祈求有个好收成。① 祭天祈雨和对牛的崇拜是适应农业生产而保留的信仰活动。随着农业生产机械化的普及,曼里壮族已经主动放弃了对牛的崇拜。祭祀中的五色糯米饭是壮族集体记忆的表达,而给牛拴线是融合了傣族的信仰元素,体现了曼里壮族宗教适应的发展性、主体性和包容性。

二 以村寨为中心的祭祀活动

(一) 祭"寨心"

曼里壮族在与傣族的长期生活中产生了浓厚的寨神信仰。在曼里村寨的中心地带有一片空地,中间建有一座小塔,由两层塔身和一个塔顶组成。这里就是曼里壮族崇敬的"寨心"。大年三十,曼里壮族家家户户杀猪煮肉,喜迎新年。下午六点左右,每家抬一张桌子到寨心,摆上供品;全寨人集中到寨心进行祭拜。大约在四月底五月初,再举行一次祭祀活动。曼里壮族祭祀"寨心",认为"我们爸爸妈妈死掉,在天上。我们去拜,让他们下来拿东西",带有强烈的祖先崇拜印记,与傣族的寨神信仰

---

① 这种祭祀,也可能是一种英雄崇拜的历史记忆。在壮族信仰中,这一宗教仪式是为了纪念民族英雄侬智高。传说宋朝时期,侬智高被耿青的部队围困山林,在农历六月初一这一天带领将士成功突围。壮族人民为了纪念侬智高和牺牲的将士,每年六月初一举行祭祀活动,用马血、牛血染糯米,后改用红树叶汁煮饭代替,颜色也逐渐变得多样。道光《广南府志》卷二载"户染红糯米祭神,土司家亦然"。在文山和马关等地还保留着这种祭祀活动。"妇女在家蒸红糯米饭。此后,男长者从头到脚换上新装,将擦洗干净的菜刀、砧板、桌子、红饭、牛肉、酒、香纸、碗和染成红色的新筷等搬到新制的阳台上祭祀叩拜。"(参见杨宗亮《壮族文化史》,云南民族出版社1999年版,第122页)

有相似点。傣族的寨神起初是建寨氏族的祖先，其后由血缘为纽带的氏族神变成了区域性的社神，成为全寨所有家族共同祭祀的对象。当笔者提醒并没有查阅到有关壮族祭祀"寨心"的记载时，被访者很平淡地回应道，"在西双版纳，建寨子必须要有寨心。这样，寨子才能平安。我们来这里落脚，首先要选定寨子的中心点，然后每家才能建房子。寨心对我们最重要，没有寨心就相当于没有我们这个寨子"。曼里壮族同样将"寨心"视作寨子灵魂和生命的象征，能保佑村寨平安、村民幸福。被访者反复念叨"寨心"对于村寨的重要性，反映出曼里壮族先民对能融入西双版纳这块土地的迫切渴望，并十分珍惜这耗尽心血得来的生存空间。

（二）祭"将军庙"

曼里壮族建庙祭祀的是带领他们转战到此的英雄——李定国，当地人称这个庙房为"将军庙"。庙房位于寨子最后边，为双重檐、八角形的亭式建筑，只有祭台，无神像。"文化大革命"时期，老庙被毁坏；1977年在旧址重建庙房；1998年又进行翻修。每年"献庙"两回，由全村男人参加祭拜，不允许女性进庙，祭拜时口中默念"李将军"的名字，求其保佑。第一次"献庙"是在大年初二上午，由管庙的负责人准备祭品；费用从村里公积金支付。第二次是在八月初二（2013年9月6日），每家出一只鸡，祭祀结束全村成年男子在公房前聚餐。① 李定国虽然是陕西榆林的汉族，但全寨人将其作为"保护神"进行祭拜，而李姓村民自认为是李定国的后代。"李将军"信仰是曼里壮族在迁移过程中创造的一种英雄崇拜，是对迁移历史的集体记忆。在勐腊城子附近的一个山头上有一座土基砌的庙址，当地人称作"汉王庙"，被认定是李定国的墓址所在。"解放前，群众把汉王神敬奉为勐腊最大的神，每年春节祭祀一次，平时祭祀一口猪和一些鸡，祭祀前一天鸣炮三响，全勐禁忌生产三天。"② 曼里壮族负责管理

---

① 壮族的传统民间信仰的祭祀中，也存在"祭毕，全村成年男子在山上会餐"，"全村每户选一人为代表集中会餐"的习俗。所以，祭祀后的会餐习俗不能归为对傣族的宗教适应。参见玉时阶《壮族民间宗教文化》，民族出版社2004年版，第42—43页。

② 参见郭影秋《李定国纪年》，中国人民大学出版社2005年版，第26页。

将军庙的李姓老者告诉笔者,"这里以前是傣族住的地方。因为土地不好,都是'侣相田'(旱地的意思),他们就搬到老挝去了。我们从勐腊搬过来,但是他们的寺庙还在,那些和尚就来搞我们寨子。[①] 村民经常得病,种什么都不得吃(没有收成)。我们没有办法,就拿'将军庙'去压它。现在建将军庙的地方就是当年他们傣族的庙。现在我们就好了。自从我们搬迁来建立将军庙快两百年了,重建,翻修都是在原址上,没有移动"。祭祀"将军庙"是这种移民历程的再现,是对迁移过程中的艰难和群体团结的追忆。

(三) 祭"帕雅"

"帕雅"在傣语中是"寨主、领袖"的意思。在曼里村的寨门外搭有两个神龛,供奉着董姓和王姓两位老"帕雅"的神位。大年初二,全村成年男性祭祀完"李将军"后,再到寨门旁祭拜这两位"帕雅"神。在第二次祭"寨心"后,进行第二次祭"帕雅"仪式,每家出一只鸡,祭祀结束后全村男子聚餐。祭祀"帕雅"神是由祖先崇拜发展为社神崇拜的宗教仪式。在广西部分壮族聚居区还盛行一种称为"村老"的村社组织。村老负责主持村寨的重要事务和全村的宗教祭祀活动,拥有很高的地位和声誉。"有的村老死后更被村民尊奉为'土地公',立庙四时祭祀,以求保佑村民的生产与生活能顺利进行。至今,当地各村的土地公都仍有明确的姓名。[②]"曼里壮族祭祀的董姓"帕雅"名叫董老七。1817 年,董老七带领四姓的壮族村民从勐腊迁到勐乌旧寨(现在的曼里村)。他担任了五十六年村主任。1876 年去世后,他的儿子"帕雅康"和孙子"帕雅波依留"继续担任村主任。由董老七的事迹可以看出,他生前为村寨找到了一块可以休养生息的土地,对族人的贡献无疑是巨大的。村民每年定期悼念这位村寨首领的功绩,让后人谨记得到这片土地的艰难,提醒珍视自己开拓的

---

① 按照傣族传统,寺庙是村寨的保护神所在之地。在村寨搬迁之前,要在迁入地选好寨心,建寺庙,塑起佛像,僧人先行迁入。所以傣族搬迁之后,僧人也随寨子搬走了。这里所说的和尚应该是留在寺庙里的佛像以及人们头脑中傣族保护神的象征性说法。

② 参见玉时阶《壮族民间宗教文化》,民族出版社 2004 年版,第 104 页。

这个家园。"帕雅"神的保佑和村寨人的生活渴望相互激荡，明确了民族的群体身份，从而维持了自己种族的延续和文化血型。

三 曼里壮族宗教适应的创新性与包容性

曼里壮族宗教信仰既具有移民母体社会的"背囊文化"特征，又带有移民与当地社会融合的文化色彩。"移民及其后裔与原住民的交往中，在移民群体与原住民群体这两大社会群体的互动中"，移民携带的宗教信仰吸收了原住民的文化和习俗，从而摆脱了纯移民色调，成为"混合型"宗教。而且在迁入地区"特殊的地理环境和社会历史条件下，人们根据自己的需要和生活的境遇，创造了一批新的神明"[①]。曼里壮族借用傣族"关门节"的时间，进行祭天祈雨仪式，传承了壮族传统的仪式，给牛拴线又包含了傣族信仰元素；在"开门节"吃新米，进行祭祖；吸纳傣族的坟地划分方式；以壮族的远祖信仰为底色创造出"李将军"和"帕雅"神等新的信仰偶像；祭"寨心"将壮族的祖先崇拜与傣族的社神崇拜相融合。

曼里壮族在维持自我信仰主体的前提下，借用傣族文化元素增强了自身的活力，提高了适应性，促进了与傣族的社会融合。在信仰序列的布局上，既纳入了傣族祖先神灵，又建构出民族之间的界限。以房主人的代际传续为主线，将夫妻双方的祖先分割在屋内屋外，实际是保持壮族祖先的家庭主人地位，又容纳傣族夫妻对象的祖先居于左右。李将军、帕雅神和寨神是由以血缘为纽带的远祖崇拜转化为以地缘为纽带的社神崇拜，"帕雅"神居于寨头，寨神居于寨心，李将军居于寨尾，共同保护村寨的稳固和安宁。通过社区和家庭的祭祀活动，用象征和隐喻（Metaphor）划出社区或家庭内外的界线，同时也建构出壮族和傣族的神灵分界。

[①] 参见黄福才、李永乐《略论台湾宗教信仰的移民特征》，《福建论坛》（文史哲版）2000年第3期。

第四节　曼里壮族社会融合与文化适应的辩证关系

宗教适应维持了曼里壮族的群体团结。曼里壮族漂泊流离百年，才觅得一块傣族抛弃的"鸡肋"之地，得以落脚扎根。寻找土地之难是移民群体与原住民深层利益对抗的体现。即使在民国时期，西双版纳还属地广人稀之地，"人口不过十六七万，平均每方里居民不及二人"[①]。但在封建领主经济制度下，傣族"召片领"、各勐召勐和村寨已经将平坝的土地完全占据。移民群体想获得一块扎根之地，必定伴随着"侵入"与"排斥"的激烈较量。曼里壮族在排斥和流离中倔强地维持着民族的群体凝聚力。移民通过宗教信仰及仪式将人与人的相互依赖公开化、传统化和标准化，并且加以超自然的确认，从而增强了群体的维系力。[②] 宗教是群体的灵魂，以希望、记忆、鼓励给群体成员维持下去的力量形成强烈的身份认同。曼里壮族随着时节轮转，周期性地举行祭家祖、祭天祈雨、祭"寨心"、祭"将军庙"和祭"帕雅"神的宗教仪式，在神圣与世俗的交织中"周期性地生产和再生产"出群体凝聚力。这种力量是"人类的力量和道德的力量"的集体表象。[③]

宗教适应是曼里壮族主体能动性的体现。曼里壮族在社会融合过程中，延续稻田耕作，学习旱地刀耕火种；与傣族保持通婚；接纳傣族的语言、服饰、住房、日历等文化元素。在宗教适应上也保持了自身的独特性，对过年记忆的倔强坚持，对"关门节"祭天和"开门节"祭祖等信仰的策略性重构，对寨神信仰的积极吸收，对祭"李将军"、"帕雅"神的建构。曼里壮族以自我为主体，坚持传统信仰，借用他者的文化元素，创造新的宗教仪式，传承、接纳和创新并存，体现了宗教适应的开放性和包容

[①] 参见李拂一《南荒内外》，复仁书屋2003年版，第62页。
[②] 参见[英]马林诺夫斯基《文化论》，费孝通译，华夏出版社2002年版，第85页。
[③] 参见[法]爱弥尔·涂尔干《宗教生活的基本形式》，渠东、汲喆译，上海人民出版社1999年版，第552页。

性。"族群差异并不是由于缺乏社会互动和社会接纳而产生的",主体性并不意味着保守地区隔,开放性并不预示着群体的主体地位的丧失。宗教适应是移民群体在坚持与变通中进行权衡的结果,是在保持自我独立性基础上进行的自主性吸收,是一种选择性融合。一位壮族说,"我们来到这里 350 多年了,被同化了,穿傣服,说傣语,变成傣族了,但我们的庙不会变"①。"人群的主观认同(族群范围),由界定及维持族群边界来完成,而族群边界是多重的、可变的、可被利用的。"② 曼里壮族在建构民族认同时,并没有死板地恪守所有方面的差异,而仅仅强调"自己认为有意义的部分"③。

  社会融合是一个充满矛盾、螺旋上升的过程,带动着宗教适应持续发展。两个民族的社会融合是一个充斥着接纳与排斥、友好与敌意的对立统一过程,构成了壮族宗教适应的社会框架。"从宗教与社会——经济发展的内在关系而言,一种宗教伦理的基本功能,往往是如何使它的信仰群体呈现为一种社会身份的认同。"④ 家庭祭祀和村寨集体祭祀刻画出曼里壮族生存空间的内外界限,成为社会融合不可逾越的鸿沟。正是利益对抗的客观存在和社会交往的现实需要相互交织,造就了社会融合呈现出截然不同的两个层面。在文化、通婚等方面都实现了较强的社会融合,甚至达到同化的程度,但宗教适应却建构了壮族群体的独特性。而这种矛盾关系在宗教适应中表现为容纳与排斥并存,坚持和创新相容。这是曼里壮族社会融合的主体性与群体性、追溯性与发展性的结合,"为历史之产品,也是'历史'之创造物。不仅如此,他们也是历史与'历史'的创造者"⑤。傣

---

① 参见王明珂《华夏边缘:历史记忆与族群认同》,社会科学出版社 2006 年版,第 44 页。
② 参见[挪威]弗里德里克·巴斯《族群与边界》,高崇译,《广西民族大学学报》(哲学社会科学版) 1999 年第 1 期。
③ 参见[挪威]弗里德里克·巴斯《族群与边界》,高崇译,《广西民族大学学报》(哲学社会科学版) 1999 年第 1 期。
④ 参见李向平《伦理·身份·认同:中国当代基督教徒的伦理生活》,《天风》2007 年第 7 期。
⑤ 王明珂对加引号的"历史"与历史作了区分。"历史是指过去真正发生的一些自然与人类活动过程,而'历史'则指人们经由口述、文字与图像来表达的对过去之选择与建构。"将历史过程与"历史"建构过程相结合,分析民族间界线的建构与变迁。参见王明珂《羌在汉藏之间:川西羌族的历史人类学研究》,中华书局 2008 年版,第 2—6 页。

族与壮族的对立统一关系成为社会融合不断发展的动力。同化论消除对立只剩同一,预示社会融合的终结;多元主义只见对立,无视同一,否定社会融合的可能。曼里壮族在与傣族的社会融合过程中不断抹平界限,又会产生新的界限,保持了民族主体性。宗教适应成为民族群体间的"社会本相(Social reality)之文化表征"。

研究曼里壮族移民在社会融合过程中的宗教适应具有一定意义。第一,为中国文化宝库添加一种文化血型,提供一类文化基因。因为这种文化适应状况是独特的,为文化多样性增加一个色彩。人类学通过对"部分真实"的文化描述,来展示人文类型的多样性。从而,事实的叙述是一个整体中的片段,而文化创造正在于片段比整体的想象更具有意义。第二,西双版纳回傣村寨的研究主要围绕文化适应、宗教变迁和民族认同展开,将回傣作为一个民族单位或宗教群体进行分析。但研究者忽视了回傣的宗教适应与村寨生存状态的关系。学者拘泥于此研究思路可能因为伊斯兰教是制度型宗教,且与回族高度重叠。而壮族秉持的民间信仰是弥散型宗教,且具有很强的地域差异性和支系差异性。更重要的是,西双版纳三个壮族村寨表现出宗教信仰与村寨边界的叠合性。所以,本研究以村寨社区作为理论分析视角,也是一种创新。第三,曼里壮族的文化适应并不是同化、熔炉等理论现象。这种独特性能为文化适应的理论创新提供些许启发。

第八章 社区结构影响民族通婚研究

第一节 民族通婚由因素分析转向社会处境研究

通婚，亦称"通昏"，指"结成姻亲，互通婚姻"。《魏书·官氏志》有"凡与帝室为十姓，百世不通婚"的记载；宋朝陈师道在《后山谈丛》中写道"兄弟之国，礼不通昏。男女之际，易于生隙"[1]。由此看出，通婚涉及婚姻双方所属群体之间（阶层、民族、国家）的关系。民族通婚就是民族群体间结成姻亲，互通婚姻的状况。以往研究把民族通婚作为民族关系和谐的一个重要指标，分析影响民族通婚的各种因素，从而找到研究民族通婚的意义所在和实施路径。辛普森（Simpson）和英格尔（Yinger）将民族通婚作为衡量民族之间社会距离、民族交往、民族认同、异质性和民族融合的敏感指标。[2] 戈登（M. Gordon）分析了影响民族通婚的文化、社会组织网络、民族意识、民族偏见、民族歧视、价值观等相关因素。[3] 因研究视角、方式方法的差异，民族通婚的研究成果纷繁复杂。总体而言，

---

[1] 引用自 http://baike.baidu.com/view/2112598.htm。
[2] 参见 Simpson, G. E. and Yinger, J. M., *Racial and Cultural Minorities: An Analysis of Prejudice and Discrimination*, New York and London: Plenum Press, 1985, p. 154。
[3] 参见马戎、潘乃谷《赤峰农村牧区蒙汉通婚的研究》，《北京大学学报》（哲学社会科学版）1988年第3期。

可归结为通婚原因、通婚状况（如历史变迁、婚姻圈、民族差别等）、社会影响（如民族和谐、体质优化、族别选择、文化发展等）。单就通婚原因又可划分为个体、社区（集体）、社会三个层次。个体层次的原因包括当事者的年龄、体质特征、户籍、职业、文化水平、语言、交往圈、宗教信仰、经济地位等；社区层次包括社区内各民族的人口分布、人口比例、社区舆论、文化共存、乡镇社区的承接性等；社会层次涉及通婚年代、民族间的历史矛盾、社会同化、民族规范、宗教规范、社会政策、人口迁移等因素；综合各层次因素构造民族通婚的理论模型。

如上所述，影响民族通婚的因素包罗万象，虽然个别学者归纳各类因素构造了民族通婚理论模型，但因涉及因素过多，结构复杂，难以抓住问题的关键。笔者在前人研究基础上，结合田野调查资料，选定社区作为基本分析单位，从而避免了个体层次上的复杂性和社会层次上的难以把握性。以社区分析影响民族通婚的原因，将民族和社区相结合就归结到民族社区。民族社区以其民族特性和社会共性共同作用于民族通婚。将社区"作为社会现象和社会透视单位的结合体"[①]，分析社会与个人两个层次的因素如何相互作用于民族通婚。"从每个社区根据它特有的具体条件而形成的社会结构出发，不同社区才能相互比较。在相互比较中才能看出同类社区的差别，而从各社区具体条件去找出差别的原因，进一步才能看到社区发展和变动的规律。"[②] 笔者选取西双版纳傣族自治州三个典型社区进行比较研究，通过访谈和查找社区计划生育登记簿等方式收集资料；对同时期各社区民族通婚情况进行横向比较，关注因社区的区域性限制而影响人际互动能力和文化维系力，造成民族通婚的差异；对社区的民族通婚情况进行纵向历时比较，关注时代环境影响社区人际互动频率变化和文化维系力度强弱，从而使民族通婚具有显明的时代痕迹。

---

① 参见王铭铭《社会人类学与中国研究》，广西师范大学出版社 2005 年版，第 49 页。
② 参见费孝通《个人·群体·社会——一生学术历程的自我反思》，《北京大学学报》（哲学社会科学版）1994 年第 1 期。

西双版纳傣族自治州民族众多，又地处边疆，属于多种文化圈交叉重合地带，造就了多样文化自由发展。在这种文化环境中，民族通婚容易发生，逐渐成为平常之事。为了更好地说明社区特性对民族通婚的作用，笔者依据民族通婚的显著程度，选择了三类社区：民族成分复杂的城市居民小区、处于城市周边的民族村改居社区和偏远农村地区的民族村寨。社区A位于西双版纳州府所在地景洪城区中心，是一个民族杂居社区，有常住户169户，总人口468人，其中男性230人，女性238人。社区B是一个傣族村寨，地处澜沧江北岸、景洪老桥旁边，是典型的城乡接合部，属于当地政府重点建设的"村改居"社区，有常住户234户，总人口757人，其中男性377人，女性380人。社区C是一个典型傣族乡村社区，地处坝区，距离所属乡镇6.50公里，距离景洪城60多公里，有农户59户，总人口286人，其中男性153人，女性133人。[①]

第二节　不同区位社区民族通婚的横向对比

在西双版纳这个多民族和谐共居的地区，民族通婚现象非常普遍。但仔细分析就会发现，不同社区民族通婚的区域差异相当悬殊。所以，有必要对西双版纳境内不同类型社区的民族通婚状况进行横向对比，从而明晰影响民族通婚更深层次的原因。"在比较不同社区的社会结构时，常发现每个社会结构有它配合的原则，表现出来的结构的形式也不一样。"[②] 通过不同区域的社区进行对比分析，能总结出不同区域的社会状况对社区的影响，进而影响了社区的民族通婚状况。

在这三个社区的对比分析中，社区A的民族通婚比例最为显著。社区A计划生育登记婚育人口为308人，包括已婚夫妇135对，离异24人，丧偶7人，未婚7人。在135对已婚夫妇中，族内婚69对，占51.1%；民族

[①] 人口数据来源于各社区的计划生育登记册，2012年。
[②] 参见费孝通《社会调查自白》，知识出版社1985年版，第94—95页。

通婚 66 对，占 48.9%。究其原因，社区 A 是一个事业单位的社区。社区人员主要是通过招工、招聘进入单位的职工。这些人来自不同的民族社区，在此又重新组合成一个新的民族杂居社区。该社区登记的婚育人口包括 13 个民族，其中各民族的人口数量和比例：汉族 195 人，占 63.3%；傣族 43 人，占 14%；彝族 19 人，占 6.2%；白族 15 人，占 4.9%；哈尼族 12 人，占 3.9%；拉祜族 7 人，占 2.3%；回族 6 人，占 1.9%；基诺族 4 人，占 1.3%；土家族、壮族各 2 人，各占 0.6%；布朗族、瑶族、布依族各 1 人，各占 0.3%。社区成员基本都是国家体制内人员。社会主流文化成为这个社区的共享文化，而个人所携带的民族文化、地域文化、宗教文化成为次级文化。传统民族、宗教习俗生活在社区层面已不起作用。该社区处于景洪城中心地段，现代文化气息浓厚，人员流动频繁。社区内外的文化包容性强，规范的监督强度相对较低，民族间交往概率高。人们在社会交往中，能很容易认识其他民族的朋友。在婚姻选择上，可无视民族间的界隔，在不同民族的朋友中选择自己心仪的结婚伴侣。

社区 B 传统上是一个傣族村寨，因地处城乡接合部，受到城市现代文化和人员高流动性的影响，民族通婚比例也非常显著。该社区计划生育登记婚育人口为 405 人，包括已婚夫妇 202 对（16 对夫妇一方或双方属于再婚），离异 1 人。在 202 对已婚夫妇中，族内婚 131 对，占 64.9%；民族通婚 71 对，占 35.1%。该社区因其地域的特殊性，处于多元文化的浸染之中。在倔强地持守傣族传统文化、维持村寨凝聚力的同时，逐渐接受了外来文化。社会流动频繁，社区成员的民族成分也变得复杂，社区规范的监督强度也更具伸缩性。该社区的婚育人口分属七个民族，其中傣族 334 人，占 82.5%；汉族 62 人，占 15.3%；彝族 5 人，占 1.2%；哈尼族、布依族、土家族、基诺族各 1 人，各占 0.25%。该社区傣族村民与其他民族的人际互动概率很高，在多民族互动中寻找结婚对象，较少受到村寨习俗的束缚。

访谈 9.1：社区 B 妇女主任，傣族，女，31 岁，大专，访谈时间：2012

年 8 月 25 日。

问：傣族找其他少数民族，比如找哈尼族、基诺族、瑶族，还会考虑其他原因吗？

答：我们傣族找其他（少数）民族的太少了。

问：像这些找其他少数民族的是什么情况呢？

答：我也是听说。比如有些是在一起读书的时候就相知相爱了，彼此比较了解，工作的时候又在一起，所以才结婚的。对面那家就是找哈尼族结婚的，是男孩来上门的。

问：来上门的这个男孩参加寨子的佛事活动吗？

答：因为他们两个都上班，所以就没有（参加）。现在我们年轻人也不一定去，去的次数也很少。像上班的那些，都不会去的。

问：本寨子里的年轻傣族也很少去寺院了，是吗？

答：是的。

问：像泼水节、关门节、开门节这些傣族重大的节日，这些上班一族也不去寺院吗？

答：少，他们上班的很少去。

社区 C 是一个相对封闭的傣族村寨，远离城镇的人群熙攘，保持浓厚的佛教信仰，民风淳朴。村民主要从事农业生产，以割胶、种田作为营生，很少有机会接触外面的世界。村民的交往活动主要在村寨内进行，偶尔到集镇上购物、娱乐，很少去县城或州府，社会活动半径比较窄。在社区内，本民族的个体交往机会更多，男女之间发展为夫妻关系的概率更大，村寨内男女结婚现象很普遍。村寨内多数家庭之间都有亲戚关系，两三家、三四家是一个亲戚圈，最终全村形成一个紧密的亲戚网。本村有 5 对民族通婚夫妇：2 对是汉族上门到社区 C（其中 1 对已经离婚），其他 3 对是本村姑娘嫁给汉族。这样看来，当前只有 1 对民族通婚夫妇居住在社区内。由于村寨所处的地理位置限制了村民的社会交往圈，社区文化也没有受到外来文化的过度侵扰，传统习俗有着强烈的监督力。如上门到社区 C 的汉族男子受傣族文化熏陶也参加寨子里的佛事活动；傣族和哈尼族通婚禁忌还顽固地存留人们的头脑中。村寨特性影响着村民对结婚对象的选择。

访谈9.2：社区C村民，傣族，女，38岁，丈夫是来上门的汉族，访谈时间：2012年5月25日。

问：你和你老公怎么认识的？

答：经人介绍认识的。

问：谁介绍你们认识的呢？

答：我们寨子的人在外边和我老公一起打工，就介绍我们认识了。

问：你老公参加寨子里的佛寺活动吗，他参加关门节、开门节这些活动吗？

答：嗯，参加的。（他）已经和我们傣族一样了。我们傣族搞什么，（他）就跟着搞什么。像我们寨子过赕，上庙啊，他都是会去的。

访谈9.3：社区C村民，傣族，女，46岁，丈夫也是本村的傣族，访谈时间：2012年5月25日。

问：寨子里的姑娘和小伙子为什么很少找汉族啊？

答：不认识（汉族）啊。现在，她们读书的全部都嫁汉族。我姑娘是在昆明读的大学，她男朋友就是四川的（汉族）。现在分手了。他想上门，我们不要他。

问：是你不想要他，还是你女儿不想要他？

答：是我们做父母的不让她要，她就不要了。

问：你女儿也同意吗？

答：同意啊。你想，她即使想嫁，我们不让在，她有什么办法呢？

问：现在有没有傣族找哈尼族的呢？

答：我们寨子没有，其他寨子有。以前我们傣族和哈尼族是不能结婚的。听老人说，如果两个民族结婚，生出来的孩子就不好。城子（傣族寨子）那里有个傣族女孩嫁给哈尼族，第一胎是个畸形儿。曼俄（傣族寨子）也有一个哈尼族嫁给傣族，是不能生孩子。

以上三个社区因所处区位不同，直接影响了社区成员接触其他民族成员的概率，进而影响社区对异质文化的包容程度、群体的凝聚力度以及社区规范的监督力度，最终造成民族通婚状况的差异。社区 A 地处闹市，又是一个组合型社区，能包容多元文化，规范的监督力度不高，民族交往频繁，已经不将民族身份作为通婚的考量因素，民族通婚相当普遍。城乡接合部的社区 B 虽是一个民族社区，却时刻沉浸在现代文化的熏陶之中，在社会互动中不断接受外来文化，提高了文化的包容性，软化了传统规范的监督力度，民族通婚已很常见。同样是民族村寨的社区 C 因地处偏远乡村，与外界互动贫乏，较少受到外来文化的侵扰，保持着浓厚的民族传统，群体凝聚力强，规范的监督力度大，民族通婚还凤毛麟角。由此可知，社区并不是封闭孤立的，而是一个外延伸缩性很强的开放空间。社区因所处社会环境的不同，在民族通婚方面表现出明显差异；社区成员依托社区积极进行社会互动，进行不同方式的民族通婚，改变了社区特质。个人与社会通过社区的衔接作用互为主体，相互影响。

第三节　时代变迁中社区民族通婚的纵向对比

将民族通婚这一社会现象放入历史的长河进行分析，归纳影响社区民族通婚的时代因素，勾画民族通婚的社会发展趋势。为了厘清社区中社会力量的历时性变迁，"需要对社区中和影响社区的外来社会—文化力量作出历史的探讨，而要做到这一点，尚需要在宏观的国家与社会关系变迁的框架下做一番实验"[1]。将这三个社区的民族通婚变化状况结合到社会时代的变迁大背景下，探讨社区外的社会力量和社区内的群体力量及个人能动性如何相互作用，共同影响民族通婚。

根据三个社区的计划生育登记册中民族通婚情况以 10 年为单位，统计每个时间段族内婚和民族通婚所占比例，分析这些社区随着时代变迁民

---

[1]　参见王铭铭《社会人类学与中国研究》，广西师范大学出版社 2005 年版，第 47 页。

通婚发展趋势。

社区 A 族内婚与民族通婚的分年代对比表　　　　单位：人

年代	项目	族内婚	民族通婚	总和
1929 年及以前	行比例（%）	100.0		100.0
	数量	5		5
1930—1939	行比例（%）	87.0	13.0	100.0
	数量	20	3	23
1940—1949	行比例（%）	76.2	23.8	100.0
	数量	16	5	21
1950—1959	行比例（%）	51.0	49.0	100.0
	数量	26	25	51
1960—1969	行比例（%）	46.3	53.7	100.0
	数量	38	44	82
1970—1979	行比例（%）	39.7	60.3	100.0
	数量	29	44	73
1980—1989	行比例（%）	26.7	73.3	100.0
	数量	4	11	15
总和	行比例（%）	51.1	48.9	100.0
	数量	138	132	270

社区 B 族内婚与民族通婚的分年代对比表　　　　单位：人

年代	项目	族内婚	民族通婚	总和
1930—1939	行比例（%）	100.0		100.0
	数量	10		10
1940—1949	行比例（%）	91.7	8.3	100.0
	数量	22	2	24
1950—1959	行比例（%）	92.8	7.2	100.0
	数量	64	5	69
1960—1969	行比例（%）	59.8	40.2	100.0
	数量	73	49	122
1970—1979	行比例（%）	53.5	46.5	100.0
	数量	69	60	129

续表

年代	项目	族内婚	民族通婚	总和
1980—1989	行比例（%）	48	52	100
	数量	24	26	50
总和	行比例（%）	64.9	35.1	100.0
	数量	262	142	404

从以上两个表格的数据可知，社区 A 的民族通婚所占比例由"1929 年及以前"不存在民族通婚现象，到其后的 13.0%→23.8%→49.0%→53.7%→60.3%→73.3%，有一个随时代发展不断上升的走势。社区 B 的情况与社区 A 基本相似，民族通婚比例逐次上升（0→8.3%→7.2%→40.2%→46.5%→52%）。社区 A 在 20 世纪 30 年代出生的人中开始出现民族通婚现象；社区 B 在 20 世纪 40 年代出生的人中才开始出现民族通婚现象。按国家结婚登记年龄规定，最早结婚年龄要在 20 岁以后。由此可推出，社区 A 在 20 世纪 50 年代出现民族通婚现象；社区 B 在 20 世纪 60 年代出现民族通婚现象。在两个社区民族通婚不断上升的趋势链条中，都有一个民族通婚急剧增高的年代，社区 A 是由 20 世纪 40 年代的 23.8% 激增到 20 世纪 50 年代的 49.0%；社区 B 是由 20 世纪 50 年代的 7.2% 激增到 20 世纪 60 年代的 40.2%。所以社区 A 在 20 世纪 70 年代出现民族通婚激增现象，而社区 B 到 20 世纪 80 年代才出现激增现象。社区 C 的 5 对民族通婚夫妇有 2 对是上门到曼安寨子的，1 对是 1994 年结婚（已离婚），1 对是 2005 年结婚（女方属于再婚）；其他 3 对夫妇为傣族女性外嫁汉族，全是 2000 年以后结婚的。虽然民族通婚过少，不便于进行数据分析，但也能看出近年来，民族通婚增加的趋势。

三个社区都呈现出随时代变迁民族通婚比例不断提高的趋势。在现代化的推动下，由凝固封闭的传统社会不断软化、交融，逐渐转变为流态社会。人们不再是生活于"生于此长于此""老死不相往来"的小国寡民状态，而逐步走出封闭的社区环境，参与到社会交往的潮流中。在流态社会中，各民族群众交往、相识的概率增多，结为夫妻的可能性增大。大环境的流动性也影响到社区规范的包容度，更容易接受其他族个体的融入，促成民族通婚率的提高。中华人民共和国成立后，国家选派大量工作人员进驻西双版纳，开启了多民族频繁交往的历史。民族通婚首先发生在民族交往频繁的国家各类机关。因工作分配、政府移民，大量内地群众持续进入西双版纳地区。20 世纪 60 年代，民族通婚扩展到城乡接合部的社区 B 也在情理之中。20 世纪 70 年代，第一批迁入西双版纳的国家机关、企事业单位人员的子女达到结婚年龄。由于开明的社区环境和频繁的民族交往机会，这些子女更有可能选择民族通婚。社区 A 民族通婚从这个时期开始激增，原因也在于此。20 世纪 80 年代之前，国家统一调控人口流动，主要涉及的是体制内。改革开放以后，人口流动由体制内扩展到体制外的普通大众。所以，20 世纪 80 年代社区 B 出现民族通婚激增现象。

访谈 9.4：社区 A 居民，汉族，女，丈夫是彝族，53 岁，中专，访谈时间：2012 年 5 月 14 日。

我老家是山西的。我父亲是南下干部，他和我妈在来西双版纳之前就结婚了。我爸妈带着我两个姐姐从山西搬过来。我是在这边出生的，对这边的情况很熟悉。当年我爸爸把我们姐妹几个都安排回山西工作了。在那边待不习惯又跑回来的。我是工作以后在单位上找的对象。因为我老公多才多艺，吹拉弹唱样样都行，还有彝族小伙子长得还是很帅的（大笑）。我有一个女儿，是 1987 年生的，报的是彝族。她在城里长大，都是讲汉话，不懂彝族语言，也没有穿过彝族服装，已经完全汉化了。她找对象，我们会完全尊重她的意愿。现在城市里的人结婚早就不分民族了。

访谈 9.5：社区 B 妇女主任，傣族，女，31 岁，大专，访谈时间：2012 年 8 月 25 日。

问：其他少数民族来到傣族寨子会不会存在不适应的地方？

答：现在可能没有什么看法。像以前，我们父辈那一代可能对其他少数民族有点看法，说难听点就是有点歧视。但是现在随着社会的进步，人与人之间的沟通和理解，我们寨子还是有几户通婚的。

在宏观层面上，社会生产力的不断进步，社会结构的不断发展，交通通信条件的不断改善，科教卫生事业的逐年提升，社会流动方式的逐渐便利，为人员的社会流动和文化交流提供了动力，为更深一层次的民族通婚准备了条件，营造了氛围。在中观层面上，由于区位差异民族社区在接受现代化影响过程中存在时间上的先后之分，程度上的强弱之别。社区的群体凝聚力、人际交往圈的范围、规范的监督强度都在不同程度地影响着民族通婚。20世纪60年代社区A开始出现民族通婚，20世纪70年代扩展到社区B，20世纪90年代再扩展到社区C；20世纪70年代社区A民族通婚比例激增，20世纪80年代社区B族通婚比例激增，都说明了现代化对不同区位社区的阶梯式影响。由此看来，社区不仅是开放的，也是发展变化的。在历史的长河中，社区承载着社会变迁的推力，影响着个人的婚姻选择能力和机会；个人在时代流变的大潮面前发挥主观能动性，依据现有条件积极进行婚姻选择，改变了社区面貌，助推了社会发展。

第四节　社区结构影响民族通婚的路径

一　社会与个人在社区中相互交织

本文首先将社区作为一种社会现象，分析社区特质（地域性、群体性、文化性、规范性）如何影响民族通婚；再者将社区作为透视社会的单位，分析不同区位、时代社区的人们如何进行婚姻选择。通过"社区研究与大社会中的各种社会空间力量和多重的历史时间观的融会贯通"[1]，勾画了社会与个人在民族通婚中的相互作用机制。不同区位的社区在距离中心城市和自身生态条件上的差异，在社区特质（接触外界信息、人际交往机会、群体凝聚力和规范监督力）方面也表现不同，进而影响其民族通婚的概率和性质。所以，不同社区的民族通婚率不仅受社区特质的直接影响，

---

[1] 参见王铭铭《社会人类学与中国研究》，广西师范大学出版社2005年版，第49页。

更受社会结构和生态环境的宽泛影响。不同的历史时期,社区的民族通婚状况也不一样。总体而言,由传统的固态社会向现代流态社会的转型中,个人的流动能力增强,异质性文化相互交融,民族通婚率呈不断提升趋势。各个社区的民族通婚状况在前后两种社会状态中表现出来的差异,主动适应社会变化,积极进行婚姻选择的结果。人们生活的社区是处在大的社会环境和流淌不息的历史长河中的。民族通婚牵扯着作为直接当事人的个人、具体生活空间的社区和宏大宽泛的社会。三者在相互作用、彼此建构过程中推动了各民族的结构交融(居住区、学校、工作单位、政治机构、宗教组织等)和文化交融(宗教信仰、风俗习惯、语言等),[1] 促进了民族通婚的发生。

在个人、社区、社会的互构过程中存在着文化交融。一位汉族女婿上门到傣族村寨,就会逐渐接触、理解、接受傣族文化,参加佛寺的礼拜活动,过泼水节、关门节、开门节,过赕。而这位汉族个体也将汉文化的音符带到了傣族村寨,每当春节、中秋节,这个家庭也会放鞭炮,邀请村寨的亲朋好友来家做客。个人与社区在微观层面上进行不同文化的互构,从而使个人与社区都闪耀着多元文化的斑斓与璀璨。傣族村寨能接纳汉族个体,并非只因其已成为本村寨成员,还有日常交往升华出来的两种文化的共存相容,更有社会大环境的多元文化传播与交流的氛围烘托作用。一位在社区 C 开商铺的四川籍汉族讲到,"现在,傣族对汉文化很熟悉。他们通过看电视、与外边的汉族交朋友、聊天,已经了解了很多汉族的风俗习惯"。大众传媒的发展与普及、社会流动的频繁也促进了多元文化的传播与交流,使得秉持不同文化的个人或群体对异质文化有了接触、理解、接纳的情景。如此,在一个傣族村寨汉文化与傣族文化经过"个人、社区、社会的互构"过程相容共存。在整个中国社会,汉文化呈现主导性,少数民族文化表现辅助性。而在傣族村寨,傣族文化处于主导地位,汉文化显

---

[1] 参见 M. Gordon, *Assimilation in American Life*, New York: Oxford University Press, 1964, pp. 233 – 236。

现辅助性。多元文化在宏观社会与微观社区的地位互换、相互交织，丰富了各族群众的文化生活，营造了中华民族团结友好的和谐局面。

个人、社区与社会的互构推动了文化交融，另一方面也造成了传统监督力的缺失，给民族通婚带来更大的风险。笔者在调研中了解到，一个少数民族家庭招了外地的汉族女婿。这个男子在此生活几年后，逐渐取得这家人的信任，掌握了家庭的经济大权。他把家里的林地、土地承包权卖给外地老板后，卷钱跑路。这家人因失去了主要经济来源，又有来自社区舆论压力，遭受了巨大的精神打击，生活状况相当悲惨。为了杜绝此类事件的发生，现在傣族在招上门女婿时，也有两三年的考察期，等生了孩子，老人才放权给女儿、女婿。但经济大权一般掌握在女儿手中。这也与傣族向来由妻子管钱的传统相符。在社区C的五个离婚案例中，除一户与汉族结婚的是通过法院审判离婚外，其他四个都是由村里的调解委员会来协议离婚的。

由此可见，民族通婚存在较高的风险。究其原因，第一，西双版纳是少数民族人口占多数的地州。少数民族的民族通婚现象主要是与外地汉族通婚，所以民族间通婚又隐含着地域间通婚。空间分割是造成社会风险的一个主要原因。而且少数民族群众世代生活在当地，很少能走出去。他们对外界的了解主要是通过外地人来此经商、打工带来的信息。当然也有电视媒体、政府宣传、市场宣传等途径。但这些属于系统世界的范畴，与普通老百姓的生活还有一定的距离。所以，当地少数民族群众在认识外界时，只是一个消极的信息接收者，存在严重的信息不对等。另外在空间分割中，相对稳定方和流动方承担社会风险的程度是不同的。相对稳定方因生活在自己的社区，风险到来时很难推脱责任。因为社区不仅是人们幸福生活的平静港湾，也是人们相互监督、彼此牵连的控制组织。而流动方对所处社区没有太多利益、情感牵扯，不存在强烈的责任感，当风险来临，通过"跑路"逃避相关责任。在民族地区，汉族"丈夫"逃离造成当地少数民族群众承担更多风险。而在山东、河南、河北等地，来自贵州、云南等少数民族地区的姑娘出现婚姻逃离（俗称"放鸽子"），就变成当地的汉族群众承担更多责任。两个方面都说明相对稳定和流动对社会风险承担程度是不同的。第二，民族传统的道德约束力不同。在西双版纳，各少数民族都存在对婚姻家庭进行规范的伦理道德。民族内部又因长期的交往、通婚等活动，形成深厚的地缘、亲缘、血缘、友缘的关系网络，成为民族伦理道德的社会支持力量。虽然民族通婚有助于婚姻双方了解对方的民族传统、礼仪风俗，在民族间建立亲缘、血缘、友缘关系。但是用哪一方的民族传统来约束夫妻关系是不确定的。并且夫妻关系建立的亲缘、血缘关系也相当薄弱，只有经过长时间的发酵才会有醇香的情义美酒。所以，当民族通婚出现问题时，民族的道德规范、关系权力失去效能，只能求之于国家权威，风险随之就增加了。

二 现代化进程中民族社区的发展类型

从现代民族杂居社区到传统民族聚居社区形成一个线性连续体。工业化是始作俑者，国民教育紧随其后，渐进地推倒了传统民族社区的"围墙"，或在城市化进程中组建了没有民族围墙的新型社区。不同开放程度的社区在民族通婚上体现为通婚率的高低有序分布。工业化在时间和空间两个维度对传统民族社区进行解构和对新型社区的建构。随着工业化的发展，国民教育的逐渐普及，民族通婚将成为越来越普遍的趋势。民族身份是意愿、文化和政治相建构的产物，民族通婚的普遍化，并不会消除民族之间的边界，民族文化也将以地域性文化、次文化等形式继续被重构和延续。在民族通婚中，"汉族与少数民族通婚的子女倾向于报少数民族户口，而少数民族之间通婚，其子女倾向于报少小民族"[1]，从而可以窥探民族认同趋势的端倪。

民族杂居社区更倾向于出现民族通婚，而此现象背后的动因更值得

---

[1] 参见郑杭生《民族社会学概论》，中国人民大学出版社2011年版，第178页。

探究。笔者根据调研材料将民族杂居社区分为三类：传统型、聚合型和发展型。传统型民族杂居社区主要是早期的移民社区，如勐海县勐海镇曼峦、曼赛的回傣、格朗和乡帕宫、贺南的山头汉族、勐腊县曼里、沙仁的壮族。这些迁移到西双版纳的群体数量少，只有一两个村寨，在内部很难形成通畅的通婚圈。并且第一代移民以男性为主，群体内性别比例严重失调。出于生存的理性考量，在坚毅和无奈中选择了族外婚，打开了一道民族之间"拦坝"的闸门，以后就水到渠成地成为一种自然而然的通婚习俗。伴随民族通婚而来的是语言、服饰、住房等外显符号的融合与学习。但是民族通婚的人际交流以及文化融合并没有抹平民族之间的界限。在价值观尤其是宗教信仰上重新建构起群体间的"栅栏"。聚合型民族社区是城市化进程中或政府主导下多民族聚合而成的居民区和家属院。这类社区的文化维系力、集体监督力等或者苍白无力或者由行政命令替代，所以打破了传统社会中民族社区的差异和分离状态，而成为有着共同交流语言——普通话，共同的教育背景——国民教育，参与到社会整体的劳动分工中，并保持很强的流动性。所以在此类社区民族通婚完全不存在社区束缚的羁绊，变成了个人的自由选择。发展型民族杂居社区是传统民族聚居社区受到现代社会的冲击，不断调整社区的界限维度，接纳其他民族成员，吸收现代文化元素，社区文化逐渐多元，包容力增强，如城乡接合部的民族社区景洪市曼各、曼斗。此类社区受到工业化影响，逐步纳入现代社会分工。社区内的人口流动增强，社区成员的婚姻选择机会更为宽泛，民族通婚现象逐渐普遍，社区内文化融合现象明显。但是社区的核心成员和内核文化，依然是社区的主导力量，维持着社区的边界。这种边界维持不仅利用了传统文化习俗，并且开始融入现代文化元素（比如法律）。随着现代化的不断推进，发展型民族杂居社区将更加普遍。

第九章　社会转型中西双版纳多元文化模式变迁研究

传统社会各民族群体在居住和生产生活上以生态、村寨的地域区隔维持下来，并将这种界限神圣化，实现了民族、宗教界限在圣俗两界的高度重叠。进入现代"流态"社会，民族和宗教群体开始出现"去地域化"（deterritorialised）趋势，促使民族、宗教关系由"隔离"和"制衡"走向"相遇"和"适应"。

第一节　现代社会西双版纳多元文化交流交融

"在以往，这些宗教各走各的路，彼此甚少接触，即便有所接触，也是以辛酸和对立为特点的。然而，在我们这个通信便捷和交通迅速的正在缩小的世界上，我们不得不日益靠拢之际，在各种宗教之间也就产生了一种愿望，要得到相互的友谊和理解。事实上，这可以大大有助于各族人民之间的和平。"[1] 世界各国交往合作与全球经济体系的建立，使各种宗教由隔离走向相遇，由"独白"走向"对话"。2008年，在西班牙马德里举行的各大宗教对话国际论坛发表了《马德里声明》，呼吁"加强不同宗教、文明和文化间的对话，促进宽容和理解。对话是人类相互了解、合作与交

---

[1] 参见［英］约翰·麦奎利《世界宗教之间的对话》，《世界宗教文化》1997年第4期。

流最重要的途径"。①

宗教对话已经成为处理宗教关系的一个热门理论流派。张志刚在总结前人成果基础上概括了五种宗教对话观。宗教排他论（Exclusivism）主张宗教意义上的真理是唯一的、终极的；只有一种宗教是绝对真实的；只有委身于此种宗教才能找到真理。兼并论（Inclusivism）同样主张诸多宗教中只有一种是绝对真实的；但绝对性的宗教真理是普世的，可以通过其他不同的宗教、以多种方式表达出来。多元论（Pluralism）承认世界各大宗教的差异性；却认为"它们都是我们称之为上帝的终极实在在生活中同等有效的理解、体验和回应的方式"。② 兼容论（Compatiblism）的倡导者——汉斯·昆（又译为孔汉斯）主张多种宗教在宗教史上是真实并存的，所追求的目标可谓殊途同归；对于其中一种宗教而言，应在坚信自我信仰的前提下，承认其他宗教的真理性，以取长补短；任何宗教都不具有对真理的垄断权，都处于"朝觐途中"，应相互学习和分享。实践论（Practicalism）是美国天主教神学家尼特提出的新宗教对话观，称为"相互关联的、负有全球责任的对话模式"，主张"宗教对话绝非要求同一性，而是应在充分肯定差异性的前提下，促使各宗教建立起一种朋友或同事般的对话伙伴关系"③，共同面对"苦难的现实"，由"真理之争"转向对重大现实问题的关注。排他论、兼并论和多元论还纠结于信仰真理的讨论，而兼容论和实践论开始转向信仰的结构和功能，为对话寻找伦理基础（底线性共识）和"解放"目标。兼容论为对话寻找到了伦理基础，实践论为对话寻找共同目标（解放性实践）。

何光沪重点对美国天普大学教授斯威德勒的宗教对话观进行述评，对其宗教对话的十条规则提出批评。第一个缺点是要求太高，超出了绝大多数宗教信众进行对话时的心理状态和内在要求。第二个缺点是难于执行，

---

① 参见张志刚《当代宗教冲突与对话研究》，经济科学出版社2011年版，第235页。
② 参见张志刚《论五种宗教对话观》，《世界宗教文化》2010年第2期。
③ 参见张志刚《论五种宗教对话观》，《世界宗教文化》2010年第2期。

超出了能够观察的范围。由绝对的、静态的和单一的转变成相对的、动态的和对话式的思考方式和建立在共同人性基础上的"神学"语言并没有完全脱离各自的传统（神学）；进而"针对各宗教所用的象征体系彼此不同造成的对话障碍，用一种系统的全球宗教哲学来进行某种'打通'的工作"①。郭慧玲受斯切纳波尔（Schnapper）把文化区分为核心（hard core）文化和边缘（periphery）文化的启示，将宗教文化分为核心与边缘，尝试将文化适应与宗教对话相糅合，建构了宗教对话的核心边缘模式。这种模式侧重不同的信仰群体和个人在日常生活、交往中的适应和交融，却混淆了宏观与微观、大传统与小传统、系统世界与生活世界的界限。② 安伦一针见血地指出宗教对话的局限，"全球宗教对话既无真正的对话主体和代表，也无对话成功的共同基础；既没有明确的共同目的，也不能预先令各大宗教抱自我批判修正的态度"，"对话必然会无果而终"，③ 进而提出以理性信仰和宗教融合共同构筑的"宗教共同体"。这个宗教共同体"并非标新立异的众多新生教派之一，而是人类各宗教在信仰共同终极神圣的基础上交汇融合的共存体"；"并非一元化的单一宗教，而是有共同信仰对象，共同信仰目标，共同价值观和伦理取向，关切和维护共同的人类利益，可以协调思想和行动，化解相互之间矛盾的各宗教信众及教派的兼容共存体"，④ 包括信仰、精神、价值、伦理、文化、组织体制和社会功能等七个维度。⑤

宗教对话发端于比较宗教研究，是神学家、政界人士、科研人员等各界"社会精英"形成的"大传统"交流，是智者的游戏。汉斯·昆的一句话"没有宗教研究，就没有宗教之间的对话"，成为宗教对话的至理名言。

---

① 参见何光沪《关于宗教对话的理论思考》，《浙江学刊》2006 年第 4 期。
② 参见郭慧玲《众神相争的诅咒——宗教对话的核心边缘模式》，《世界宗教研究》2011 年第 4 期。
③ 参见安伦《理性信仰之道——人类宗教共同体》，学林出版社 2009 年版，第 126 页。
④ 参见安伦《理性信仰之道——人类宗教共同体》，学林出版社 2009 年版，第 128—129 页。
⑤ 参见安伦《宗教共同体的多维度》，《世界宗教研究》2012 年第 1 期。

这也正反映了宗教对话的局限性。宗教对话有"双重二难","对话的必要性在于信仰的不同,而信仰的差异则是无法消除的"①。这种困境实际是西方"二分法"思维模式的藩篱。中国思维中除了阴阳、正负的二元之分,还认为二者交互作用、相互包容和转化,可谓"一生二,二生三,三生万物"。所以在宗教关系的研究中,不能完全拘泥于宗教对话二维模式,更应立足中国思维中"三极之道"的智慧,发展本土化的宗教关系模式。在民族性格上,西方人的坦诚相告与中国人的含蓄内敛有着本质的差别。中国人不仅要"听其言",更要"观其行",才能更全面地认识一个人。适应、理解、磨合成为人与人交往中心照不宣的处世哲学。在家庭中,家人之间不可能仅凭理智做出对与错、同意或不同意的态度评判(辩证的对话);也不可能做出同情或反感的直接情感表达(爱欲的对话);在家人将整个身心都投入家庭生活时,也不可能完全"悬置"信仰问题、回避宗教差异。"对话的对话"虽然承认人处于关系之中,但是将个人作为单独的实体,认为其是关系网上的一个个节点;承认人的团体性,却认为团体是单质性的。中国的人际关系并非一分为二的契约关系,而是"差序格局"。

第二节 社会转型促使西双版纳多元文化发生变迁

一 现代社会西双版纳多民族走向团结与融合

传统社会,西双版纳十三个世居民族以其群体力量、生产方式、体质、文化的差异建构出立体生态界限,并在日常生活中具体化为村寨界限。由于民族与宗教互为依托,民族间稳定的生态、社区界限成为宗教间相互制衡、多元通和的基础。现代工业促进了人员流动和社会分工,并通过国民教育构筑起各民族共享的基础文化,为各世居民族冲破土地

---

① 参见张志刚《当代宗教冲突与对话研究》,经济科学出版社2011年版,第246页。

束缚、相遇和交流提供了便利。外来人口以工作分配、政府移民、自发迁移等途径迁入西双版纳，已有45个民族在此汇聚。世居民族也增添了新鲜血液，汉族大量迁入，已遍布全州各个角落；普洱地区的哈尼族"碧约""卡多"等支系、红河、文山地区的苗族和瑶族陆续进入，改变着西双版纳传统民族结构和分布格局。1944年，"十二版纳人口总计约十八万余，以摆夷为主要土著"①，到2010年第六次全国人口普查统计全州总人口为1133515人，其中，汉族人口为340431人，占总人口的30.03%；傣族人口为316151人，占总人口的27.89%；哈尼族人口为215434人，占总人口的19.01%。② 立体生态造就民族群体和宗教信仰的立体分布，现已逐渐挤压成一个重叠平面。生产方式的发展突破了民族分布的地域限制，依附于民族群体的宗教区隔也得以解放。民族与宗教相互建构的社会隔离、地理界限开始松动。

传统社会，大量生产劳动（如建房、耕作、收割）需村寨成员的共同协作、相互帮扶，现在借助先进机械设备，一个家庭甚至单独个人就足以应付。另外，乡邻之间的换工、帮工可以通过市场购买的方式来替代。熟人社会的互助合作变成了陌生人世界的理性契约。社会公共服务和市场经济支撑了社区成员个性的张扬。社区成员成为独立的个体，没有必要完全委身于村寨社区。日益频繁的社会流动加速了传统社区和初级社会组织的解体。传统社区丧失了共同利益的关注点和相互扶持的切合点，凝聚力和排他性销蚀殆尽，统一的行为准则失去权威，共享的文化习俗和宗教礼仪开始凌乱了。社会分工与城市化迅猛发展，将各民族从相互区隔的生态空间聚拢到一起，形成多民族杂居社区。

传统社会里，村寨是一个利益共同体。个人一旦离开村寨集体，其正常生活马上就会遇到困难，甚至无法生存下去。村寨社区充当了提供社会服务的初级单位，成为维持社会良性运行的基本组织形式，是各种社会设

---

① 参见云南省民政厅1944年编写的《思普沿边开发方案》。
② 数据来自2010年西双版纳州第六次全国人口普查主要数据公报（第1号）。

置的基本单元。所以,社区权威、宗教文化、社会风尚等都是以社区边界为限。民族成员个体的自主性服从于民族群体的自主性,民族自主性更多体现在村寨社区的自主性上。而现代社会,一些社区以强大的吸取力,撕破周围社区的保护层,将人员、资源、文化等纳入自己的领地,社区空间容纳不下大量聚集的各类资源,"撑破"原来的社区边界,持续向四周扩展。随着社区不断吸收周边资源,空间不断膨胀,形成一个容纳多种民族成员和多元文化的庞大社区。这就是城市化的真实写照。庞大社区的归属感已经不再是个体之间面对面的直接交往,而是变成了国家与个人的直接对话。边缘贫瘠的社区已经没有资源为成员提供安全感和归属感,社区边界变得支离破碎,个人与社区的关系开始变得苍白无力,渐渐成为田园诗般的历史回忆。

基督教在西双版纳地区的发展史见证了此地的社会转型和由此带来的宗教关系变迁。19世纪初,美国传教士开始在西双版纳传播基督教。开始只有三个傣族村寨信仰基督教:允景洪街道办事处嘎兰居委会曼允村和勐罕镇曼景村委会曼列村被称为"琵琶鬼"寨,而嘎洒镇曼播村委会曼响村曾经是麻风病人聚居的村寨。这些村民被排挤出傣族集体大家庭,被迫转向一种陌生的文化秩序寻求精神依托。排斥和歧视成为社会距离的推力,基督教和村寨边界共同维系了这种社会距离。改革开放以来,基督教传播打破社区界线的限制,呈现迅猛发展态势。究其原因,不论是各民族的原生性宗教,还是在此基础上形成的次生性宗教(比如南传上座部佛教之于傣族和布朗族,道教之于瑶族,伊斯兰教之于回族)都与地域性社区相牵连。由于宗教与民族、社区凝固在一起,具有顽强的保守性和排外性。原生性和次生性宗教只是将民族和社区成员作为其天然信徒,没有强烈的扩张和吸纳倾向。基督教对于当地少数民族来讲是一种混生性宗教,且没有上升为某个民族的全民信仰。尤其是,基督教身着"现代化"外装,能适应现代社会的流动性和"民族—国家"的同质性,教会组织替代多位一体

（民族、经济、宗教、风俗）的天然社区。比如勐腊县瑶区乡沙仁村委会和纳卓村委会各有一个基督教堂，覆盖周围瑶族、汉族、傣族、哈尼族等村寨的信徒。基督教穿透了社区的地域限制、民族界限，形成一个纯粹的信仰团体。外来移民成为基督教快速传播的推动力。20世纪70年代，普洱市墨江县哈尼族移民携基督教信仰而来，改变了基督教的分布格局。从此勐腊县成为基督教信仰重镇。① 外来移民更容易投身于这种没有民族和社区界隔的信仰团体。比如曼允基督教堂之前是曼允村的社区教堂，以傣族信徒为主，现已成为多民族教堂，并分出景洪市城区教堂。"景洪市城区基督教堂注册信众有两千多人，平时参加活动的也有一千二三百人，包括傣族、汉族、哈尼族、拉祜族、苗族、彝族、壮族、白族、基诺族、瑶族、佤族、回族、满族、侗族等十几个民族。"② 西双版纳传统社会界限区隔下的宗教生态平衡已经打破，正在重新建构宗教关系模式。

二 西双版纳互嵌式居住模式带来文化适应

《宗教生活的基本形式》始终贯穿着涂尔干本质的理论和现实关怀：在现代社会，人何以可能？原始澳洲人在宗教仪式中的集体归属，个体与社会连通一体，在平静与兴奋的交替中唤起集体情感，社会满足人们心中的慰藉和依赖。"在《宗教生活的基本形式》的字里行间对集体意识的强调，仍能让我们感觉到自《社会分工论》以来对现代社会'失范'的担忧。毫无节制的个人主义对集体意识的削弱威胁着集体纪律的力量，但事实上《宗教生活的基本形式》中的'社会'思想已实现了一种转折，社会

---

① 1970年1月，勐腊、墨江两县商定，从墨江农村（大部分是哈尼族）移民386户，2241人到勐腊、勐捧、尚勇三个公社落户，开发边疆，发展生产。后又有部分哈尼族从思茅市墨江县自发聚众迁移而来，多数为"碧约""卡多"支系。

② 参见张桥贵、李守雷《民族之间通婚影响多宗教和谐共处的研究——以云南省西双版纳傣族自治州为例》，《世界宗教研究》2011年第6期。

不再是平均或者总和，也不再拥有如此强烈的他者色彩，它成为一个绝对的世界，自成一类的精神实在，这才是本质意义上的社会。"① 以自主个人为基础，经由"一种更有实践可能的宗教"使具有人情关怀的社会成为可能，重新塑造作为精神实在的社会，在社会干瘪的骨架上填补血与肉，成为现代人自我实现的精神依托，避免个体成为孤独的原子。

原始澳洲人出于对自身力量单薄的恐惧，委身于宗教与社会，寻求归属感和安全感。这种安全感是从所有成年个体都在场的"集体欢腾"中激发出来的。这种集体表象是自我借助于他人，他人也借助于自我，通过"圣坛"场域内音乐、舞蹈的忘我释放，营造出了来源于自我、又超越于自我的集体情感。这就是所有个体相加形成了大于所有个体之和的系统性效应，成为社会与宗教。"通过图腾，'原始人'才有可能表达出自身的内在状态，为心灵的沟通和情感的融合开启道路，确保他能够进入社会世界。"个体的"内在状态"与"社会表现"（representation）的宗教是相通的。信仰仪式激发并调动每个个体内在的"社会表现"，让个体进入一种普遍状态，让社会到场并获得新的生命力。"'社会只有在个体意识中并通过个体意识才能存在'，诸神的生命力也是依赖于人的思想状态社会必须实现一种能够不断发生的形式，让社会性沟通成为可能，让社会的力量能无时无刻不渗透到每个人的身上。"②

现在，日益频繁的社会和地理流动性，撬动了传统社区和亲情团体的沉闷稳定。个体的宗教信仰也从社区义务和群体规范中解脱出来。自由选择成为宗教市场上的盛行名词。在一个自由选择的文化里，个体更有可能为了自我利益和工具性目的加入一个群体。在广泛复杂的个体主义和功利主义向宗教领域蔓延之时，宗教认同告别了原先的"集体表达"，进入了"个体表达"的时代。因为社会和地理流动侵蚀了宗教在历史上赖以生存

---

① 参见潘建雷《为个人主义奠定社会基础——读涂尔干〈宗教生活基本形式〉》，《中国农业大学学报》（社会科学版）2009 年第 3 期。
② 参见潘建雷《为个人主义奠定社会基础——读涂尔干〈宗教生活基本形式〉》，《中国农业大学学报》（社会科学版）2009 年第 3 期。

和繁衍的"宗教文化"和社区基础。① 现代社会，信仰可以脱离社区的生存空间和生活空间，自主跨越地域和空间壁垒，形成自愿结合的信仰团体。这种多元文化并存的宗教市场，也是以神秘体验和实践为宗教的实体界定。虽然个体有了选择宗教消费品的自主性，但是在信仰形式上还延续着集体崇拜的迹象。"只有生活本身而不是死亡了的过去才有可能产生活生生的膜拜。任何信条都不是长生不老的，但我们也没有理由认为人性不再能创造新的信条。"②

第三节 西双版纳多元文化在生活世界中的适应状态

农业社会，生产、生活和信仰都以个人为中心点，向外扩张到家庭、社区以至部落或集镇，血缘、地缘和精神共同体由内向外层层叠合。③ "差序格局"中乡邻持有共同信仰，很难接触到不同信仰的"他者"，不存在普遍的宗教相遇现象。现代社会，交通通信发达，人口流动脱离地域限制和留恋。但"人的本质并不是单个人所固有的抽象物，实际上，它是一切社会关系的总和"④，"人之能群"的特性并没有改变。从家庭到学校、工作单位、社团（如教会、兴趣小组），再到组建新的家庭，一个人归属于多个群体。流态社会的结构由静态的同心圆转化为不断变动的多圆交叉重叠，其中个人就处在多圆的交集上。这时个人能量不只是体现在圆圈的大小，更体现在交叉圆圈的多少。交叉圆圈的多少表示一个人在阶层、地域、组织等维度的社会流动能力；圆圈的大小表示此人

---

① 参见［英］斯蒂芬·亨特《宗教与日常生活》，王修晓、林宏译，中国编译出版社2004年版，第94页。
② 参见［法］爱弥尔·涂尔干《宗教生活的基本形式》，渠东、汲喆译，上海人民出版社1999年版，第252页。
③ 费孝通将中国传统社会的社会结构界定为"差序格局"，以家庭地位高低决定了亲戚"街坊"的宽窄。史坚雅和杨懋春将汉人传统社会由家庭、宗族扩展到村寨和集镇，形成一个交易、社交、教育、宗教、服务乡村生态圈。王明珂总结羌族的祭祀圈与资源共享圈相互重合，由姓氏、村寨扩展到"沟"。祭祀圈由内向外容纳的人数和地域不断扩大，神的"位格"也层层提升。
④ 参见《马克思恩格斯全集》第3卷，人民出版社1960年版，第5页。

在一个群体中的影响力。在流态社会,人的群体归属不断变化,网络结构只能做瞬时截图。宗教相遇只有在具有归属感和吸引力的团体中,才是"真正具有宗教性的相遇"。而秉持不同宗教信仰的人在日常的团体生活中交流互动,伴随着宗教文化的彼此接触、排斥、调试、包容、融合等形式。

宗教在何种处境中相遇,成为影响宗教关系的关键。宗教市场论、生态论和宗教对话都将"相遇"界定在宏观社会范畴,涉及的宗教关系是竞争、制衡和求同。而潘尼卡宣称,"真正的宗教任务或神学任务,是在两个观点于一个人自己的内心正面相遇时开始的,是在对话于一个人的心底引发真正的宗教思考,甚至宗教危机时开始的;是在人与人之间的对话转变为个人内心的独白时开始的"①。宗教相遇发生在个体身上,通过个人思维和圣灵体验对比、反思两种宗教孰优孰劣,最终归宁于个人的精神层面,对外界宗教关系不产生直接影响。而在中观层面的社区、家庭中,宗教相遇的社会处境变得具体和富有情感。个体自主性的获得和群体归属感的牵连:个人相对于家庭,家庭相对于社区的自主性与归属性的对立同一。不同信仰者在具体社会处境中,在亲情、生活的润滑磨合下相互适应,和谐共处。笔者于2013年8月在傣族村寨和基督教堂调查,收集不同信仰者在家庭生活中相互适应的情况。

一 基督教与民间信仰之间的"礼仪之争"

中国传统宗教思想渗透着天地人伦的崇拜,可以统称为"天地君亲师",也是中国被称为礼仪之邦的精髓所在。外来宗教初传之时都会遇到与传统信仰观念的抵触——"礼仪之争"。佛教在遇到沙门是否要跪拜君王的宗法礼教难题时,以本土化策略,进行了调和性阐释。僧人虽

---

① 参见[西班牙]雷蒙·潘尼卡《宗教内对话》,王志成译,宗教文化出版社2001年版,第64页。

"不得与世典同礼",但应遵奉"内乖天属之重而不违其孝,外阙奉王之恭而不失其敬"[①]。基督教与传统信仰的最大抵触在于是否拜偶像。陈晓毅将宗教生态系统分为三个层次,民间信仰为底层,儒释道为中层,基督教、天主教和伊斯兰教等一神教为上层。民间信仰与儒释道已经融合,而第三层的一神教与民间信仰却存在不可调和的礼仪之争。张岳选取一个基督教与民间信仰和谐相处的乡村社区,研究宗教对话在社区层面如何展开,强调"宗教对话的模式、途径和前景,不是向宗教的经典教义中探索,而应该在人类生活的宗教实践中探索"[②]。在日常生活的宗教实践中,基督教等一神教与民间信仰或儒释道的"礼仪之争"通过血缘、亲缘、趣缘等的"浸润"作用,达到相互理解、包容和共存。

访谈10.1:老家是勐腊县瑶区乡,老婆是哈尼族,男,瑶族,24岁,基督教徒,全家信基督教,访谈时间:2013年1月14日。

我大学毕业后到云南省玉溪市工作,当时我老婆在玉溪师专读书。我们认识以后,知道她信基督教。我开始了解宗教知识,结婚后就皈信了基督。我每年回家过春节,家里人拜祖先时,我告诉家人我信基督,不能磕头,就给祖先鞠躬。家人也能理解,清明节给爷爷上坟,我爸爸会磕头,我也只是鞠躬。

访谈10.2:哈尼族,老公是汉族,基督徒,女,33岁,访谈时间:2013年1月14日。

我以前在×××县医院工作。刚工作时,手上平白无故地长疱,去很多医院都没治好。当时感觉人生无望。这时一个信基督的同事邀我参加教会活动。我当时一个人,下班无事可做,就跟着去看看。弟兄姊妹帮我祈祷,我自己也祈祷。可能得到上帝的眷顾,手慢慢好了。所以我就走到了神的面前。我爸爸不信基督。我妈妈信过一段时间,当年家里养了很多鸭子,我妈去卖鸭蛋经常卖不出去。我就给她一个十字架,她去集市的时

---

① 参见慧远《沙门不敬王者论》。
② 参见张岳《宗教对话与社区和谐》,《思茅师范高等专科学校学报》2008年第5期。

候,就拿着十字架祷告,事情竟然有所好转。很多人都在卖,只有我妈卖得好,连最小的也卖了。我妈感觉神很灵验,就跟着我参加活动。但当我外公去世的时候,基督教不准磕头,我妈就不信了。因为每年给我外公上坟,她都要磕头。不过,她现在很支持我信教。我老公一直都左右摇摆。我老公在景洪工作,一直两地分居。我们打算要孩子。我想调到景洪,费了很多周折都没解决。我经常祷告。我老公说如果能调动成功,他就信教。最后,在一位同事的帮助下调动成功了。这可能是上帝在看顾保守我们吧。到景洪后准备要孩子,吃药及各种措施都做了,却怀不上,我们都很泄气。差不多要放弃的时候突然怀上了,孩子生下来非常健康。我就问老公:"现在该兑现诺言了吧"。他说还要等等。因为我老公是家里的长子,他们老家传统很重。回老家要遵守各种风俗,他也有难处。不过,等遇到什么困难,他会主动让我帮他祷告。

　　第一位陈述者由民间信仰改信基督教,适应妻子一方的宗教信仰;用鞠躬代替磕头,调和"祖"与"主"的关系,得到父母与宗族的谅解和宽容。他作为两个信仰群体的"中间人"在信仰上虽有"征战",却巧妙地融合在两个群体中。他是一位大学生,经历了"跳龙门"的蜕变,挣脱出传统习俗的束缚,不会再像普通村民一样一生厮守在这片土地上。所以村民也不会用民间信仰对其进行严格监督。他的社会流动能力首先表现在身份的转变。社会身份是自我和"监督者"适用社会规范的重要尺度。第二位陈述者的丈夫虽然感受到基督教神秘灵性的功效,并经常搭"主"慈爱的便车。由于其"长子"身份和责任不能舍弃"祖"的庇护,投入"主"的怀抱。她母亲经历了上帝的灵验,参加基督教活动,因为其父亲去世需要磕头,礼拜偶像,所以又回归到传统民间信仰,在民间信仰和基督教两者间左右摇摆。她父亲却是传统民间信仰的坚定拥护者。陈述人始终没有尝试对父亲传教,只是希望得到父亲的理解和支持。她家的信仰状况是,由她自己、母亲、丈夫和父亲在基督教和民间信仰之间形成一条线性谱系。以上两个访谈表明,礼仪之争"主"与"祖"的界限依然清晰。当事人并没有拘泥于两种宗教教义的分歧和优劣，而是通过血缘亲情消解宗教差异的隔阂，维持家庭关系的和睦。基督教和民间信仰两种群体力量各持一端，将当事者们牵拉在两点之间的线谱上。当事者虽与两点的距离有远近，却没有与任何一端断裂。这是爱情、亲情、血缘等社会关系维系了两种宗教的和谐关系。这体现了信仰者是宗教的主体，信仰处于社会关系之中，宗教关系受制于社会关系并服务于社会关系。

二 南传上座部佛教与民间信仰发生文化融合

民间信仰与儒释道在教理教义上相互吸收，丰富各自的信仰体系，或彼此交融形成新的信仰体系。在社会实践中，人在不同的社会群体中流动，受到多重群体规范的约束。民族通婚中，持不同信仰的情侣进入对方的民族社区和家庭，势必面临适应对方宗教信仰的问题。当事人在两种宗教氛围中流动，同时受两种宗教规范的影响，有责任践行两种信仰。两种信仰在同一个人身上相遇，相互适应，在适宜的场域中交替展演。"通婚可以将多宗教和谐相处带到日常生活的层面，是宗教和谐在家庭之中得到展演，使子女耳濡目染，并从小养成尊重他人宗教信仰的良好习惯"[1]，成为宗教间相互适应的文化结晶——信仰混血儿。

访谈10.3：普洱市墨江县的哈尼族，男，1984年到曼各傣族村寨上门，访谈时间：2012年8月25日。

每年寨子"赕笋笋"[2]的时候，都会去。我老婆是寨子里的傣族，本身就会搞那些活动。我帮着她准备那些过赕用的东西。村里有人结婚、去世，都会来请我。只要没有什么事情我都会去。我虽然是哈尼族，但是来到这个寨子，人家信什么，我也要跟着信。我不会念经，只是进香，然后

---

[1] 参见张桥贵《云南多宗教和谐相处的主要原因》，《世界宗教研究》2010年第2期。
[2] "赕笋笋"是傣族的方言，就是赕佛的意思。"笋笋"就是竹笋，用来装水果、米饭、书、笔、衣服、生活用品等（给去世老人的）东西。

给佛像磕头。我很多东西都不懂，都是我媳妇去搞。反正我们是哈尼族。我们家也过春节。在年三十晚上摆一桌菜，敬一下那些去世的老一辈，就像献饭一样。① 因为我岳父是普洱市景谷县的汉傣，在西双版纳公路养护段工作，找了这个寨子里我岳母。我妻子也会向去世的老人（牌位）磕头。

访谈10.4：景洪市曼各村妇女主任，傣族，女，31岁，大专，访谈时间：2012年8月25日。

我丈夫是汉族，现在和我一起住在寨子里。过春节，我们带着儿子去我丈夫的父母家。他们在景洪农场，是过来支边的湖南人。我看到，在吃饭之前要烧纸钱，还要我儿子，也就是他们的孙子，从那个烧纸钱的火盆上跨过去。我不清楚是什么意思，也没问。我没有参与，但是我的孩子必须这样。吃饭之前还要烧一下香，先叫一下他们那些去世的老人，然后我们才能用餐。像我们傣族关门节、开门节的时候也是这样的，我们要去寺庙里滴水，祭奠亡魂，其实是一个道理。

这位上门女婿参加傣族村寨的佛教活动，并保持着哈尼族祭祖仪式。他自我认同是村寨成员，其他村民也接受他为村寨成员。他参与村寨集体宗教活动不仅是自己的意愿，更是一种义务。他妻子是村寨土生土长的傣族，深受佛教文化熏陶，是佛教信仰的娴熟践行者。由于她生活在信仰混合家庭，受父亲和丈夫民间信仰的影响，已经有"混血"的信仰文化，也参与祭祖仪式。但两种信仰操演的场域界限是不同的。佛教仪式可以从家庭扩展到社区；而民间信仰只能局限在自己的家庭。第四位陈述人与一位汉族结婚，育有一子，都生活在傣族村寨。春节时，她们回到丈夫家里过节，离开佛教文化场域，进入民间信仰文化场域。这位傣族女性并没有被要求参与宗教仪式。而她的儿子却被要求参与到这种宗教展演中。因为她儿子是她公公和婆婆的孙子，是家族的香火继承者。这种血缘身份决定了这个孩子承担的信仰责任。信仰在这里成为一种身份的责任，是被社会规则赋予的。她本人将民间信仰等同于傣族的佛教信仰。原因在于民间信仰

---

① "献饭"在西双版纳是祭祀的一种仪式，在傣族、哈尼族、壮族等少数民族普遍存在。

与佛教信仰都为多神信仰，能容纳彼此的神灵体系。在这两个案例中，两种宗教文化融于一人之身，并在不同的场域中操演。社会身份成为宗教适应的一个重要参数，身份归属影响宗教适应的程度。

宗教在家庭、宗族和社区中相遇，彼此适应，体现了信仰主体的调试智慧和技巧。基督教与偶像崇拜的关系看似水火不容。而在现实的社会情境中，当事人因群体责任、信仰历程及归属程度等做出巧妙调试，使秉持两种信仰的人们在日常生活中和谐相处。当事人对两种信仰的适应并没有形成各持一端的分裂，而是在两者之间呈现出一个连续谱系。佛教（制度性宗教）与民间信仰在文化层面相互吸收、叠合。在现实适应中表现出两种信仰共融于一人之身，却在不同的场域展演，显现明确的规范界限。宗教适应处于具体的社会结构中，并彰显了信仰者的主体位格。信仰者归属多个社会群体。这些群体界限不再是静止、叠加的，而成为变动、交错的。宗教适应受到其他群体维度的牵绊和影响。信仰者在适应过程中发挥主观能动性，虽在信仰中遇到压力和"征战"，却能周全各类关系。

三 脱离社会处境的选择迷茫

涂尔干将原始澳洲人的生活二分化为神圣与凡俗。一是以家庭为单位的自食其力的经济生活，另一是氏族或部落成员的"集体欢腾"[①]。在世俗生活中，氏族成员以图腾为标识，形成了群体界限，划分了氏族的领地、婚姻圈、狩猎对象等。这种以宗教为"社会表现"的手段，强化着个体的群体归属。而世俗生活中的宗教持续力是短暂的，需要定期地进行集会，通过"集体欢腾"再次唤起个体的宗教情感，巩固宗教委身力度。宗教委身是与原始社会的生存状态相适应的。低下的生产力需要个体归属于集体，共同对抗残酷的自然和氏族纷争。集体欢腾的信仰仪式将个体与崇拜对象、个体与社会群体组合在一起。今天，我们能否反问一句，"宗教崇

---

① 参见周星《〈宗教生活基本形式〉中知识社会学命题》，《社会》2003年第1期。

第九章　社会转型中西双版纳多元文化模式变迁研究 | 191

拜是不是可以与社会群体相分离"？社会和文化剧烈变迁促使宗教活动日新月异。个体主义、自由选择、社区的解体、家庭和社会阶层结构的衰落，都蓄势待发，把目标瞄准了宗教。宗教活动的变化给个体选择提供了机会，原因在于全球化力量促使人们根据现有信仰和宗教实践组合生成新的宗教身份认同，并衍生出一种自由选择的理念。宗教消费者从传统习俗中解脱出来，自由选择灵性信仰。"现代社会不再需要一种用宗教语言来表述的、凌驾于万物之上的价值规范体系。随之而来的，是宗教成了私密生活的一个部分，只是个体根据自己的喜好，从一大堆备选的信仰形式拣选出来，用以满足自己灵性需要的信仰体系。"[1] 在宗教信仰个体化、私人化的过程中，宗教信仰与群体归属之间有着越来越明显的分离趋势。

"世俗化"指的是宗教从作为一种集体信仰的社会大背景向私人领域的转移。在没有组织和规范压力的情况下，人们可以独立、自由地寻找贯穿人类历史始终之"终极意义"问题的答案。[2] "宗教并不仅仅是发生了变化，而且是改变了走向，变得个体化和日常生活化了。"[3] 在相对固定的社区里，群体性宗教活动相对频繁，原因在于这些社区有一种持续的"信任评价结构"强化机制。在少数民族聚居的社区，这个倾向表现得更为明显。一个人对某种宗教体系是否虔信往往受制于该地理区域内特定社区的稳定性、密度和规模。主要原因在于，宗教社会化不仅通过代际传递，还通过不断强化居住在固定区域人们的日常互动得以实现。现代工业社会，社会和地理流动不断加快，伴随着社会控制的减弱，社区凝聚力走向了衰弱。宗教被化约到原子化个体的私人领域，仅仅成了一个选择问题。

宗教信仰与群体组织是可以分离的。伴随信仰私人化和个体化，个体

---

[1] 参见［英］斯蒂芬·亨特《宗教与日常生活》，王修晓、林宏译，中国编译出版社2004年版，第43页。
[2] 参见［英］斯蒂芬·亨特《宗教与日常生活》，王修晓、林宏译，中国编译出版社2004年版，第43页。
[3] 参见［英］斯蒂芬·亨特《宗教与日常生活》，王修晓、林宏译，中国编译出版社2004年版，第7页。

的灵性信仰倾向还依然存在，只是改变了信仰的仪式方式。换句话说，就是将涂尔干的两个论述点变成了一个。人的信仰倾向性依然存在，而信仰仪式却由集体转向了个体。信仰与仪式分离是以社会变迁为背景的。现代社会，个体有能力脱离集体庇护独立生活。以前，需要社区或群体提供的支持和服务，现在已经抽离出地方性的狭窄空间，扩展为社会服务。人们的衣食住行，在世界各个地方都可以由陌生人提供专业的社会服务。个体也不必委身于提供集体支持的群体性宗教，不必受制于群体制度的束缚，自由地选择自己中意的宗教商品，将个体的"内在状态"直接与神进行交流。这种个体内心与灵性崇拜的直接联系，剥离了个体内心与"社会表现"之间的世俗关联。甚至可以说，人们的信仰已经达到了"理想王国"的境界。但是，当我们庆幸这一宗教自由的时候，现代人又被虚拟网络、文化娱乐、体育赛事、无尽的旅程以及各类消费文化所缠绕。社会与个体在距离上产生了"天壤之别"的隔离，从而造成个体在追求自我价值中丧失了自我。人的内心状态与宗教灵性、社会表现的关联又将走向何方？

第四节　现代社会西双版纳多元文化交流交融模式和对策

一　现代社会边疆民族地区宗教和谐相处模式

传统社会，西双版纳各民族在资源划分与竞争、社会支持与对抗中，逐步形成了家庭与家庭、村寨与村寨、民族与民族由小到大、不同层次的利益群体关系。这些群体又通过宗教、语言、生态、生产生活方式的差异加以强化。这种社会结构体现在宗教上，不同家庭崇拜不同的家神，却共同信仰同一个寨神；不同村寨信奉不同的寨神，却一起祭拜同一个民族神。一个人在家庭、村寨和民族中，面对的都是相同信仰者，将不同信仰的"他者"区隔在"自我"群体以外。信仰的"他者"永远生活在周围，却又不必直接面

第九章　社会转型中西双版纳多元文化模式变迁研究 | 193

对。宗教关系体现了群体的利益关系，对抗、制约成为处理信仰"他者"的最简单有效方式。由对抗、区分、制约形成的宗教文化圈，进而铸就了西双版纳传统宗教生态的多元通和模式。由静态社会进入流态社会，产业结构发展、社会流动加快、次级组织增多，差序格局与"团体格局"相混合，成为当前中国社会结构的真实写照。在公共场合，大家避免接触，回避交谈，彼此保持恰当的安全距离；或者根本来不及彼此关注就已经擦肩而过。在现代社区，对门邻居虽有"抬头不见低头见"的相邻之便，却没有彼此守望的近邻之谊。人与人之间的冷漠避免了不同宗教相遇的可能。各自保守私人信仰空间，互不关注和干涉。而在家庭、传统社区、宿舍、办公室等场合有着血缘、地缘、业缘、趣缘的链接"交集"。现代社会中陌生世界的无交集的冷漠面对和有交集的对异质要素的接触、容忍、理解、接受。有交集就产生了不同纬度的异质要素相互适应，而不是排斥和仇恨。

"每个个体在生命历程中，面对种种社会力量的雕刻，禀赋多元的群体成员资格，在建构或解构/重构多元而动态的社会认同，以缔造多姿多彩的完整生命。或者说，每个个体作为能动行动者，通过终身不懈的认同努力，都在锻造自身独特的'多元一体'的完整生命。'多元'是指每个行动者身上的多元群体资格，而这些多元的群体资格，又以行动者的肉身（及其延伸）作为具体表征，成就其独特的完整生命。"[1]

传统社会信仰共同体、生活共同体、生产共同体是高度重合的。现代社会，家庭成为生活共同体，公司、工厂成为生产共同体，教堂、佛寺成为信仰共同体。这些共同体彼此分离，个人在这些共同体中流动、驻足、交往。人是一个完整的人、全面的人，生活经验、信仰体验和工作技能都统合于一人之中。人在一个共同体中时，并不会将在其他共同体中的经历和所得区隔。在教会中谈起工作生活的苦恼和喜悦，并用宗教得以抚慰和鼓励，继续投入工作和生活；而在工作生活中，也带着宗教信仰的价值观

---

[1] 参见方文《叠合认同："多元一体"的生命逻辑——读杨凤岗〈皈信、同化和叠合身份认同：北美华人基督徒研究〉》，《社会学研究》2008 年第 6 期。

和行为规范，并影响到家人和同事。此时，宗教相遇出现了，彼此尊重、适应、交流成为可能。宗教关系并不是区隔于社会结构之外单独存在的，而是处于具体的社会场景中，并具有相应的社会功能。宗教生活并非社会生活的全部，"宗教信仰间的关系，只能在宗教信仰体系之外去寻找、去建构"①。不同宗教相遇的社会处境是有共同利益诉求的群体组织。家庭、社区、单位等成为不同宗教相遇的主要场景。在这些场景中，不同宗教信徒有着共同的利益诉求，迫使信徒进行自我调适，以达到相互适应。这里所谓"场景"即各类社会组织的实践"场域"，这些场域都连带社会角色和群体责任，成为宗教适应的"权重"或"系数"。不同宗教的信徒在共同的社会生活中因信仰差异，可能发现对方的不足，也可能看到对方的优点。生活并非只是彰显个性，彼此理解、容忍、自我克制都是中华民族在长期生活实践中积累的经验。宗教适应是对宗教关系在世俗世界中的一种注解。庙堂之上的多宗教和谐相处是因为有家堂之上不同宗教相互适应的生活支撑。生活之树常青，宗教适应必将一直持续。

不同信仰者何以能在同一社区甚至同一家庭中生活"在一起"，成为宗教适应必须面对的问题。一方面，宗教适应有力驳斥了亨廷顿所谓文明冲突的论调。行为主体的多利益诉求、多组织归属以及相关组织交错叠加将为文明之间的相互适应提供场景，为冲突解决提供牵制力。另一方面，宗教适应为宗教对话找到了适宜的场景。宗教对话只有发生在有利益诉求的组织内部，才更有现实意义和可行性。

二 在边疆民族地区铸牢多民族命运共同体，强化宗教适应机制

（一）在社会转型关键期创新宗教治理方式

在传统社会礼俗治理之下，边疆少数民族的信仰神圣世界和日常世俗

---

① 参见王超、高师宁《宗教管理模式论争的回顾与思考——从"宗教文化生态平衡论"说起》，《世界宗教研究》2012年第5期。

生活高度契合，以宗教禁忌（如洗寨、诅咒等）和民俗禁忌约束、指导着人们的宗教行为和普通活动。进入现代法理社会，宗教行为和世俗生活都需要法律规范的指导与约束。首先是健全宗教治理的法律体系，提升国家宗教管理部门对宗教行为的引导和管理水平，保证宗教行为和宗教适应有法可循。其次是加强边疆民族地区宗教治理的社会建设，以社会分工为引领，人尽其能，劳有所得，切实实现民族平等、宗教平等、信教与不信教平等，为宗教适应提供祥和、富足的社会环境。最后是在继承传统和创新发展的基础上，不断完善宗教治理的自我机制，继续发扬宗教自我管理的戒律、禁忌作用，强调宗教的社会关怀和责任，积极发掘宗教的社会正功能，加强宗教对话和适应。

（二）促进少数民族人口社会流动，铸牢多民族命运共同体

由农村进入城市，由农业为主的第一产业转向制造业、建筑业、商业、旅游业等第二、三产业，由传统的民族村寨居住模式、生活方式、文化传承方式、信仰习俗逐渐步入现代社会的生活模式，改变了宗教关系的社会"大环境"。在传统社会，由同质性利益诉求形成了凝聚相同血缘、亲缘、地域、农业生产等纽带的宗教信仰。即使如南传上座部佛教、道教等制度性宗教传入傣族、布朗族、瑶族等少数民族地区，也在本土化过程中与民族宗教相互融合，进一步巩固了这些传统群体的团结。在社会转型过程中，少数民族人口流动出传统同质性群体，进入不同的工作组织、居住社区、学校等群体。群体内的不同民族成员不再共享相同的祖先崇拜、地域性祭祀、农业祭祀和民族神，却为着同一个利益目标，共同团结奋斗。现代社会，逐渐消除了阻碍民族通婚的传统习俗、生活模式等界限，民族通婚现象日益频繁，组建了多姿多彩的多民族家庭。在现代社会群体里边，各民族人口相互交往交流交融，像石榴籽一样紧紧抱在一起，成为一个现实的"命运共同体"，同时容纳了不同的宗教信仰者，成为多宗教彼此适应的物质基础。少数民族人口脱离了祖先崇拜、地域祭祀和农业祭祀的组织归属，导致此类传统宗教信仰走向衰落。部分少数民族人口改信了佛教、天主教、基督教等不受血缘、地缘、时令等因素牵绊的制度性宗教。多民族成员在宗教群体归属、信仰仪式感召和宗教认同引领下，形成新的信仰群体，凝聚了不同民族的成员。在多民族组成的家庭、工作单位、社区、宗教群体等成为民族团结的细胞，也成为宗教适应的坚实社会处境。

（三）在多群体归属处境下提升宗教包容度和适应能力

在传统社会，民族、社区、家庭等群体性宗教适应占主导地位，而个人层次的宗教适应处于从属地位。1949年前，整个村寨改信基督教的情况屡见不鲜，进入现代社会却很少见到此种情况。现代社会个人自主地位凸显出来，宗教适应的主体已经转变为个体；而个人受到社会组织的牵连。信仰者受到家庭、宗族、社区等多重群体的压力，表现出各具特色的适应策略。适应的结果形象化为"拼盘式信仰"。这种信仰在横向上有不同信仰元素的组合，在纵向上又有不同信仰的叠加，出现底层、中层和表层之分。在时空的流变中，不同信仰成分的比例会发生变化；层次的排列也会发生转变，表层信仰沉淀下去，底层信仰浮现上来。在人的生命历程中，思维方式处在不断变化之中，宗教思想也是发展变化的。

结　　语

第一节　西双版纳文化多样性的社会处境

一　宗教关系的社会处境

本书将宗教放在整个社会大体系中，以宗教行为、宗教实体、组织结构等特征为研究重点，分析西双版纳地区宗教与其他社会系统、不同宗教之间的关系状况，将信徒作为研究重点。社会认同路径认为，社会是由社会范畴组成的。范畴是人类划分的不同纬度，也就是彼得·布劳在《不平等与异质性》中所说的"参数"。这些参数和范畴成为弗里德里克·巴斯所谓群体（族群）界限的划分标准。社会依据"宗教"这个范畴可以划分为不同的群体，而宗教作为划分群体界限的范畴，一直都是最深沉、最固执的。宗教群体间的排斥或者和谐并存，成为社会结构是否"良性运行"的指示器。从宗教社会学来讲，宗教是一套组成道德共同体的信仰和实践体系。这里以"凡俗与神圣"二重性对宗教生活进行的分析，也就说明宗教"镶嵌"在整个社会生活中。在凡俗生活中，宗教受到其他范畴或参数的影响和牵连。宗教作为划分群体的参数，宗教界限的排斥性和分割力是先设之义，不容置疑。而在这种群体界限的标识下，各宗教群体何以能够和谐地生活"在一起"，成为本书研究的关注点。涂尔干在《宗教生活的基本形式》中,讲到各部落有不同的图腾崇拜,狩猎过程中部落成员不猎杀、不食用自己的图腾动物。而别的部落却可以猎食,但必须回避崇拜此图腾的部落成员。狩猎是世俗的经济生活,但有着神圣的宗教禁忌,受到信仰的指导。各部落在世俗生活中也相互尊重彼此的宗教信仰,相安无事,平静生活。

"和谐是事物本质中差异面的同一,是事物存在和发展的一种状态,它是反映矛盾统一体在其发展过程中对立面之间所表现出来的协调性、一致性、平衡性、完整性和合乎规律性的辩证法范畴。它是矛盾同一性的表现形式之一。"[1] 宗教和谐包括宗教文化的和谐与宗教信徒的和谐。在宗教文化和谐关系中,有融合理论,如儒释道三教合一,生成理学。目前兴起的宗教对话潮流,以尊重、交流、理解,形成超脱于单独宗教的普世目标,如生态、环境保护等。而宗教社会学更关注宗教群体之间的和谐关系,分析宗教在社会结构中的位置以及发挥的功能,从社会结构和社会功能来分析宗教之间的关系。针对宗教信徒的和谐共处就不能仅仅局限于信仰文化的"求同存异",而且要将信徒还原到社会环境和日常生活中。

宗教的产生和发展以社会为基础。从原始宗教、部落宗教、民族宗教到世界性宗教的发展都与社会发展形态相适应。离开人类社会,宗教就失去了支撑,成为"无本之木"。虽然灵性崇拜宣扬个体自由,却是以理性选择作为逻辑前提的。但是,"对于理性选择的考虑应放入具体的语境之中予以讨论,理性选择可能作为一种普遍的动机、意识存在,但何为理性,如何选择,不同时空之下的理解将会大相径庭"[2]。在少数民族地区,宗教与民族高度重叠,宗教已经成为民族文化习俗、心理观念的重要组成部分。宗教关系涵盖着民族关系。宗教是民族心理最深层次因素,也是群体界限最根深蒂固的标识。在政治平等、经济依赖、社会流动、文

---

[1] 参见李殿斌《简论和谐范畴》,《河北师范大学学报》(社会科学版)1998年第4期。
[2] 参见段颖《泰国北部的云南人:族群形成、文化适应与历史变迁》,社会科学文献出版社2012年版,第295—296页。

化共享等"凡俗"世界中不同民族跨过了界限区隔，达到群体间的"结合"，降低了"神圣"世界中宗教界限的"排斥"力度。社会生活的"凡俗—神圣"两重性，在社会群体间形成稳定的互动架构，在凡俗的经济、社会和文化方面结合，而促成宗教间的互动，因而消减了宗教方面的对抗。[①]

本书的研究假设为：群体间凡俗生活的相互依存促成了宗教生活的和谐共处。将此研究假设进行具体操作，凡俗生活包括政治、经济、社会和文化四个领域；而四个领域中的群体关系又影响着宗教关系状况。在经济方面主要关注各民族、宗教群体的自立和相互依赖情况，进而成为各群体"相互离不开"、频繁交往的经济基础；政治上由"土司制"直接过渡到民族区域自治，各民族群体和宗教群体以村寨为基本单位，力量相对均衡，没有出现明显的阶级压迫和激烈的民族冲突；社会生活方面关注不同民族群众因爱情突破传统的束缚和语言、生活方式的差异组建家庭，成为民族融合和宗教融合的基本细胞；各民族相互了解、容纳对方的文化元素，彼此邀请，共同参与，共享多民族的文化盛宴。这四个方面为宗教关系营造了一个整体氛围，但并不意味着宗教失去了自身的独立性和主体性。通过经济交换、平等交往、民族通婚和文化共享，各族人民结合在一起，但是宗教信仰和民族内部的活动仍保持各自的特色，成为彰显民族特性的符号。在经济文化活动中显示为一种结合，而在宗教活动中却是分离的。"在一个包容性的社会系统中，几个族群的正面联结取决于群体的互补性，并涉及群体的一些独特的文化特征。这种互补可以产生相互依赖或共存。"[②] 这四个方面成为宗教和谐共处的前提条件。宗教主体将根据社会的变化，适时调整宗教关系的处理方式。在由四大部门铸就的社会环境中，宗教关系是和谐的，但是和谐共存的方式却是不断变化的。

---

① 就如巴斯主张的族群相互关系的互动架构："允许行动某些部分或领域间的结合，一套防止其他部分族群间互动的社会环境方面的禁令，因而阻止部分文化间的对抗和改进。"

② 参见［挪威］弗里德里克·巴斯《族群与边界》，高崇译，《广西民族大学学报》1999年第1期。

分析社会四大领域对宗教关系的影响,需要选择一个具有可行性且适宜的分析单位。如果以个体作为分析单位,就不能体现民族、宗教的群体性特点。如果以整个民族或宗教群体为分析单位又显得笼统,并且民族和宗教内部存在分支,如傣族内部有傣泐(水傣)、傣雅(花腰傣)、傣讷(旱傣),傣族也因宗教信仰分为信仰基督教、佛教、自然崇拜的派系;还有同一民族存在地域性差异,如聚居在布朗山的布朗族与散居在勐遮镇和西定乡的布朗族,以及聚居基诺山的基诺族和散居在勐旺的基诺族,等等。在同一宗教内部,民族成分也相对复杂,如基督教中有汉族、傣族、哈尼族等,在地域分布方面,勐海县只有一两座基督教堂,而勐腊县基督教堂却比较普遍。所以,直接以宗教和民族群体作为分析单位比较笼统,内部成分复杂,不利于研究的可行性和明晰化。本文在具体研究中引入了社区作为分析单位。"以全盘社会结构的格式作为研究对象,这对象并不能是概然性的,必须是具体的社区,因为联系着各个社会制度的是人们的生活,人们的生活有时空的坐落,这就是社区。"①

二 社区视域下的宗教关系

德国社会学家滕尼斯在《共同体与社会》中首次提出"社区"的概念,并以时间视角区分对比了"社区"与"社会",认为"社区"是基于自然意志形成的社会联合方式,强调社会生活的整体性和一致性;"社会"源于选择意志,通过社会分工、理性计算和社会契约建构纽带关系。由此看出,滕尼斯强调"社区"在精神层面的情感归属和价值认同。随着社会学研究重心从欧洲转移到美国,芝加哥学派成为"社区"研究的排头兵。帕克等人主要关注城市社区结构和社会问题,将"地域性"纳入"社区"概念,认为社区特征应包括"(1)一个按照地域组织起来的人群;(2)这个人群或多或少地根植于其所占用的土地之上;(3)人群中的个体生活在

---

① 参见费孝通《乡土中国 生育制度》,北京大学出版社1998年版,第91页。

一种相互依赖的关系之中"①。20世纪30年代,费孝通等人在翻译帕克的著作时,明确使用"社区"一词,其对"社区"的定义也受到帕克社区理论的影响,并糅合了英国功能主义理论,强调社区的"地域性"和"文化性"。社会学界倾向于进行综合性定义,将"文化""地域"和"情感"统统纳入。"社区是人们因为聚居而形成的一种生活状态,在每一层次上都表现出发生在一定地域内的社会活动和社会关系,表现为特定的生活方式,构成相对独立的地域社会。社区作为地域生活共同体,不仅具有地理意义,更在于人们对居住环境的认同和归属,在于通过共同生活所形成的共有文化价值观下的社会关系与社会生活方式。"②而本书是研究民族地区的社区,"民族性"成为一个不可回避的重点因素。纳入"民族性"的民族社区是"以少数民族社会成员为构成主体,以民族社会成员的共同的地缘和紧密的日常生活为基础的民族区域性社会,是一个兼具社会性和民族性的社会共同体"③。

社区既是一个分析单位,又是一种研究方法,更是一种理论视角。社区不仅是一个社会生活情景单元,也是一个群体组织单位。拉尔夫·林顿为《一个中国村庄:山东台头》作的序中十分详尽地阐述了社区作为一种研究方法的重要作用。"社区研究坦率地承认从总体上研究社会情景的必要性,它对纯科学和实用科学的发展具有同样重要的贡献。没有任何其他类型的研究,能像社区研究那样揭示出影响社区和其中的个人生活的多种要素之间的关系。社区研究也提供了对个体需要和愿望的深刻理解。没有这种理解,任何有计划的变革都不可能成功。"④

传统社会,西双版纳坝区和山区因为生态环境不同、生产生活方式

---

① Robert Ezra Park, "Human Ecology", *The American Journal of Sociology*, Vol. 42, No. 1, 1936.
② 参见于显洋《社区概论》,中国人民大学出版社2006年版,第218页。
③ 参见高永久、朱军《试析民族社区的内涵》,《北方民族大学学报》(哲学社会科学版)2010年第1期。
④ 参见杨懋春《一个中国村庄:山东台头》,张雄、沈炜、秦美珠译,江苏人民出版社2001年版,前言。

的差异，形成事实上的地域经济、社会的区隔状态。近现代社会，生产技术进步，制造业和服务业兴起，各民族跨越了束缚自己千年的土地界限，能工作"在一起"，生活"在一起"。"只有工业才能联合这些不同的经济形式，以建立一个更高级的社会结构。"① 这是一个"完全不同的统一现象。其规模比过去历史上的任何循环都要大"，并影响到坝区、山区和内地。在社会大潮的影响下，社区的结构、文化价值观念和规范发生变迁。

在传统社会，所有民族都要向土地索取日用的一切，相互争夺土地资源，形成与不同类型土地相适应的生产生活方式和文化传统。不同民族因资源竞争而形成相互区隔的界限，宗教、生活方式、语言、服饰等都成为界限区分的符号。民族社区是占有土地资源的基本群体组织，也是这些界限符号的承载体。社区界限与这些符号界限叠合在一起，相互强化，彼此缠绕。所以，宗教差异成为不同民族群体、民族社区彼此区分的象征。社区内部是同质性的民族成员，持有相同宗教信仰；而社区之外可以容忍不同民族成员和宗教信仰者的存在。在这种社会形态下，多种宗教只能存在于不同的社区；不同民族社区之间相互区分、排斥，促成了以社区为单位相互制衡的和谐宗教生态关系。

现代社会，产业结构多样化，社会分工细化，各个民族开始脱离土地的束缚，在地域、行业、组织间流动。不同民族可以组建一个多民族杂居社区；民族成员可以进入其他民族的社区。社区界限与民族、宗教、语言、服饰等界限由完全叠合转变成相互交叉。多种宗教信仰突破了原有的群体界限，共存于一个社区甚至一个家庭。信徒不仅归属于宗教群体，还归属于其他多种社会群体。在多种群体规范的共同作用下，生活在同一个社区甚至同一个家庭的不同信徒以不同的适应策略达到和谐共存的目的。"一个不同文明必须学会在和平交往中共同生活的时代，相互学习，研究彼此的历史、理想、艺术和文化，丰富彼此的生活。

---

① 参见拉铁摩尔《中国的亚洲内陆边疆》，唐晓峰译，江苏人民出版社 2005 年版，第 139 页。

否则，在这个拥挤不堪的窄小世界里，便会出现误解、紧张、冲突和灾难。"①

第二节 社会整合视角下西双版纳文化多样性的因素分析

郑杭生在论述社会建设的定义时，通过陈述"社会"的外延进而界定了社会建设的外延。我们不妨借鉴郑先生的理论思路，以"社会"的外延推演出"社会整合"的外延。"社会的范围涉及整个社会与它的各个部分、各个子系统之间的关系，这就是广义社会与狭义社会的关系。"② 广义社会应是社会三大部门与思想文化的四位一体。"所谓社会三大部门是指现代社会日益分化为三个相互联系又彼此独立的领域：第一，国家或政府或政府组织，也叫公共权力领域，通常叫社会'第一部门'，它们属于政治领域；第二，市场或营利部门，也叫私人领域，通常叫'第二部门'，属于经济领域；第三，社会组织，也叫公共领域，是前两者之外的'第三域'，通常叫作'第三部门'，它们属于狭义的社会领域。在我国，正式文件都叫作民间组织。社会三大部门是现代社会的三个实体性的组织构成。这是社会构成的硬件。思想文化作为理念性的文化构成是社会构成的软件。"③

由此我们可以归纳出，广义的社会整合应是国家整合（政府组织）、市场整合（经济领域）、民间整合（社会组织）、文化整合四位一体，三大部门统一协调，软硬件相互配合的体系；狭义的社会整合主要是由社会组织担当的民间整合。而程美东在《改革开放以来中国社会整合体系的演变》中论述了随着改革开放的不断深入，中国的社会整合体系发生了巨大

---

① Lester Pearson, *Democracy in World Politics*, Princeton: Princeton University Press, 1955, p. 83.
② 参见郑杭生《社会建设的前沿理论研究——社会建设问题的社会学思考》，《武汉科技大学学报》（社会科学版）2009年第4期。
③ 参见郑杭生《社会三大部门协调与和谐社会建设——一种社会学分析》，《中国特色社会主义研究》2006年第1期。

变化：行政整合功能趋于弱化，经济和法律的整合效能提高；单位整合逐渐退出历史舞台代之以社区整合稳步发展；国家整合力量应适当收缩，给民间整合力量以充分的发展空间。① 这里的国家整合、行政整合以及单位整合可归为四位一体中的国家整合，经济整合是市场整合，民间整合和社区整合就是狭义的社会整合了，法律整合属于文化整合的一项内容。所以，程美东关于社会整合的论述也再次证明了本书借鉴郑杭生推演思路的恰当性。

从社会整合内涵与外延的对应状况来看，社会三大部门的彼此独立又相互联系正对应了社会整合的内涵——"调整种种矛盾、冲突与对立"；文化整合也概括了社会整合内涵的另一部分："社会成员间遵守相同的行为规范，具有共同的价值观念"，"遵守相同的行为规范而达到团结一致"。所以，社会整合外延指涉的四位一体系统正好切合了社会整合内涵包括的所有内容。内涵与外延在形式和内容上相互对应和切合是一个概念科学严整性的重要指标。涵盖国家整合、市场整合、民间整合和文化整合的社会整合外延与内涵定义存在高度的对应与切合，说明本书把社会整合的外延概括为四位一体系统具有较高的科学性和可行性。

民族、宗教群体间经济上的相互依赖涉及有形的"硬"社会资源的合理配置，是构筑宗教和谐共处的"硬实力"；民族文化的"多元一体"、宗教文化的"和而不同"关涉着无形的"软"社会资源的合理配置和培育，成为建构宗教"文化自觉"的"软实力"；软硬实力相互影响，相互促进，形成资源配置的统一模式。社区是民族、宗教群体经济利益和文化维系的重要载体，尤其是单一民族（宗教）社区的作用更为突出。民族、宗教间通婚既是经济互通有无和文化共存共享的连带成果，又反过来方便了经济的往来、促进了文化的并存共享。民族、宗教群体间经济上相互依赖、文化上共存共享、群体力量旗鼓相当、相互通婚也比较普遍，这四个方面相互建构，良性循环，共同铸就了民族、宗教这对"孪生兄弟"的和谐共

---

① 参见程美东《改革开放以来中国社会整合体系的演变》，《学习与探索》2004 年第 1 期。

处，相安无事。从这四个方面分析民族、宗教间的互动状况，实际只是对社会现象的初步整理和分类，并没有上升到抽象理论的高度。如果要总结归纳出多宗教和谐共处的理论模式，就应把民族和宗教放到整个社会大系统内进行分析总结，在社会整合的宏观层面提升出多宗教和谐共处的理论模式。

中华人民共和国成立以来，"军地关系、场群关系、傣族与其他少数民族之间的关系"逐步成为关乎西双版纳稳定团结大局的"三大关系"。在计划经济体制下，此类关系秩序由国家统一安排。进入边疆民族地区的内地人口主要集中在军队、农场、国家机关等。所以，"军地关系、场群关系"主要是汉族与当地少数民族的关系，也是国家与地方关系的体现。傣族作为西双版纳地区人口最多的少数民族，又是新中国成立前的统治民族。"傣族与其他少数民族的关系"更体现出民族平等、民族团结的历史发展趋势。改革开放以后，经济体制转变，原有"三大关系"发生新的关系趋向，展现出新的特点。"居住在偏远山区的少数民族与居住在坝区的少数民族的关系、较为富裕的少数民族与仍然贫困的少数民族的关系、外来民族与当地民族的关系"，逐步成为影响西双版纳民族关系的关键。这三个新关系体现了发展过程中的民族不平等，区域差异、外来与土著的差异交错叠合，进而影响整个边疆社会的稳定和繁荣。比如在民族通婚中，山区的拉祜族村寨妇女外嫁现象严重，成了"光棍村"；坝区的"回傣"村寨妇女很少外嫁，而嫁入或上门的男男女女却络绎不绝。这里有地区经济发展差距、民族宗教信仰和教育水平等原因。民族关系由从前的抵触、隔阂为主，发展到现在的相遇、竞争为主。在隔离状态下，各民族遵循不同的价值规范和信仰规则，没有相互竞争的统一标准，只能以宗教和文化符号进行区分。由土司制进入民族国家，在经济发展和国民教育推动下，西双版纳各民族走到一起，掌握了统一的文化知识，遵守相同的社会规范，形成了高于各自民族传统文化的"一体"化价值标准。在一体化规则下，群体关系由横向的"军地关系""场群关系"和民族关系转变为纵向的坝区与山区、富裕与贫困等关系。

宗教与其他社会设置相互关联，成为一体的社会运行系统。在宗教关系处理上要避免"脚疼医脚，头疼医头"等"舍本逐末"的救火队做法，不拘泥于单一宗教问题的处理，深刻分析宗教关系背后的社会根源。和谐的社会环境是多宗教和谐共存的处境性条件。在社会恶性运行的情况下，宗教关系不可能独善其身。处理好与宗教密切相关的社会问题，也就杜绝了引发宗教冲突社会隐患。而单纯地处理宗教关系就变成了一个技术性问题。不论是宗教对话论、宗教市场论，还是宗教生态论和宗教适应都是在社会中寻求和谐共存的手段。只有在一个平稳的棋盘，棋手们才能展示高超的棋艺。

第三节 西双版纳多元文化百花齐放的理论模式

费孝通在《中华民族多元一体格局》中讲到，多元一体格局是以汉族为凝聚核心，汉族主要从事的农业经济与大部分少数民族从事的游牧经济依赖互补，中原汉儒文化凝聚区与周围各少数民族文化区经过长期的交流融合逐步形成中华民族统一体，揭示了中华民族文化的一体性和多样性、不可分割性和多层次性。费孝通论述中原与边疆在经济互补、文化交流、民族迁移等方面的活动增强了中华民族的凝聚力。马戎主编的《中华民族凝聚力的形成》秉承了费孝通的这一思想，在民族政策（国家整合）、经济交流（市场整合）、文化工艺传播（文化整合）、人口迁移（民间整合）等方面重点进行了各朝代相关资料的归纳整理。费孝通和马戎主要从考古学、民族学、历史学对这一社会整合模式进行了相关论述，理论意义深远。本书受启于这一理论思路，结合西双版纳多宗教和谐共处的经验概括，归纳抽象相关概念，尝试建立多宗教和谐共处的理论模式。

以上归纳了四项关于多宗教和谐共处的经验事实，包括经济相互依赖、群体相对力量均衡、通婚一直存在和文化并存共享。通过归纳这四项经验抽象出解释项的概念，以此建立多宗教和谐共处的理论命题。西双版纳各民族、宗教群体因地域、地势差异，经济上相互依赖，依托市场互通有无，属于社会大系统的市场整合方式。民族、宗教群体力量相对均衡，各自实力旗鼓相当，没有哪个群体能处于绝对的压制地位。国家依此形势积极、妥善调节宗教群体与社会大系统、各群体之间以及群体内部的各种冲突，保证民族、宗教群体相安无事，和平相处。这种以国家政治手段维持社会稳定的做法，就是社会大系统的国家整合方式。民族、宗教群体之间一直存在通婚现象，以群体间的人际流动消减群体隔阂，拉近两个群体间的社会距离，成为社会大系统的民间整合方式。各类民族、宗教文化同时并存，互不侵扰，彼此交流、借鉴，形成了民族文化多元一体和宗教文化"和而不同"的良好局面。这种民族、宗教文化上的并存共享铸就了社会大系统的文化整合方式。综上，总结多宗教和谐共处的四个方面的经验，正好切合社会整合的四种方式。所以，多宗教和谐共处局面的达成也是依赖"四位一体"的社会整合方式，缺一不可。

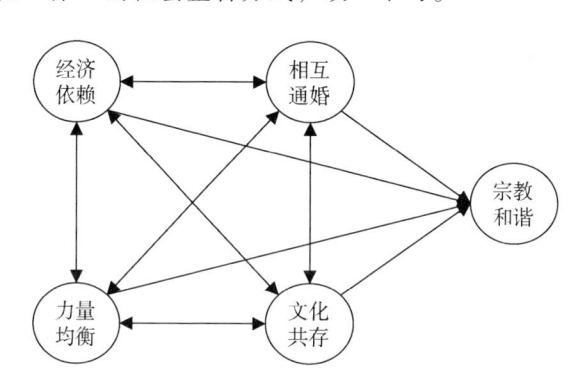

图 1　多宗教和谐共处的路径分析

要保证多宗教和谐共处不仅需要四种社会整合方式，而且需要四种方式相互作用，彼此促进。民族、宗教群体在经济上相互依赖，最终实现相互交换，需要一个稳定的政治环境、便于物品、人员、信息交流的通信条件，也需要对彼此文化的了解和尊重、共同的价值标准和沟通途径。民

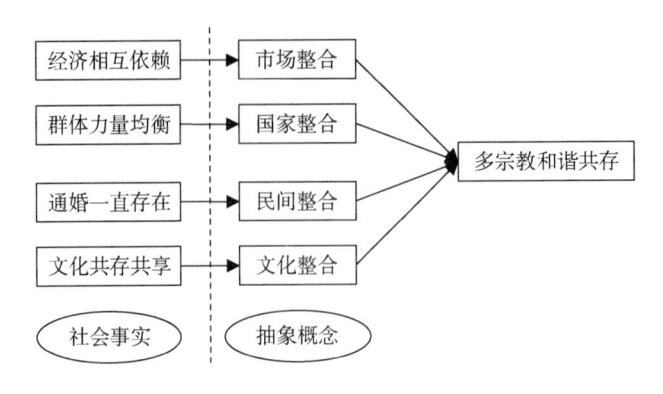

```
经济相互依赖 → 市场整合 ┐
群体力量均衡 → 国家整合 ├→ 多宗教和谐共存
通婚一直存在 → 民间整合 │
文化共存共享 → 文化整合 ┘
   社会事实      抽象概念
```

图 2　多宗教和谐共处的理论模式

族、宗教群体力量相对均衡，并能和平共处，不仅需要用文化来维持和强化各自群体的团结力度，也需要保证各个群体都有自己的经济基础，更需要国家积极调解各类矛盾冲突。经济交往的驱动力、文化社区的维持力、国家政策的保障力、人口因素的能动性共同影响民族、宗教间通婚。经济往来促进了文化的交流和学习；群体间通婚更促进了文化的并存和融合；政治上的民族、宗教政策保证了各自文化的健康发展。政治、经济、社会三大部门构成的"硬实力"保证了文化"软实力"的正常发展。如此，四种整合方式相互依附，相互促进，共同铸就了西双版纳多宗教和谐共处的良好局面。物质的需求刺激了人员的交往；人员的交往带动了文化的交流；文化的交流与共享又方便了物质和人员的交往。各种利益矛盾的交错、界线的模糊使得宗教矛盾就不那么突出了。如果经济、政治、文化、宗教、习俗等冲突相互重叠，就可能把政治、经济上的冲突，引申、上升、夸大为宗教矛盾，并以宗教信仰作为旗帜凸显信仰群体间的矛盾。宗教成了经济、政治矛盾的幌子，成为少数人别有用心的工具和手段。这时宗教冲突的表面矛盾内含着深层的经济、政治利益的争斗。社会和谐也包括宗教群体的和谐，都离不开所涉及的相关政治、经济、社会、文化子系统的和谐发展。在现实社会中，结构协调和功能协调并不总是达成一致。有时需要用结构的协调来调整功能的偏差，或者用功能的协调来弥补结构的缺陷。但要力争避免结构和功能同时失调的状况，不然社会可能脱离正常发展轨道，出现社会危机。

第四节 文化适应的主体选择

关于宗教关系处理有宗教市场论、宗教生态论、宗教对话和宗教适应等。市场论的理性选择和对话论的真理追求都带有一定的局限性，宗教生态论和宗教适应也受到社会情景的制约。市场论的基本假设是"理性选择"。但"从实际的经验研究中可以发现，感性选择是比理性选择更具普遍性的选择方式，尤其在基层社会成员的社会行动中，或者在非专业化的日常生活领域，感性选择就具有更加广泛的普遍性"[①]。感性选择主要包括模仿、从众、延续传统等行为。另一方面，作为"供给方"的不同宗教组织在市场区位（Market Niches）下平等展示宗教文化产品，自由竞争。而在信仰的现实生活中，个别一神性宗教规定应在相同信仰者中寻找结婚对象，如果信仰不同，另一方必须改信本宗教。这是不是垄断竞争下的"配给制"，送一份爱情，必须附带一份信仰赠品，而家庭的下一代成为本宗教的天然教徒。这个"下一代"是自己进行理性选择的结果吗？宗教关系的调试是生活实践中的自发行为，并非按照理性选择和科学设计来达成和谐宗教秩序的。

引导论是一种行政性的纵向关系，而市场论、生态论和实践论是文化性的横向关系。宗教生态与宗教市场是以宗教间的对抗、制衡和竞争等离散维度为主；宗教对话和宗教适应以宗教相遇为契机。在宗教相遇的横向关系中是一种讨价还价的对话，还是一种相互调试的宗教适应。宗教适应和宗教对话在信仰主体、信仰形式、信仰目标、信仰策略等方面都存在差异。宗教适应和宗教对话的前提不同，宗教适应以主体之间存在共同生活

---

① 参见刘少杰《当代社会学的理性化反省与感性论转向》，《中国人民大学学报》2008年第3期。

目标为前提，相互适应宗教差别；宗教对话以宗教差别为前提，寻找共同性或者超越宗教差异的共同目标。在这个容纳差异、尊重个性的流动社会里，消除"不相干"主体间差异的可能性令人质疑。宗教适应论持文化相对主义观点，各类宗教思想都是一种文化和智慧的结晶，不存在孰优孰劣的差异，更没有唯一真理的存在，而适应的最终目的倾向功利主义。宗教对话的主体是学者、神学家、政界高层；宗教适应的主体是普通信仰者。宗教对话是针对信仰本体和真理性的探讨，"通过与其他宗教的对话来寻求智慧或真理"；而宗教适应是实践性的，侧重宗教内容与形式、结构与功能的结合。本质上，宗教对话是在神圣语境中处理宗教关系；而宗教适应是在世俗世界的日常生活中处理宗教关系。宗教对话在一维的宗教教义中"求同存异"；而宗教适应是在多维的生活实践中"求同存异"，更务实并贴近社会生活。

宗教生态论来源于文化生态学，将宗教看作一种社会生命系统，与外部社会结构相依互动，在矛盾中相互调试，适应外部环境，达到宗教关系的和谐。传统社会，资源竞争在民族和村寨群体间展开，民族和村寨成为利益共享和区分的界限。如此的民族关系和村寨关系铸就了以对抗和排斥为主旋律的宗教关系。现代社会，流动加快，强调个人成就，不同宗教在社区甚至家庭中相遇。宗教界限与社区、民族、职业的界限开始交叉，宗教关系受到多种群体责任的牵绊。传统时期，宗教适应（或称为变迁）更多是以民族村寨为单位进行，突出的是民族和社区的整体自主性，抹杀了人的主体地位。现代社会，个人成为宗教适应的主体，但受到民族、社区、宗族等群体责任的约束，并影响宗教适应的成效。宗教适应的开宗明义就是重视宗教信仰的生活化，将宗教关系还原为日常生活的社会关系，强调宗教关系中"以人为本"，尊重人在生活实践中的主体性，体现宗教社会性和神圣性的结合。宗教适应是一种社会实践，将主体与客体、理性与感性结合为一体，又强调宗教相遇时的社会处境。

参考文献

一　中文专著

[法] 爱弥尔·涂尔干：《宗教生活的基本形式》，渠东、汲喆译，上海人民出版社1999年版。

安伦：《理性信仰之道——人类宗教共同体》，学林出版社2009年版。

[美] 鲍曼：《现代性与大屠杀》，杨渝东、史建华译，译林出版社2002年版。

[美] 彼特·布劳：《不平等和异质性》，王春光译，中国社会科学出版社1991年版。

陈翰笙：《解放前西双版纳的土地制度》，中国社会科学出版社1984年版。

戴康生、彭耀：《宗教社会学》，社会科学文献出版社2007年版。

刀承华、蔡荣男：《傣族文化史》，云南民族出版社2005年版。

刀金安：《西双版纳傣族自治州民族宗教志》，云南民族出版社2006年版。

段颖：《泰国北部的云南人：族群形成、文化适应与历史变迁》，社会科学文献出版社2012年版。

费孝通：《社会调查自白》，知识出版社1985年版。

费孝通：《乡土中国　生育制度》，北京大学出版社1998年版。

郭影秋：《李定国纪年》，中国人民大学出版社2005年版。

《哈尼族简史》编写组：《哈尼族简史》（修订本），民族出版社2008年版。

江应樑：《摆夷的经济文化生活》，云南人民出版社2008年版。

［美］拉铁摩尔：《中国的亚洲内陆边疆》，唐晓峰译，江苏人民出版社 2005 年版。

［西班牙］雷蒙·潘尼卡：《宗教内对话》，王志成译，宗教文化出版社 2001 年版。

李拂一：《南荒内外》，复仁书屋 2003 年版。

吕大吉：《宗教学通论新编》，中国社会科学出版社 1998 年版。

《马克思恩格斯全集》第 3 卷，人民出版社 1960 年版。

［英］马林诺夫斯基：《文化论》，费孝通译，华夏出版社 2002 年版。

马戎：《民族与社会发展》，民族出版社 2001 年版。

马戎：《民族社会学：社会学的族群关系研究》，北京出版社 2004 年版。

《勐腊县志》，云南人民出版社 1994 年版。

［法］莫里斯·哈布瓦赫：《论集体记忆》，毕然、郭金华译，上海人民出版社 2002 年版。

司马光：《资治通鉴》，中华书局 2007 年版。

［英］斯蒂芬·亨特：《宗教与日常生活》，黄剑波等译，中央编译出版社 2010 年版。

铁锋：《宗教文化〈西双版纳——勐巴拉娜西民族文化丛书〉》，云南教育出版社 2006 年版。

童强：《空间哲学》，北京大学出版社 2011 年版。

王明珂：《华夏边缘：历史记忆与族群认同》，社会科学出版社 2006 年版。

王铭铭：《社会人类学与中国研究》，广西师范大学出版社 2005 年版。

西双版纳傣族自治州志编纂委员会：《西双版纳傣族自治州志》，新华出版社 2001 年版。

徐祖祥：《瑶族文化史》，云南民族出版社 2001 年版。

杨懋春：《一个中国村庄：山东台头》，张雄、沈炜、秦美珠译，江苏人民出版社 2001 年版。

杨宗亮：《壮族文化史》，云南民族出版社 1999 年版。

杨忠明：《西双版纳哈尼族简史》，云南民族出版社 2010 年版。

尹绍亭：《一个充满争议的文化生态体系——云南刀耕火种研究》，云南人民出版社 1991 年版。

尤中：《云南民族史》，云南大学西南边疆民族历史研究所编印 1985 年版。

玉时阶：《壮族民间宗教文化》，民族出版社 2004 年版。

于显洋：《社区概论》，中国人民大学出版社 2006 年版。

于希谦：《基诺族文化史》，云南民族出版社 2000 年版。

张志刚：《当代宗教冲突与对话研究》，经济科学出版社 2011 年版。

赵瑛：《布朗族文化史》，云南民族出版社 2001 年版。

赵世林、伍琼华：《傣族文化志》，云南民族出版社 1997 年版。

郑杭生：《社会学概论新修》，中国人民大学出版社 2002 年版。

二　中文期刊

安伦：《宗教共同体的多维度》，《世界宗教研究》2012 年第 1 期。

程美东：《改革开放以来中国社会整合体系的演变》，《学习与探索》2004 年第 1 期。

方文：《叠合认同："多元一体"的生命逻辑——读杨凤岗〈皈信、同化和叠合身份认同：北美华人基督徒研究〉》，《社会学研究》2008 年第 6 期。

［挪威］弗里德里克·巴斯：《族群与边界》，高崇译，《广西民族大学学报》1999 年第 1 期。

费孝通：《个人·群体·社会——一生学术历程的自我反思》，《北京大学学报》（哲学社会科学版）1994 年第 1 期。

高永久、朱军：《试析民族社区的内涵》，《北方民族大学学报》（哲学社会科学版）2010 年第 1 期。

何广沪：《关于宗教对话的理论思考》，《浙江学刊》2006 年第 4 期。

黄福才、李永乐：《略论台湾宗教信仰的移民特征》，《福建论坛》（文史哲版）2000年第3期。

李殿斌:《简论和谐范畴》,《河北师范大学学报》（社会科学版）1998年第4期。

李向平:《伦理·身份·认同：中国当代基督教徒的伦理生活》,《天风》2007年第7期。

李晓霞:《新疆族际婚姻的调查与分析》,《新疆大学学报》（哲学·人文社会科学版）2008年第3期。

李增夫:《西南少数民族在李定国抗清斗争中的贡献》,《贵州民族研究》（季刊）1988年第4期。

梁晓芬:《南传上座部佛教与傣族原生性宗教的调适与互动——试析上座部佛教在云南的本土化路径》,《"东南亚宗教与区域社会发展"学术研讨会论文集》,中国社会科学出版社2013年版。

刘强:《西双版纳傣族传统政治形态中政治结构和过程探索》,《云南行政学院学报》2005年第3期。

刘少杰:《当代社会学的理性化反省与感性论转向》,《中国人民大学学报》2008年第3期。

马健雄:《社区认同的塑造：以勐海"帕西傣"社区为例》,《云南民族学院学报》2001年第6期。

马荣祖:《令人神往的西双版纳与傣族穆斯林》,《西北民族研究》1997年第2期。

马戎、潘乃谷:《赤峰农村牧区蒙汉通婚的研究》,《北京大学学报》（哲学社会科学版）1988年第3期。

牟钟鉴:《宗教生态论》,《世界宗教文化》2012年第1期。

牟钟鉴:《民族学和宗教学的分途与相遇——民族宗教学初探》,《宗教与民族（第四辑）》,宗教文化社2006年版。

牟钟鉴:《中国宗教学30年》,http://www.douban.com/group/topic/6140272/。

潘建雷:《为个人主义奠定社会基础——读涂尔干〈宗教生活基本形式〉》,

《中国农业大学学报》（社会科学版）2009 年第 3 期。

邱宣充：《西双版纳景洪县傣族佛寺建筑》，《云南民族民俗和宗教调查》，云南民族出版社 1985 年版。

王超、高师宁：《宗教管理模式论争的回顾与思考——从"宗教文化生态平衡论"说起》，《世界宗教研究》2012 年第 5 期。

吴之清：《试论南传上座部佛教对傣族天文历法的影响》，《宗教学研究》2014 年第 3 期。

薛熙明：《国外跨国移民宗教研究进展》，《世界宗教文化》2012 年第 2 期。

杨清媚：《从"双重宗教"看西双版纳傣族社会的双重性——一项基于神话与仪式的宗教人类学考察》，《云南民族大学学报》（哲学社会科学版）2012 年第 4 期。

约翰·麦奎利：《世界宗教之间的对话》，《世界宗教文化》1997 年第 4 期。

悦中山：《当代西方社会融合研究的概念、理论及应用》，《公共管理学报》2009 年第 2 期。

张公瑾：《傣族的农业祭祀与村社文化》，《广西民族研究》1991 年第 3 期。

张桥贵：《云南多宗教和谐相处的主要原因》，《世界宗教研究》2010 年第 2 期。

张桥贵、李守雷：《民族之间通婚影响多宗教和谐共处的研究——以云南省西双版纳傣族自治州为例》，《世界宗教研究》2011 年第 6 期。

张岳：《宗教对话与社区和谐》，《思茅师范高等专科学校学报》2008 年第 5 期。

张志刚：《论五种宗教对话观》，《世界宗教文化》2010 年第 2 期。

张志刚：《当代中国宗教关系研究刍议——基于国内外研讨现状的理论与政策探讨》，《北京大学学报》2011 年第 2 期。

赵世林、陆生：《从节日习俗看傣族宗教文化的变迁》，《傣族文化论》，云南民族出版社 2000 年版。

赵燕：《南传上座部佛教影响下的傣族社会文明格局》，《贵州民族研究》

2014 年第 9 期。

郑杭生:《关于当前文化发展模式的几点思考》,《人民日报》1994 年第 5 期。

郑杭生:《社会三大部门协调与和谐社会建设——一种社会学分析》,《中国特色社会主义研究》2006 年第 1 期。

郑杭生:《关于指导思想和共同理想的几点思考——从社会学视角分析社会主义核心价值体系》,《学术研究》2006 年第 12 期。

郑杭生:《论社会建设与"软实力"的培育——一种"大传统"和"小传统"的社会学视野》,《社会科学战线》2008 年第 10 期。

郑杭生:《社会建设的前沿理论研究——社会建设问题的社会学思考》,《武汉科技大学学报》(社会科学版) 2009 年第 4 期。

郑筱筠:《历史上中国南传上座部佛教的组织制度与社会组织制度之互动——以云南西双版纳傣族地区为例》,《世界宗教研究》2007 年第 4 期。

郑筱筠:《人类学视域下南传上座部佛教的中国阈限理论分析——以南传上座部佛教管理体系中的安章现象为例》,《思想战线》2010 年第 2 期。

周星:《〈宗教生活基本形式〉中知识社会学命题》,《社会》2003 年第 1 期。

周传斌:《城市化进程中少数民族的宗教适应机制探讨:以中国都市回族伊斯兰教为例》,《西北第二民族学院学报》(哲学社会科学版) 2008 年第 2 期。

朱德普:《景洪傣族祭神情况调查》,《傣族社会历史调查(西双版纳之九)》,云南民族出版社 1988 年版。

朱德普:《傣族佛教和原始宗教的关系试析——兼析两者长期共存的原因》,《思想战线》1992 年第 3 期。

三 报告资料

《西双版纳傣族自治州统计年鉴—2009》,2009 年。

《西双版纳傣族自治州第十一届人民代表大会第五次会议——政府工作报

告》，2010年。

西双版纳州第六次全国人口普查主要数据公报（第1号），2010年。

《西双版纳傣族自治州经济工作手册》，2011年。

四 英文文献

C. Ward，"The ABCs of Acculturation"，*The Handbook of Culture and Psychology*，Oxford：Oxford University Press，2001.

Edwin Zehner，"Orthodox Hybridities：Anti-Syncretism and Localization in the Evangelical Christianity of Thailand"，*Anthropological Quarterly*，Vol. 78，No. 3，Summer，2005.

Lester Pearson，*Democracy in World Politics*，Princeton：Princeton University Press，1955.

M. Gordon，*Assimilation in American Life*，New York：Oxford University Press，1964.

Robert Ezra Park，"Human Ecology"，*The American Journal of Sociology*，Vol. 42，No. 1，Ju 1，1936.

Simpson，G. E. and Yinger，J. M.，*Racial and Cultural Minorities：An Analysis of Prejudice and Discrimination*，New York and London：Plenum Press，1985.

后 记

本书是张桥贵教授主持的国家社科基金重点课题"云南边疆民族地区多元宗教和谐相处的经验和对策研究"（编号：11AZJ002）和本人主持的云南省社科基金青年项目"西双版纳多元宗教的相互关系研究"（编号：QN201248）的阶段性成果。本书遵循张桥贵教授的《云南多宗教和谐相处的主要原因》（《世界宗教研究》2010年第2期）的宏观研究思路，在列举西双版纳各民族通婚、力量均衡、经济依赖三个方面情况基础上，又增加了文化共享的论述，从而建构出由政治、经济、社会与文化四部门相互促成的社会整合。然后，是我在中国人民大学攻读博士学位时跟随赵旭东老师进入生态人类学的文化视野，把宗教关系的主体具体化为微观层面的民族社区关系，同时由正向支撑发展到辩证剖析，论述不同民族社区在排斥、互动中构筑了多宗教和谐相处的局面。

本书写作的开启源于跟导师张桥贵教授的一次谈话。2010年，我从西双版纳回昆明，去拜访老师，无意间讨论到西双版纳的民族通婚和宗教关系，就临时接受了这份调研任务。2018年，我有幸跟随云南大学高志英教授进行博士后科研探索，圈定了傣泰民族生计模式与文化空间的差异、人口迁移的社会融合和文化适应等研究耕耘的"地界"。此后，当我多次面对人生十字路口的纠结时，老师依然牵引着我走在这条探索的道路上。缘分呈现多种形式，彼此在意就好。云南省社会科学院萧霁虹研究员在本书调研写作过程中就审阅了上篇，给予我很多指导和鼓励。

西双版纳职业技术学院的曾勇、王军健、付声晖、辛全林、玉宽、玉双、叶林杰、范初中等长辈和朋友们给予了温暖无私的支持。我可爱单纯的西双版纳职业技术学院的本地学生，带我走进了多彩的傣族村寨、神秘的瑶族村寨、淳朴的基诺族村寨、热情的爱伲人村寨、震撼的苗族聚落和"守规矩"的农场家属院。西双版纳政府工作人员李超、李志强、西双版纳报社记者罗桂华等兄妹给我亲人般的支持。西双版纳各级宗教管理部门、宗教团体和民族村寨的朋友们多年来给我帮助，更同我建立了深厚的友谊。调研已经超越了获取资料的手段，而是乡亲们预备好了一切，等到我的认知能力懂得那是一块珍宝时就为我摆上。每个人的形象在脑海中一一放映，都激起一缕动人的调研故事的波澜，我的眼睛不自觉就湿润了。同门师兄云南民族大学孙浩然教授参阅过上篇的初稿，提出了宝贵的意见。同门挚友云南省社会科学院王碧陶副研究员百忙之中对本书进行文字校对，用默默工作彰显了友情的无私魅力。本书在昆明学院马银海副校长、董建华副校长等领导的无私关怀下得以付梓出版。中国社会科学出版社王莎莎博士等工作人员为本书的出版付出了辛勤汗水。在此，虽然不能一一列举众多"摆渡人"，但会铭记大家给予我的祝福！

把最深情的感恩送给我的双亲。父母怀抱着婴儿时的我，喂养乳汁，传递着温暖；大手牵着我孩童时的小手，夸奖着左邻右舍的孩子，却带着幸福和自豪看顾我；人生的第一堂课是那高高举起的笤帚，让我懂得了权威和正义；青春期看到遭遇苦难时那期盼的眼神，感同身受了彼此依靠的亲情纽带和懵懂的家庭责任；成长超过了父母的提携和扶持，他们仍然高举双手甚至踮起脚尖把最后一分力量传递给我；再后来，两位老人只能相互搀扶，远远地望着我，带着一份牵挂，还有一份嘱托。母子就像"海和浪花一朵"，无论浪花如何漩涡，永远紧依着海的心窝，在碧浪清波中诉说母亲的脉搏，波浪连连却温情脉脉。一个男人的成长大都经历过对父亲的依赖、对抗、敬佩到融洽的过程。马上步入不惑之年，除却了岁月浮华，自己尽量能多回家陪陪父母，经常打电话嘘寒问暖，只想他们晚年安享。

  我作为一名学术"矿工"，将这些包裹着斑斓翡翠的原石从矿坑中挖掘出来，让掌握更高技艺的大师琢磨出天然纹理色彩与人文艺术美感相得益彰的宝石，与志同道合者结缘。学术发展是一种累积性探索过程。现在的成果是前人理论大师和无名士卒孜孜不倦求索和"积攒"的财富，也是后来者前行的基石。中国乡土社会，不论穷人富人都勤劳节俭，以能为后代留下财富为使命和荣耀。对"香火"的痴迷和对"根"的依恋是中国人、中国文化生生不息的魂。

李守雷
2020 年 3 月于昆明